[Princípios dos processos de fabricação por usinagem]

EDITORA intersaberes

O selo DIALÓGICA da Editora InterSaberes faz referência às publicações que privilegiam uma linguagem na qual o autor dialoga com o leitor por meio de recursos textuais e visuais, o que torna o conteúdo muito mais dinâmico. São livros que criam um ambiente de interação com o leitor – seu universo cultural, social e de elaboração de conhecimentos –, possibilitando um real processo de interlocução para que a comunicação se efetive.

[Princípios dos processos de fabricação por usinagem]

CLAUDIMIR JOSÉ REBEYKA

Rua Clara Vendramin, 58 . Mossunguê
CEP 81200-170 . Curitiba . PR . Brasil
Fone: (41) 2106-4170
www.intersaberes.com
editora@editoraintersaberes.com.br

Conselho editorial [Dr. Ivo José Both (presidente)

Drª Elena Godoy

Dr. Nelson Luís Dias

Dr. Neri dos Santos

Dr. Ulf Gregor Baranow]

Editora-chefe [Lindsay Azambuja]

Supervisora editorial [Ariadne Nunes Wenger]

Analista editorial [Ariel Martins]

Preparação de originais [Bruno Gabriel]

Capa *design* [Luciano Brião]

imagens [Dmitry Kalinovsky e Jaromir Chalabala/Shutterstock]

Projeto gráfico [Raphael Bernadelli]

Diagramação [Sincronia Design]

Ilustrações do miolo [Sincronia Design]

Iconografia [Vanessa Plugiti Pereira]

Dados Internacionais de Catalogação na Publicação (CIP)
(Câmara Brasileira do Livro, SP, Brasil)

Rebeyka, Claudimir José
    Princípios dos processos de fabricação por usinagem/
Claudimir José Rebeyka. Curitiba: InterSaberes, 2016.
(Série Administração da Produção)

    Bibliografia.
    ISBN 978-85-5972-038-9

    1. Materiais – Usinagem 2. Processos de fabricação
3. Usinagem 4. Usinagem – Gestão I. Título. II. Série.

16-02354   CDD-670

Índice para o catálogo sistemático: 1. Usinagem:
Processos de fabricação: Tecnologia   670

1ª edição, 2016.

Foi feito o depósito legal.

Informamos que é de inteira responsabilidade do autor a emissão de conceitos.

Nenhuma parte desta publicação poderá ser reproduzida por qualquer meio ou forma sem a prévia autorização da Editora InterSaberes.

A violação dos direitos autorais é crime estabelecido na Lei n. 9.610/1998 e punido pelo art. 184 do Código Penal.

[sumário]

apresentação [8]

como aproveitar ao máximo este livro [9]

1 Processos de fabricação – usinagem [11]
1.1 Princípios de corte de materiais [14]
1.2 Operações de usinagem [19]

2 Tecnologia dos processos de usinagem [31]
2.1 Operações de desbaste e acabamento [34]
2.2 Máquinas e ferramentas utilizadas nos principais processos de usinagem [38]

3 Cinemática nos processos de usinagem [67]
3.1 Princípios da cinemática [70]
3.2 Movimentos que resultam na remoção de cavacos [72]
3.3 Movimentos que não geram cavacos [74]
3.4 Velocidade de corte e RPM [75]
3.5 Avanço e velocidade de avanço [77]
3.6 Tempo de corte [80]

4 Geometria das ferramentas de corte [87]
4.1 Geometria da ponta da ferramenta [90]
4.2 Tipos de ferramentas aplicadas nos processos de usinagem [92]
4.3 Principais ângulos das ferramentas de corte [98]
4.4 Influência do ângulo das ferramentas [102]
4.5 Alterações da geometria da ferramenta na ponta de corte [106]

5 Mecanismo para formação de cavacos [113]
 5.1 Produção de cavacos [116]
 5.2 Tipos de cavaco [119]
 5.3 Aresta postiça de corte [126]

6 Materiais para ferramentas de corte [129]
 6.1 Ferramentas de corte [132]
 6.2 Materiais utilizados na fabricação de ferramentas de corte [135]

7 Forças e potência de corte [147]
 7.1 Forças e potência nos processos de usinagem [150]
 7.2 Formas de medir experimentalmente as forças de corte [157]

8 Desgaste e avarias de ferramentas [165]
 8.1 Mecanismos de desgaste [168]
 8.2 Tipos de desgaste e das ferramentas de corte [174]
 8.3 Falhas das ferramentas de corte [176]
 8.4 Usinabilidade [178]

9 Integridade das superfícies usinadas [185]
 9.1 Variações dimensionais e geométricas geradas por processos de usinagem [188]
 9.2 Alterações superficiais [190]
 9.3 Alterações subsuperficiais [200]

10 Fluidos – lubrificação e refrigeração [205]

10.1 Fluidos [208]
10.2 Funções dos fluidos de corte [210]
10.3 Classificação dos fluidos de corte [213]
10.4 Tratamento e descarte dos fluidos de corte [215]

11 Comando numérico computadorizado (CNC) [221]

11.1 As máquinas do processo de usinagem [224]
11.2 Princípio de funcionamento do CNC [227]
11.3 Formas de programação do CNC [229]
11.4 Sistemas de referência [233]
11.5 Código G de programação do CNC [236]

12 Planejamento de processos e análise de custos de usinagem [249]

12.1 Planejamento de processos [252]
12.2 As questões do planejamento de processos [256]
12.3 Condições econômicas de fabricação [262]

para concluir... [270]
referências [271]
respostas [276]
sobre o autor [287]
anexo [288]

[apresentação]

A preparação de um livro sobre os processos de fabricação por usinagem é uma tarefa sensacional, pois há muita literatura técnica disponível em catálogos, livros, normas, revistas e artigos científicos. Além disso, existe uma grande gama de profissionais, entusiastas, professores e estudantes do tema.

Esta obra apresenta a formulação dos princípios dos processos de fabricação por usinagem de forma sistemática. O livro foi elaborado com base em nossa experiência na indústria mecânica e tem como principal objetivo contribuir para a síntese e o aprofundamento do conhecimento a respeito dos processos de fabricação. Desse modo, pedimos licença para descrever alguns princípios identificados na indústria mecânica, obtidos diretamente com operadores de máquinas, técnicos e engenheiros de processos de fabricação. Esses conhecimentos já foram reorganizados no ambiente acadêmico com o auxílio de professores e estudantes, resultado de muito estudo e pesquisa.

Ao longo do processo de escrita, buscamos atender fielmente às normas e conceitos técnicos, referenciando devidamente os autores e empresas que nos subsidiam nas definições e nos termos utilizados. Nosso objetivo é apresentar as melhores técnicas de trabalho na área industrial. Além disso, procuramos atender às necessidades dos leitores, criando um texto de linguagem acessível, que realmente parta das ideias iniciais sobre o tema, de modo a manter sempre o foco na essência. Assim, você irá encontrar, neste livro, a síntese das principais ideias e apontamentos para prosseguir no caminho dos estudos mais aprofundados.

Desejamos-lhe boa leitura!

[como aproveitar ao máximo este livro]

Este livro traz alguns recursos que visam enriquecer seu aprendizado, facilitar a compreensão dos conteúdos e tornar a leitura mais dinâmica. São ferramentas projetadas de acordo com a natureza dos temas que vamos examinar. Veja, a seguir, como esses recursos se encontram distribuídos no projeto gráfico da obra.

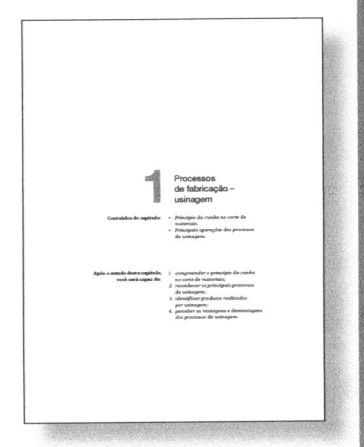

- *Conteúdos do capítulo:*
  Logo na abertura do capítulo, você fica conhecendo os conteúdos que serão nele abordados.

- *Após o estudo deste capítulo, você será capaz de:*
  Você também é informado a respeito das competências que irá desenvolver e dos conhecimentos que irá adquirir com o estudo do capítulo.

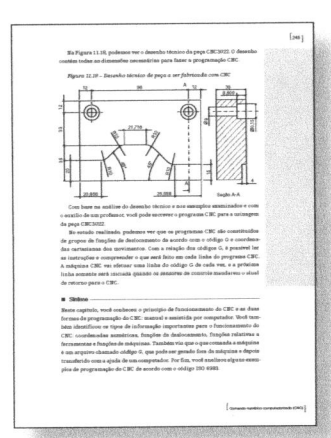

- *Síntese*
  Você dispõe, ao final do capítulo, de uma síntese que traz os principais conceitos nele abordados.

- *Questões para revisão*
  Com estas atividades, você tem a possibilidade de rever os principais conceitos analisados no capítulo. Ao final do livro, o autor disponibiliza as respostas às questões, a fim de que você possa verificar como está sua aprendizagem.

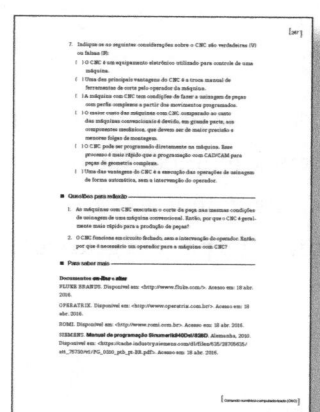

- *Questões para reflexão*

  Nesta seção, a proposta é levá-lo a refletir criticamente sobre alguns assuntos e trocar ideias e experiências com seus pares.

- *Para saber mais*

  Você pode consultar as obras indicadas nesta seção para aprofundar sua aprendizagem.

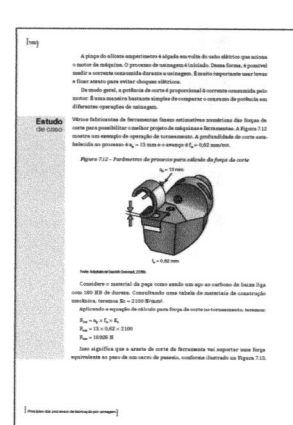

- *Estudo de caso*

  Esta seção traz ao seu conhecimento situações que vão aproximar os conteúdos estudados de sua prática profissional.

1 Processos de fabricação – usinagem

Conteúdos do capítulo:
- *Princípio da cunha no corte de materiais.*
- *Principais operações dos processos de usinagem.*

Após o estudo deste capítulo, você será capaz de:
1. *compreender o princípio da cunha no corte de materiais;*
2. *reconhecer os principais processos de usinagem;*
3. *identificar produtos realizados por usinagem;*
4. *perceber as vantagens e desvantagens dos processos de usinagem.*

Fabricar consiste basicamente em alterar uma matéria-prima com o intuito de obter um produto acabado. Os processos de fabricação, de maneira geral, são classificados em duas grandes categorias: fabricação com remoção de material e fabricação sem remoção de material. Quando ocorre a remoção do material, damos a esse processo o nome de *fabricação de usinagem* (ABNT, 2015).

Neste capítulo, examinaremos os princípios fundamentais dos processos de usinagem. Veremos como os componentes dos conjuntos mecânicos são produzidos por usinagem e também como a aplicação de máquinas e de ferramentas de corte possibilita a fabricação de peças. Analisaremos, ainda, as características de alguns dos principais processos de usinagem aplicados na indústria de fabricação mecânica.

1.1 Princípios de corte de materiais

Você já deve ter cortado alimentos com o uso de uma faca de cozinha. Certamente, sabe que a faca deve estar bem afiada para cortar com eficiência. Analise a Figura 1.1 e repare na geometria da faca.

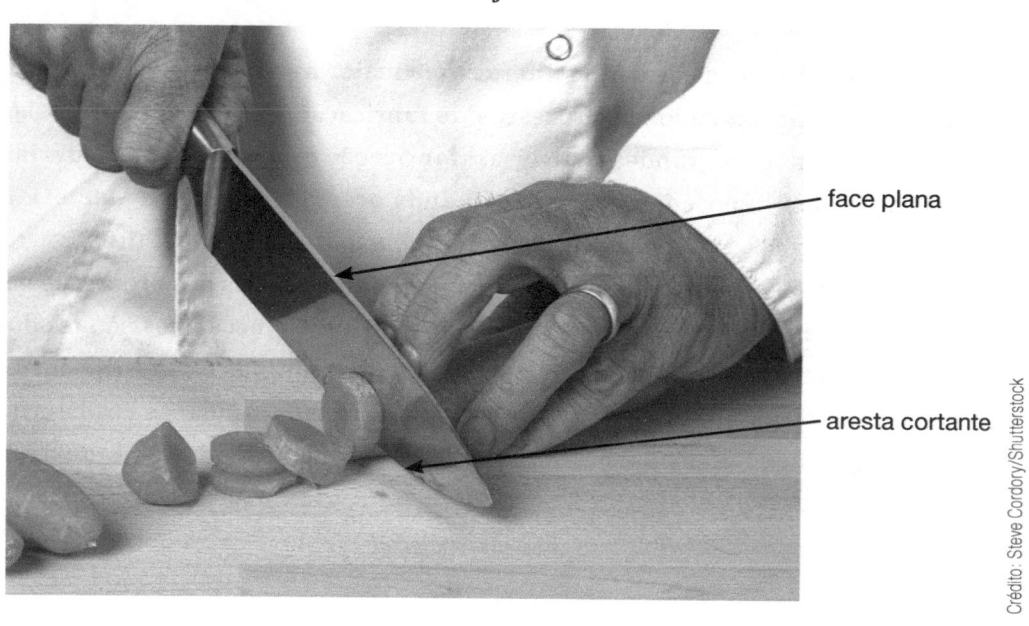

Figura 1.1 – Corte de alimento com faca

Crédito: Steve Cordory/Shutterstock

Podemos perceber que a faca tem uma aresta cortante na parte de baixo e uma face plana na parte de cima. Se você apoiar a parte mais afiada da faca sobre o alimento, o corte vai ocorrer com maior facilidade. Você até pode fazer o corte com a face plana também, em certos alimentos, mas vai precisar de mais força para a execução do movimento.

Observando o corte dos alimentos, podemos perceber um princípio fundamental nos processos de usinagem: o **princípio da cunha**. Quando aplicamos força com uma ferramenta de geometria adequada, isso facilita o corte do material. Agora, veja, na Figura 1.2, o detalhe da ponta de uma ferramenta no corte de um material. A aresta de corte é formada na intersecção das duas superfícies da cunha.

Figura 1.2 – Ferramenta em forma de cunha

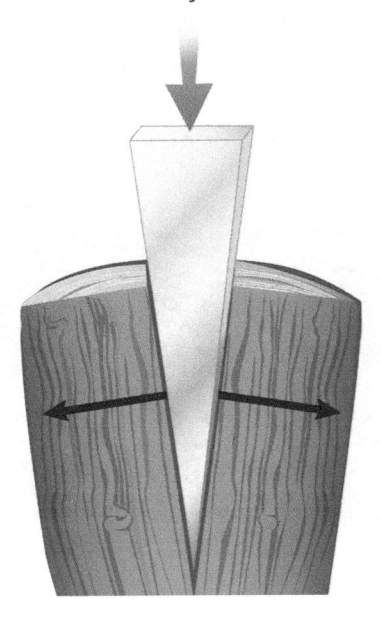

Podemos ver que o material é separado em duas partes pela aplicação de força na ferramenta. A aresta de corte vai concentrar essa força e a cunha vai penetrar no material. A cunha da ferramenta, por causa de sua geometria em forma de ângulo, vai promover a separação de parte desse material. Ou seja, quanto menor o ângulo da cunha, mais facilmente a ferramenta penetra e realiza o corte.

O material que é removido da peça pela ação da ferramenta de corte é chamado de **cavaco** (Ferraresi, 1970). Na Figura 1.3, podemos ver uma ferramenta de uso industrial efetuando uma operação de usinagem.

Figura 1.3 – Ferramenta de uso industrial na operação de usinagem

Agora, observe, na Figura 1.4, uma parte do motor de um automóvel. Perceba que ele tem vários componentes bastante precisos, tais como engrenagens, rolamentos, porcas e parafusos. Todos esses componentes necessitam de precisão dimensional e de boa qualidade superficial para atender aos seus propósitos.

Figura 1.4 – Componentes do motor de um automóvel

Alguns processos de fabricação, tais como fundição e forjamento, geralmente possibilitam a obtenção de forma geométrica e acabamento superficial limitada às necessidades de montagem dos conjuntos mecânicos. A usinagem é aplicada nos casos em que é necessária a precisão geométrica e dimensional, uma vez que as peças não podem ser montadas em estado bruto e requerem operações de acabamento posteriores, possibilitando o preenchimento dos requisitos funcionais. Veja, na Figura 1.5, um exemplo de componente automotivo que tem partes fundidas e partes usinadas.

Figura 1.5 – Peça fundida com acabamento usinado

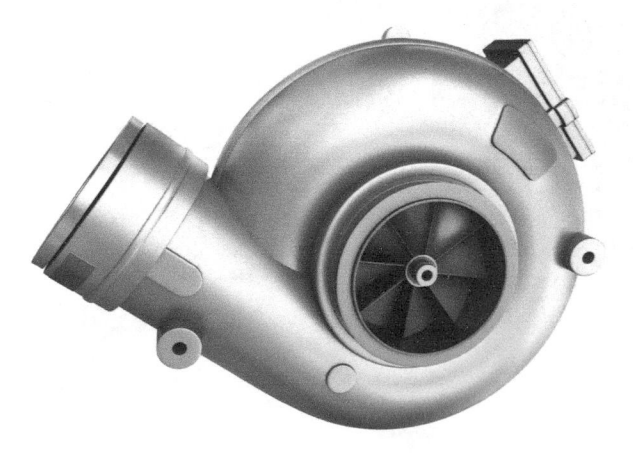

Como outro exemplo, podemos citar a produção de engrenagens de aço carbono utilizadas para transmissão de movimento. A produção desse tipo de peça geralmente ocorre pelo processo de usinagem. Nesse caso, conforme você pode observar na Figura 1.6, é necessária uma sequência de operações para promover a remoção do material, conferindo progressivamente a forma do componente final.

Figura 1.6 – Produção de engrenagens por usinagem

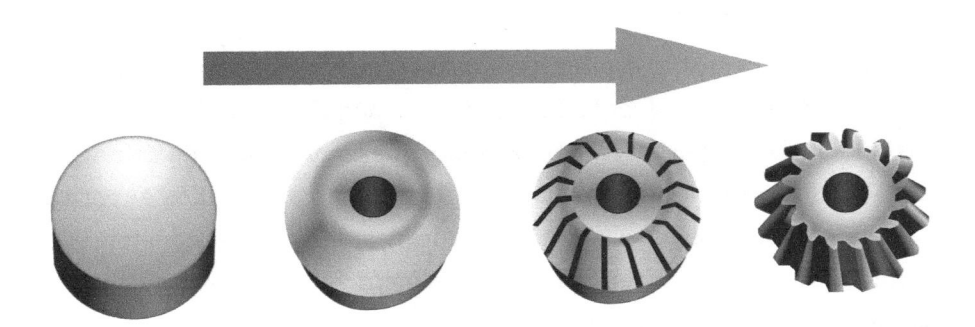

É fácil perceber que, para cada operação a ser executada, serão necessárias diferentes ferramentas de corte que permitam a execução da geometria da peça. Mais adiante, vamos detalhar os tipos de ferramentas empregadas nos processos de usinagem e suas condições de corte. Por enquanto, apresentamos, na Figura 1.7, algumas ferramentas que podem ser utilizadas.

Figura 1.7 – Ferramentas de usinagem

Crédito: Josef Bosak/Shutterstock

Ao longo deste livro, você também perceberá que, entre as principais **vantagens dos processos de usinagem**, podemos citar:

- produção de grande diversidade de geometrias de peças;
- elevado grau de precisão dimensional;
- controle do acabamento superficial bastante refinado;
- processos envolvendo, geralmente, poucas alterações nas propriedades do material da peça.

Tudo isso faz com que os processos de usinagem sejam os principais processos de fabricação de muitas indústrias de produtos, máquinas, equipamentos e bens de consumo. Podemos perceber, por exemplo, que os processos de usinagem são muito aplicados na indústria mecânica, com custos associados superiores a 15% do valor de todos os produtos manufaturados dos países industrializados.

É evidente, contudo, que também podemos identificar algumas **desvantagens dos processos de usinagem**. Entre elas estão:

- baixa velocidade de produção;
- altos custos envolvidos quando comparados com outros processos (as principais parcelas dos altos custos da usinagem estão associadas à necessidade de máquinas, de ferramentas e de mão de obra especializada).

1.2 Operações de usinagem

Ferraresi (1970, p. XXV) definiu as operações de usinagem como "aquelas que, ao conferir forma à peça, ou dimensões ou acabamento, ou qualquer combinação destes três itens, produzem cavaco". Entende-se por *cavaco* "a porção de material da peça retirada pela ferramenta, caracterizando-se por apresentar forma irregular".

A Figura 1.8 ilustra uma operação de usinagem.

Figura 1.8 – Princípio básico da usinagem em uma operação de torneamento

Crédito: muratart/Shutterstock

Nessa figura, você pode observar uma barra de material cilíndrica presa em um dispositivo de rotação e uma ferramenta que pode se mover na direção do raio da barra e do seu comprimento. Durante o processo de usinagem, a barra é convertida em uma peça de geometria cilíndrica, com dimensões bem definidas. A peça é obtida pelo movimento relativo da ferramenta (podemos observar que a peça gira em torno do seu próprio eixo), que se move cortando o material dessa peça, removendo parte dele em forma de cavaco.

O material da peça em estado bruto e a ferramenta devem ser montados em uma máquina-ferramenta que permita a remoção gradual do material da peça, resultando na forma geométrica final com as dimensões e acabamento apropriados. Adicionalmente, podem ser acrescentados alguns fluidos de corte para facilitar o trabalho, conforme veremos mais adiante.

Dessa forma, podemos definir a máquina-ferramenta como um sistema de dispositivos e mecanismos que possibilita a fixação da peça e da ferramenta, permitindo a realização dos movimentos com a direção e a velocidade necessárias para o corte, cujo processo (ou remoção do material em excesso) é, como já vimos, a usinagem. A Figura 1.9 apresenta um exemplo de máquina-ferramenta para usinagem por torneamento.

Figura 1.9 – Exemplo de máquina-ferramenta para usinagem

Crédito: Jan Lipina/Shutterstock

Podemos observar que a máquina-ferramenta tem um suporte que permite a fixação da ferramenta de corte e um dispositivo que permite a fixação da peça. Os movimentos de corte são efetuados por motores e mecanismos, que podem ser acionados pelo operador por meio de botões ou alavancas de acionamento. Assim, vemos que, de forma geral, a máquina-ferramenta deve permitir a execução da usinagem.

Os processos de usinagem foram descritos no Brasil a partir da norma ABNT NBR 6175, de 1971. Essa norma foi recentemente cancelada e substituída pela versão de 2015 (ABNT, 2015), que tem por objetivo a nomenclatura, a definição e a classificação dos processos mecânicos de usinagem.

A seguir, apresentaremos os 12 principais processos de usinagem, definidos por Ferraresi (1970). Com o auxílio de algumas ilustrações, vamos procurar descrever os fatores de semelhança entre eles.

1. **Serramento**: é o processo mecânico destinado ao seccionamento ou recorte da peça com o auxílio de ferramentas multicortantes de pequena espessura. Veja, na Figura 1.10, algumas ilustrações do processo de serramento. Se o serramento for retilíneo, o movimento é linear, ao passo que o serramento circular é executado com a rotação da ferramenta em torno do seu próprio eixo.

Figura 1.10 – Operações de serramento

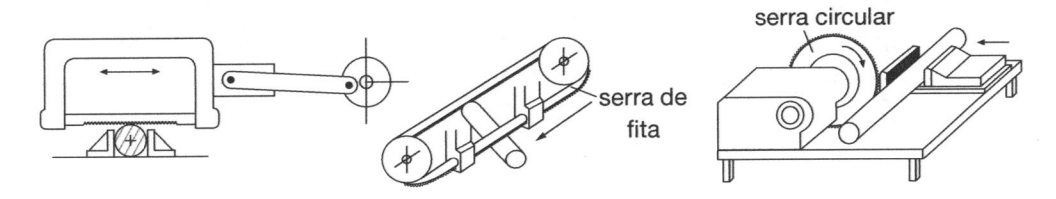

Fonte: Adaptado de Ferraresi, 1970, p. XXXVI.

2. **Torneamento**: é o processo de usinagem que visa à obtenção de superfícies cilíndricas de revolução com o auxílio de uma ferramenta monocortante. Observe, na Figura 1.11, algumas operações de torneamento. Nesse processo, a peça gira em torno do eixo principal de rotação da máquina e a ferramenta se desloca simultaneamente em um plano formado pela direção do raio e do comprimento da peça.

Figura 1.11 – Operações de torneamento

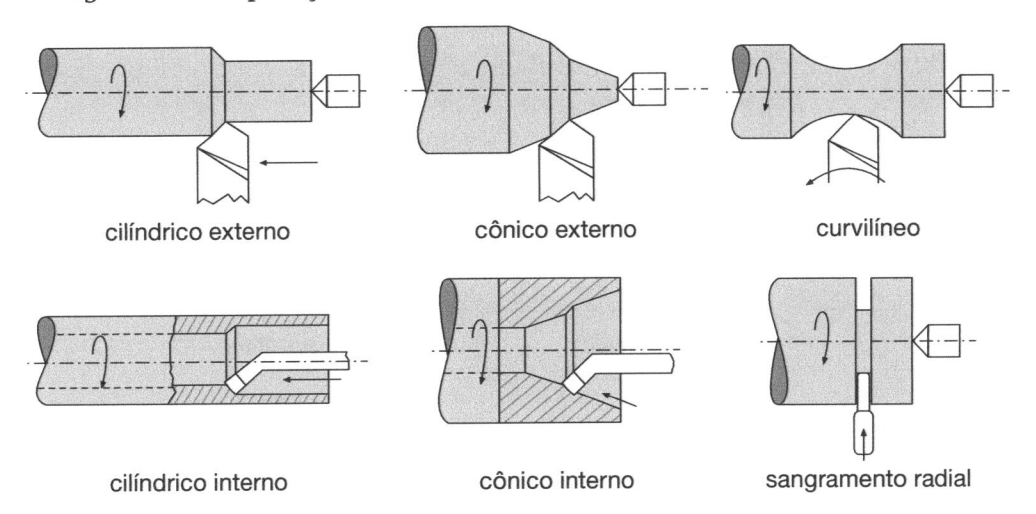

cilíndrico externo   cônico externo   curvilíneo

cilíndrico interno   cônico interno   sangramento radial

Fonte: Adaptado de Ferraresi, 1970, p. XXVII.

As operações de torneamento são bastante versáteis e permitem que o operador faça a usinagem de uma grande quantidade de detalhes nas peças torneadas. Os tornos mecânicos podem ter acionamento manual ou por comando numérico computadorizado (CNC).

3. **Aplainamento**: é o processo de usinagem destinado à obtenção de superfícies lineares, geradas pelo movimento retilíneo da peça ou da ferramenta – que pode ser vertical ou horizontal. Veja, na Figura 1.12, algumas operações de aplainamento.

Figura 1.12 – Operações de aplainamento

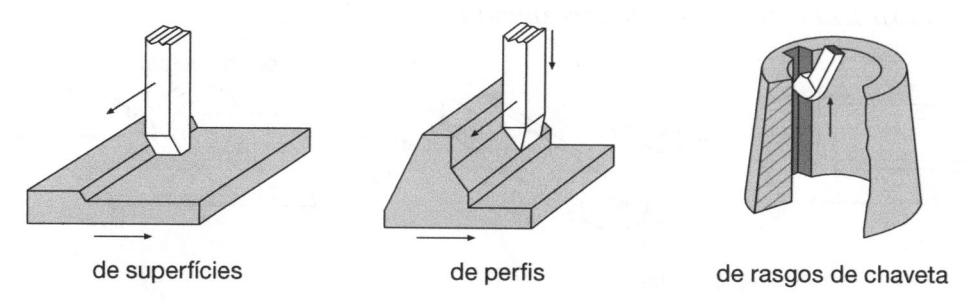

de superfícies   de perfis   de rasgos de chaveta

Fonte: Adaptado de Ferraresi, 1970, p. XXVIII.

4. **Furação**: é o processo mecânico destinado à obtenção de furos, geralmente cilíndricos, com o auxílio de ferramentas multicortantes. A ferramenta gira em torno do seu próprio eixo e desloca-se em uma trajetória retilínea coincidente ou paralela ao eixo principal da máquina. Na Figura 1.13, você pode notar que todas as ferramentas estão alinhadas na direção vertical e que o avanço da ferramenta ocorre nessa mesma direção.

Figura 1.13 – Operações de furação

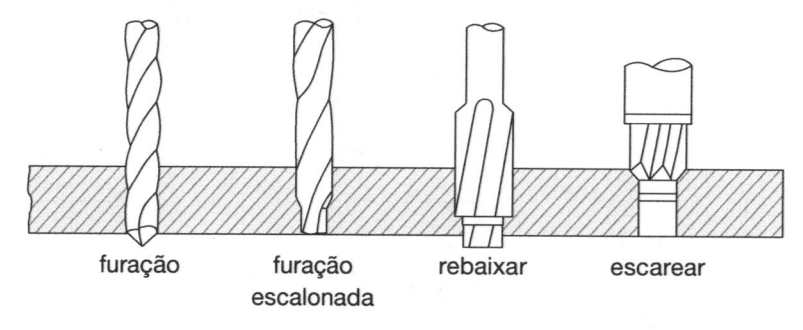

furação   furação escalonada   rebaixar   escarear

Fonte: Adaptado de Ferraresi, 1970, p. XXX.

Na operação de furação, utiliza-se o formato geométrico da ferramenta para produzir o perfil usinado. A ferramenta de corte deixa impresso na peça um furo com sua geometria e sua dimensão.

5. **Alargamento**: é o processo de usinagem destinado ao acabamento de furos cilíndricos ou cônicos com o auxílio de ferramentas multicortantes.

A ferramenta ou a peça gira e desloca-se segundo uma trajetória retilínea coincidente ou paralela com o eixo de rotação. Veja, na Figura 1.14, a ilustração de algumas operações de alargamento.

Figura 1.14 – Operações de alargamento

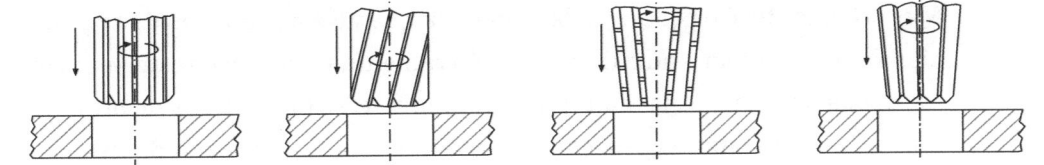

Fonte: Adaptado de Ferraresi, 1970, p. XXXI.

Esse tipo de processo confere à peça excelente precisão geométrica e dimensional, justamente por ocorrer com ferramentas de várias arestas de corte.

6. **Fresamento**: é o processo mecânico destinado à obtenção de superfícies de várias formas geométricas com o auxílio de ferramentas geralmente multicortantes. Observe, na Figura 1.15, que a ferramenta gira em torno de seu próprio eixo e a peça ou a ferramenta se desloca segundo uma trajetória qualquer.

Figura 1.15 – Operações de fresamento

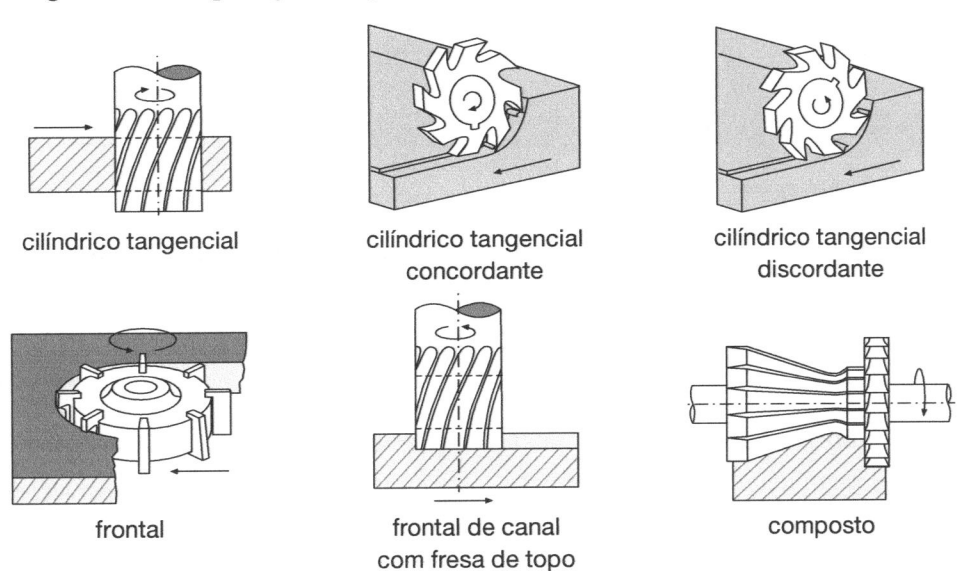

cilíndrico tangencial

cilíndrico tangencial concordante

cilíndrico tangencial discordante

frontal

frontal de canal com fresa de topo

composto

Fonte: Adaptado de Ferraresi, 1970, p. XXXII.

As operações de fresamento podem produzir superfícies planas, horizontais, verticais, inclinadas e com geometria especial. Para isso, as operações de fresamento são realizadas com a aplicação de ferramentas rotativas, que chamamos de *fresas*. Mais adiante, vamos ver que as fresas podem ter vários formatos geométricos, de acordo com o perfil que se deseja usinar.

7. **Mandrilamento**: é o processo de usinagem que visa à produção de superfícies de rotação com o auxílio de uma ferramenta montada em um suporte em forma de barra. Veja, na Figura 1.16, a ilustração dos tipos de mandrilamento. Nesse tipo de processo, a ferramenta gira em torno do próprio eixo e desloca-se em uma trajetória adequada, que permita gerar o tipo de superfície que se deseja produzir.

Figura 1.16 – Operações de mandrilamento

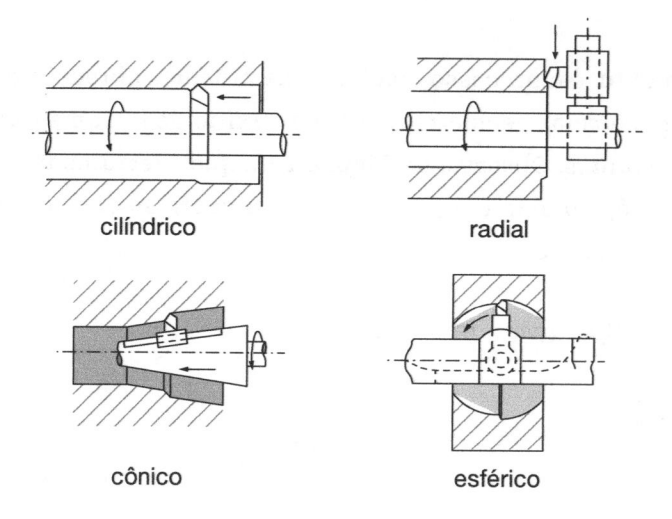

cilíndrico   radial

cônico   esférico

Fonte: Adaptado de Ferraresi, 1970, p. XXXII.

Os tipos de mandrilamento ilustrados na Figura 1.16 podem ser assim descritos:

- Mandrilamento cilíndrico: a superfície usinada é um cilindro reto de revolução.
- Mandrilamento cônico: a superfície usinada é um cilindro cônico de revolução.
- Mandrilamento radial: a superfície usinada é plana e perpendicular ao eixo de rotação da ferramenta.
- Mandrilamento esférico: a superfície usinada é um furo esférico.

8. **Brochamento**: é o processo mecânico destinado à obtenção de superfícies com várias formas geométricas com o auxílio de ferramentas multicortantes de movimento linear. Observe o que ilustra a Figura 1.17 sobre as operações de brochamento: a ferramenta é deslocada contra a superfície da peça com um único movimento retilíneo.

Figura 1.17 – Operações de brochamento

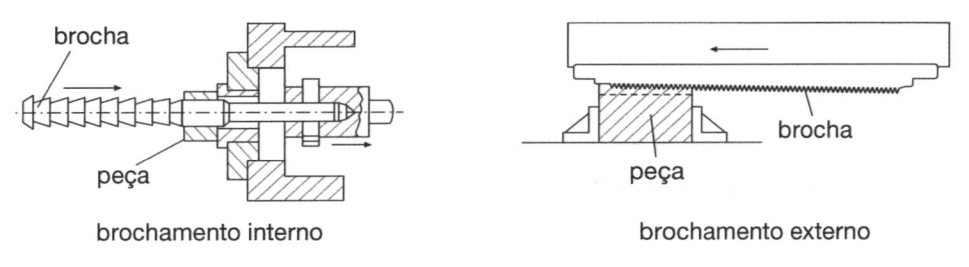

brochamento interno   brochamento externo

Fonte: Adaptado de Ferraresi, 1970, p. XXXVI.

9. **Roscamento**: é o processo mecânico destinado à obtenção de filetes de rosca por meio da abertura de um ou de vários sulcos helicoidais de passo uniforme em superfícies cilíndricas ou cônicas de revolução. Veja, na Figura 1.18, as operações de roscamento.

Figura 1.18 – Operações de roscamento

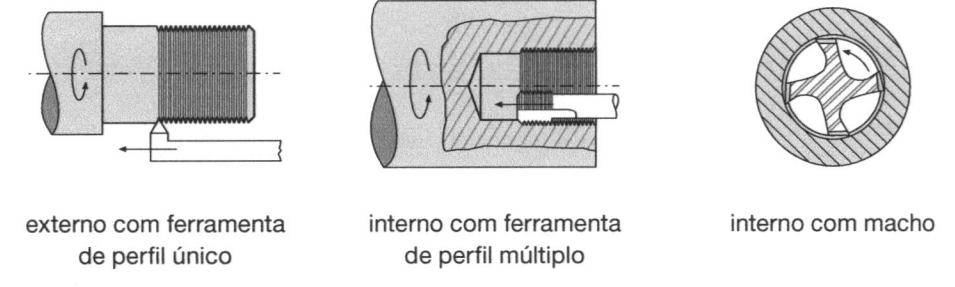

externo com ferramenta de perfil único   interno com ferramenta de perfil múltiplo   interno com macho

Fonte: Adaptado de Ferraresi, 1970, p. XXXVIII.

10. **Usinagem com ferramentas de geometria não definida**: compreende uma série de operações de corte nas quais são empregadas ferramentas de geometria não definida (GND). Damos a essas ferramentas esse nome porque, microscopicamente, elas contêm várias arestas de corte diferentes.

    Essas ferramentas são abrasivas e podem ter diversas formas, tais como: discos abrasivos, lixas, rebolos e abrasivos não ligados. Veja, na Figura 1.19, algumas operações com ferramentas GND.

Figura 1.19 – Operações de usinagem com ferramentas GND

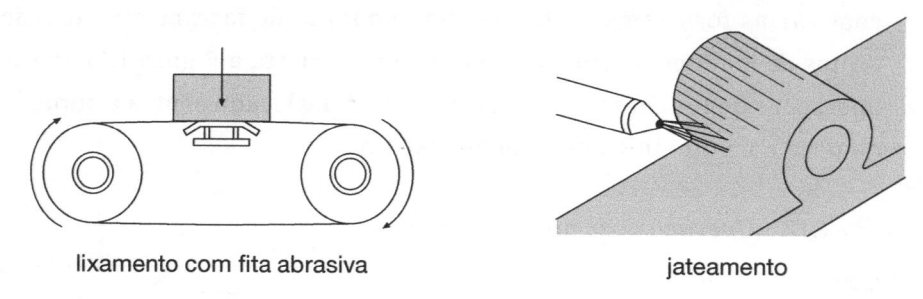

lixamento com fita abrasiva

jateamento

Fonte: Adaptado de Ferraresi, 1970, p. XLIV.

O principal objetivo das operações de usinagem com ferramentas GND é conferir à peça melhor acabamento geométrico ou superficial.

11. **Retificação**: é um processo de usinagem por abrasão que consiste na aplicação de uma ferramenta GND rotativa para obtenção de superfícies retificadas de fino acabamento geométrico e superficial. A ferramenta utilizada nesse processo é chamada de *rebolo*, conforme podemos ver na Figura 1.20.

Figura 1.20 – Operações de retificação

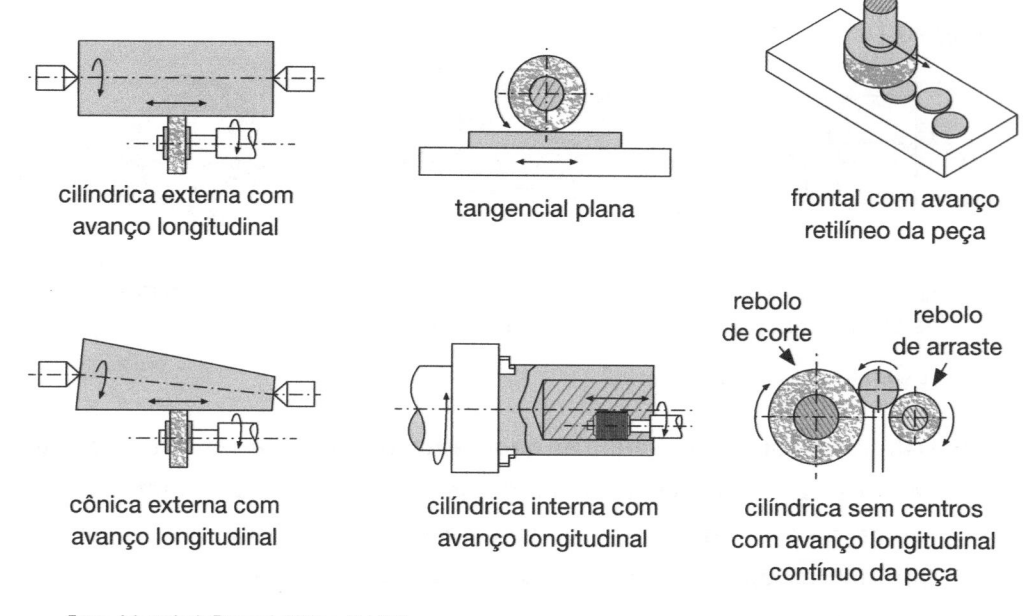

cilíndrica externa com avanço longitudinal

tangencial plana

frontal com avanço retilíneo da peça

cônica externa com avanço longitudinal

cilíndrica interna com avanço longitudinal

rebolo de corte

rebolo de arraste

cilíndrica sem centros com avanço longitudinal contínuo da peça

Fonte: Adaptado de Ferraresi, 1970, p. XLI-XLII.

12. **Usinagem para superacabamento**: consiste em métodos especiais de usinagem com o uso de ferramentas GND para obtenção peças com alto grau de acabamento superficial. Veja alguns exemplos na Figura 1.21.

Figura 1.21 – Operações de superacabamento

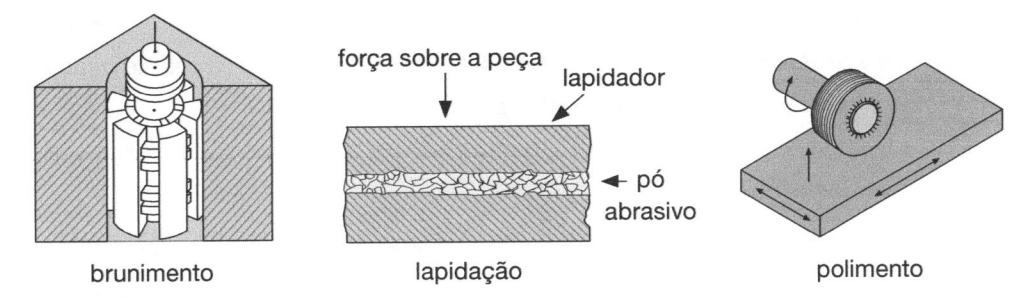

brunimento — lapidação — polimento

Fonte: Adaptado de Ferraresi, 1970, p. XLII.

■ Síntese

Neste capítulo, você conheceu o princípio da cunha no corte de materiais. Identificou, ainda, que a penetração da ponta da ferramenta é facilitada por esse princípio. Você pôde perceber que os processos de usinagem ocorrem por meio do corte do material da peça pelo movimento relativo entre essa peça e a ferramenta. Você também conheceu algumas máquinas e ferramentas, além de constatar que a aplicação dos processos de usinagem oferece algumas vantagens e desvantagens.

■ Questões para revisão

1. Explique como o princípio da cunha facilita o corte de materiais.
2. Observe as figuras ilustrativas dos processos de fabricação. Quais são os tipos de movimentos comuns nos processos de usinagem?
3. Indique se as seguintes considerações sobre as funções de uma máquina-ferramenta são verdadeiras (V) ou falsas (F):
    ( ) A máquina-ferramenta deve possibilitar a fixação da peça.
    ( ) A máquina-ferramenta deve efetuar o movimento de corte.
    ( ) A máquina-ferramenta deve ser automática.
    ( ) A máquina-ferramenta deve permitir a fixação da ferramenta.

4. Analise as ilustrações sobre os processos de usinagem e indique se as seguintes considerações são verdadeiras (V) ou falsas (F):
   ( ) No processo de torneamento, normalmente, a peça gira e a ferramenta se desloca linearmente.
   ( ) No processo de brochamento, é utilizada uma ferramenta monocortante.
   ( ) No processo de furação, podem ser utilizados vários tipos de broca para produção de diferentes tipos de furo.
   ( ) No processo de fresamento, normalmente a peça gira e a ferramenta se desloca linearmente.

5. Indique a única alternativa verdadeira e justifique as alternativas falsas:
   a. O principal objetivo dos processos de usinagem é possibilitar a fixação do material da peça ou da ferramenta.
   b. O principal objetivo dos processos de usinagem é promover o corte do material, conferindo forma e dimensões à peça.
   c. O uso de máquinas e ferramentas é obrigatório em todos os processos de usinagem.
   d. Uma das principais vantagens dos processos de usinagem é o baixo custo quando comparado ao de outros processos de fabricação.
   e. Uma das principais desvantagens dos processos de fabricação é a dificuldade de obtenção de peças de geometria diversificada.

■ Questões para reflexão ─────────────────────────────

1. Pode ocorrer usinagem sem haver remoção de cavaco?
2. Existe um contrassenso na utilização de matérias-primas maiores que a geometria final da peça, considerando-se que a usinagem promove a remoção desse excesso de material em forma de cavaco. O que justifica a utilização de matérias-primas maiores do que a peça final se, geralmente, o cavaco é material de descarte?

■ **Para saber mais**

Documento *on-line* e *site*

CIMM. **Material didático**: usinagem. Disponível em: <http://www.cimm.com.br/portal/material_didatico/3251>. Acesso em: 27 abr. 2016.

USINAGEM BRASIL. Disponível em: <http://www.usinagem-brasil.com.br>. Acesso em: 27 abr. 2016.

Livro

FERRARESI, D. **Fundamentos da usinagem dos metais**. São Paulo: Blucher, 1970.

Norma

ABNT – Associação Brasileira de Normas Técnicas. **NBR 6175**: usinagem: processos mecânicos. Rio de Janeiro, 2015.

2 Tecnologia dos processos de usinagem

Conteúdos do capítulo:
- *Operações de desbaste e acabamento.*
- *Princípios dos processos de torneamento, furação e fresamento.*
- *Ferramentas de corte dos processos de usinagem.*

Após o estudo deste capítulo, você será capaz de:
1. *entender os conceitos de desbaste e acabamento;*
2. *compreender os processos de torneamento, furação e fresamento;*
3. *identificar as principais diferenças entre cada processo;*
4. *identificar algumas das limitações da usinagem;*
5. *analisar algumas ferramentas de corte e suas aplicações.*

No capítulo anterior, examinamos alguns princípios da usinagem. Vimos que são necessários vários tipos de ferramentas para a produção de peças com geometria complexa e, ainda, tratamos da remoção de cavacos e suas implicações de velocidade nos processos de fabricação.

Você deve estar pensando neste momento: será que existe algum processo de fabricação que ocorra com mais frequência na indústria metal mecânica? A resposta é: sim, existe um grupo de processos de usinagem que são mais frequentes na indústria, em razão de sua grande versatilidade na produção de componentes mecânicos – são os processos de torneamento, furação e fresamento. Com esses processos, é possível produzir grande parte dos produtos usinados.

Neste capítulo, analisaremos mais alguns detalhes sobre máquinas e ferramentas e veremos alguns fatores tecnológicos sobre os processos de usinagem.

2.1 Operações de desbaste e acabamento

Certamente você já deve ter visto em reportagens ou filmes de cinema a imagem de pesquisadores manipulando rochas com restos de animais extintos. Os fósseis são restos de seres vivos ou indícios de suas atividades preservados em rochas ou outros materiais sedimentados. Vamos observar, como exemplo, uma ilustração de fósseis de trilobitas na Figura 2.1.

Figura 2.1 – Exemplo de fósseis de trilobitas

Crédito: Merlin74/Shutterstock

O estudo dos fósseis é chamado de *paleontologia* e exige muito cuidado e dedicação, conforme podemos ver na Figura 2.2, que ilustra esse tipo de escavação.

Figura 2.2 – Escavação de um fóssil

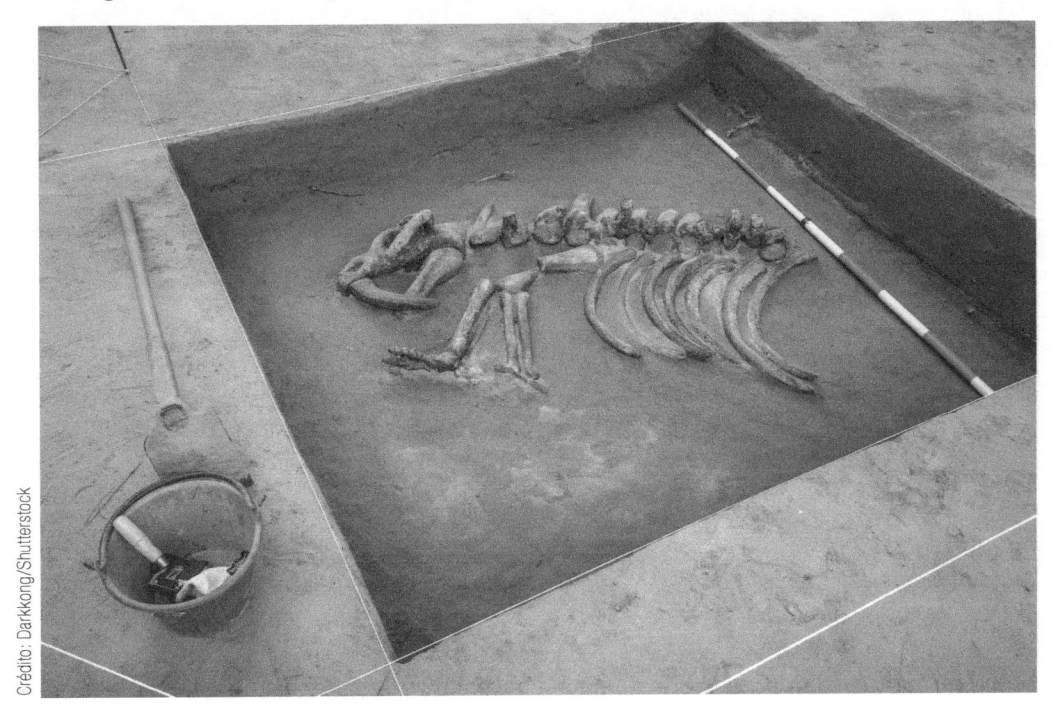

Você deve estar pensando: mas o que a paleontologia tem a ver com a usinagem?

Acompanhe o raciocínio: a preservação dos materiais fósseis ocorre em camadas abaixo da superfície terrestre. No início da escavação, é preciso retirar camadas mais grosseiras do material para uma primeira aproximação dos fósseis, num processo que pode incluir o uso de pás e escavadeiras. Entretanto, no final do trabalho, é necessário usar ferramentas mais refinadas, tais como pequenas pontas e até pincéis. Isso ocorre porque a intenção é aumentar a produtividade no início das escavações e preservar todas as características originais do fóssil. Por outro lado, pode-se argumentar que seria muito demorado fazer toda a escavação diretamente com um pincel, por exemplo.

De maneira semelhante, quando se produz uma peça por usinagem, existe uma quantidade de matéria-prima a ser removida pela ferramenta. Isso acontece porque os materiais em estado bruto são fornecidos em dimensões padronizadas, na maioria das vezes em dimensões maiores que as dimensões finais das peças projetadas.

Assim, para se produzirem as peças mecânicas com eficiência, é utilizado o mesmo conceito da paleontologia: as primeiras camadas são retiradas com uma ferramenta mais robusta, mas o acabamento da peça é feito com uma ferramenta mais refinada.

As operações de usinagem que removem as primeiras camadas do material são chamadas de **desbaste**. Já as operações que finalizam a peça são chamadas de **acabamento**.

Podemos observar, na Figura 2.3, as operações de torneamento em desbaste e de torneamento em acabamento.

Figura 2.3 – Operações de torneamento em desbaste e em acabamento

torneamento em desbaste   **torneamento em acabamento**

Geralmente, as operações de desbaste ocorrem com menor velocidade de corte e com remoção da máxima quantidade de material suportado pela máquina e pela ferramenta. Já as operações de acabamento ocorrem com maior velocidade e com remoção de uma mínima quantidade de material.

Dessa maneira, podemos entender que as operações de desbaste conferem maior eficiência ao processo de usinagem, enquanto as operações de acabamento oferecem mais precisão geométrica e dimensional.

Algumas peças mecânicas podem apresentar formas geométricas complexas e dimensões muito precisas. Como exemplo, a Figura 2.4 apresenta duas bielas e um pistão para motores de combustão.

Figura 2.4 – Bielas e pistão de motores de combustão

Nessas peças, você pode observar alguns detalhes de forma e dimensões complexas. Repare que, nas extremidades das bielas, temos furos de alta precisão dimensional e geométrica que serão montados em outros componentes dos motores.

Agora, ao observarmos a Figura 2.5, podemos perceber que, para fazer peças usinadas, podem ser necessárias várias operações de fabricação.

Figura 2.5 – Peças usinadas

Analisando os exemplos e avaliando as Figuras 2.4 e 2.5, vemos que, para se produzirem determinadas peças de maneira eficiente, é preciso conhecer um pouco melhor a tecnologia empregada nos processos de usinagem.

Todos os detalhes das operações de usinagem – desbaste e acabamento, as máquinas, as ferramentas e os sistemas de fixação da peça na máquina – são importantes e devem ser planejados antes do início do trabalho. Essa etapa é chamada de *planejamento de processos* e envolve itens como a necessidade de calcular o tempo e o custo de fabricação. Examinaremos esse tema com mais detalhes no Capítulo 12.

Neste ponto, interessa-nos o estudo mais aprofundado das principais operações de usinagem.

2.2 Máquinas e ferramentas utilizadas nos principais processos de usinagem

Para fabricar uma peça, é necessário planejar e, para fazer o planejamento, é necessário conhecer as características dos processos de fabricação. Na indústria mecânica, as principais operações de fabricação por usinagem são o torneamento, a furação e o fresamento.

Para a execução dessas operações, são necessárias máquinas e ferramentas especiais. Apresentaremos, a seguir, uma descrição com algumas ilustrações sobre cada um desses processos de usinagem.

2.2.1 Torneamento

O processo de torneamento é indicado para peças de corpo cilíndrico, cujo perfil possa ser desenvolvido pela rotação da peça em torno de seu eixo de simetria (ABNT, 2015). A rotação da peça associada ao deslocamento da ferramenta possibilita a fabricação da peça. Um exemplo típico obtido pelo processo de torneamento pode ser observado na Figura 2.6: na posição 1, temos o torneamento longitudinal, na posição 2, o torneamento de perfis e, na posição 3, o faceamento.

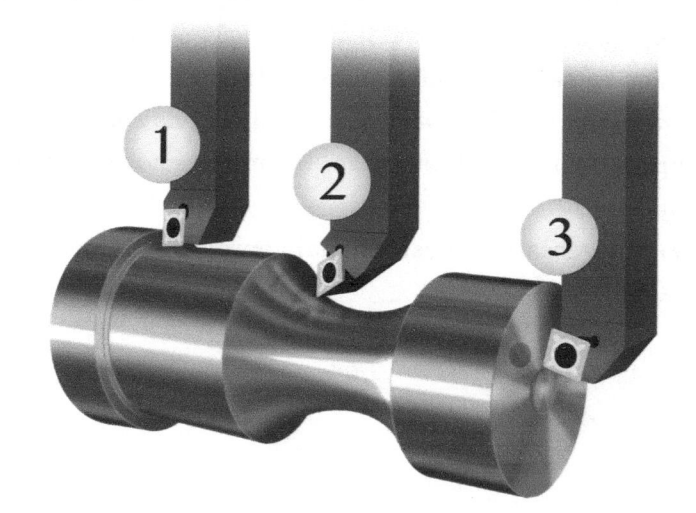

Figura 2.6 – Operações básicas de torneamento externo

Fonte: Sandvik Coromant, 2016k.

Na Figura 2.7, podemos observar as operações de torneamento interno. Nesse caso, representamos a peça em corte para possibilitar a visualização das ferramentas. Na posição 1, temos o torneamento longitudinal interno, enquanto a posição 2 representa o torneamento de perfis.

Figura 2.7 – Operações básicas de torneamento interno

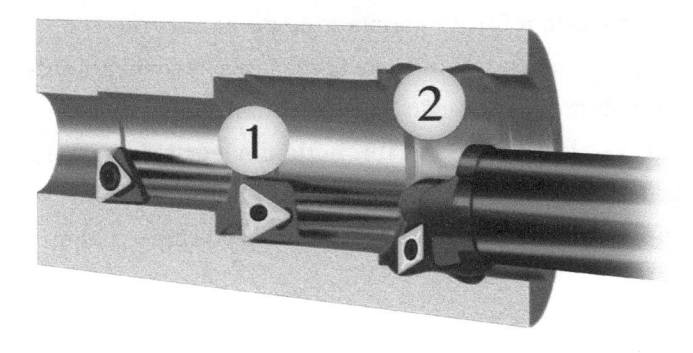

Fonte: Sandvik Coromant, 2016k.

O processo de torneamento também permite a geração de cortes e a usinagem de perfis especiais nas peças cilíndricas. Na Figura 2.8, você pode observar as operações de corte e usinagem de canais e perfis no torneamento.

Figura 2.8 – Operações de corte e usinagem de canais e perfis no torneamento

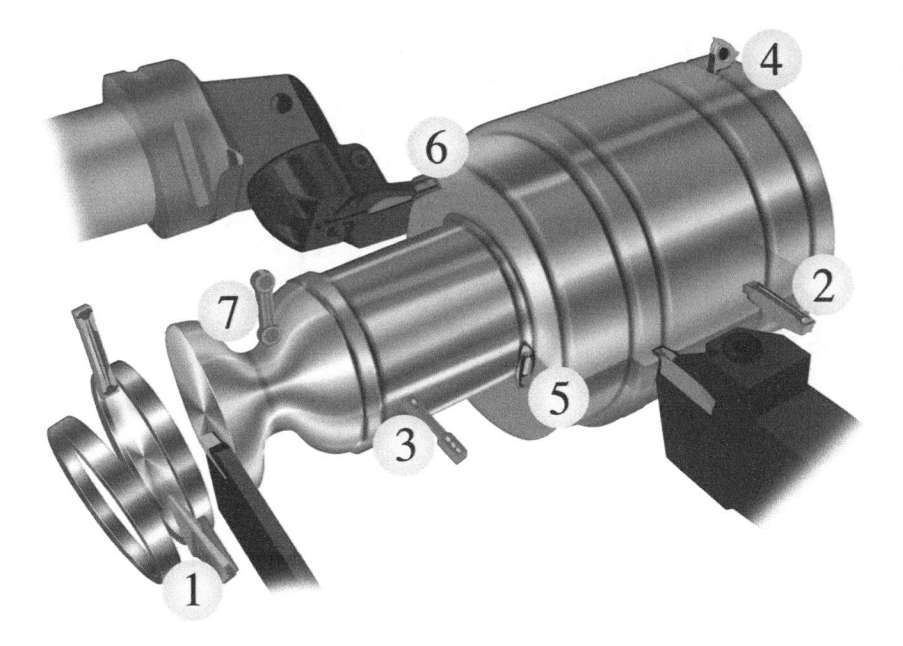

Fonte: Sandvik Coromant, 2016c.

As ferramentas utilizadas no corte de peças no torneamento são chamadas genericamente de **bedames**, que podem produzir um corte total na largura da ferramenta na direção do diâmetro da peça, conforme podemos ver na posição 1 da Figura 2.8. Nesse caso, uma parte da peça é totalmente separada pela ação do bedame.

Já nas posições 2 e 4, temos uma ilustração da usinagem de canais radiais. Nesse caso, o bedame tem a forma geométrica do canal.

A posição 3 indica que também é possível fazer o torneamento externo em acabamento com bedames. A posição 5 ilustra a usinagem de um canal de alívio, e a posição 6, um canal frontal. Por fim, podemos ver que a posição 7 exemplifica a usinagem de um perfil especial com um bedame de ponta arredondada. Repare que as operações de torneamento com bedames podem ser bastante diversificadas.

Outra possibilidade bastante comum é utilizar o torno para fazer roscas. Na Figura 2.9, podemos ver a ilustração de várias ferramentas em operação de roscamento no torno mecânico. Nesse tipo de operação, uma ferramenta de perfil percorre a peça produzindo um canal helicoidal em torno de uma superfície cilíndrica. Trata-se da rosca.

Figura 2.9 – Operações de roscamento executadas no torno mecânico

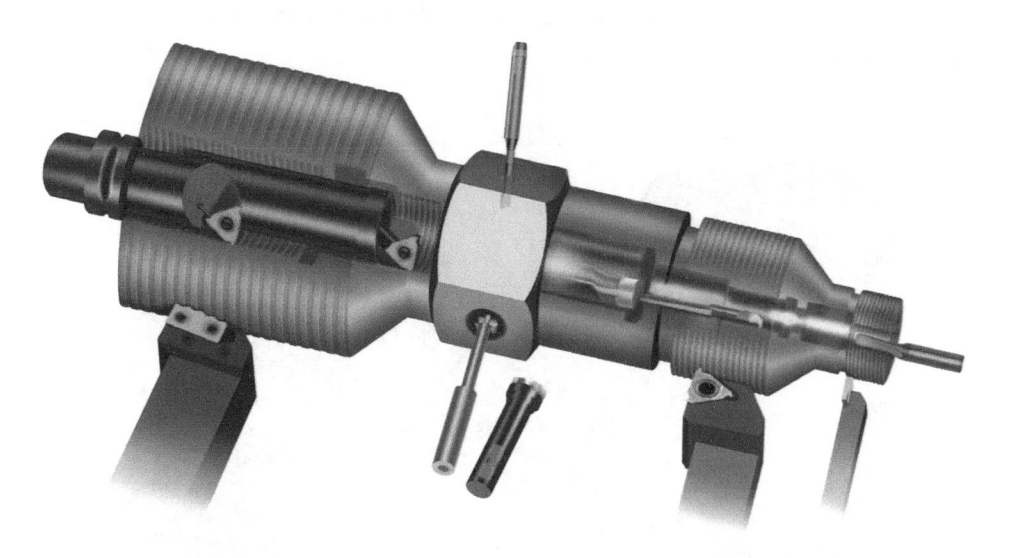

Fonte: Sandvik Coromant, 2016g.

O processo de torneamento é executado por uma máquina denominada **torno mecânico**. Na Figura 2.10, você pode observar a estrutura mecânica de um torno universal horizontal.

Figura 2.10 – Estrutura de um torno mecânico horizontal

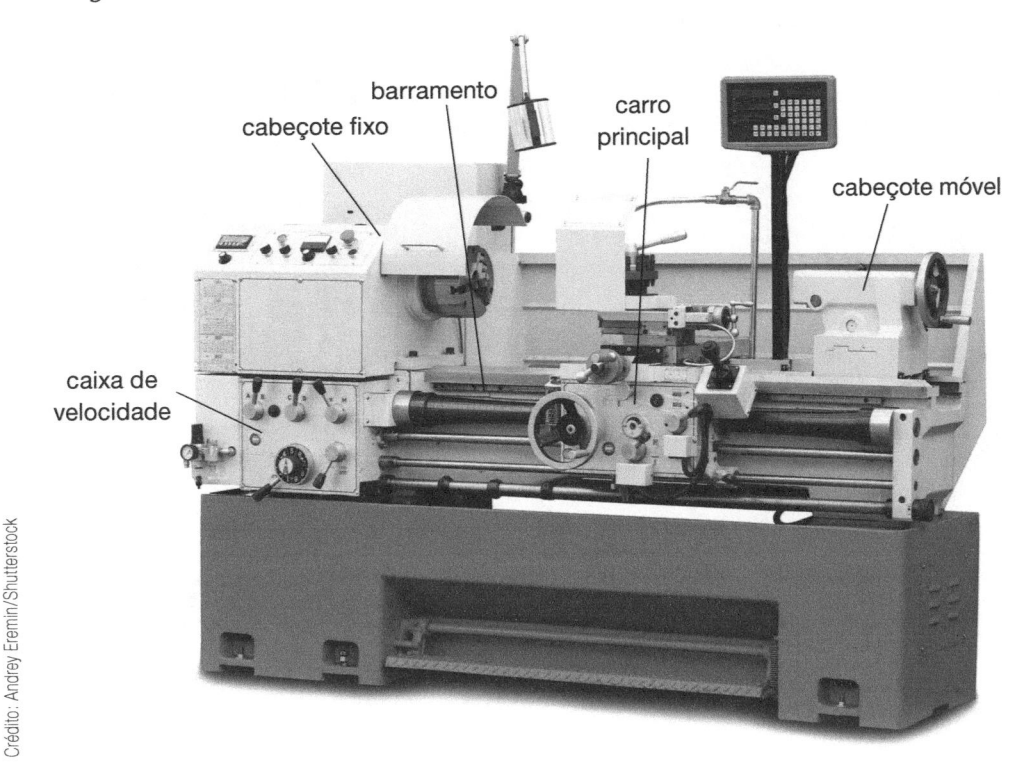

No sistema em questão, o cabeçote fixo efetua o movimento de giro da matéria-prima da peça presa na máquina. Uma correia transmite o movimento de um motor até o cabeçote fixo, enquanto uma caixa de velocidades permite a regulagem da rotação do cabeçote fixo.

O carro principal efetua o movimento da ferramenta em um plano de trabalho horizontal que passa pelo eixo de rotação da peça. Um barramento serve de guia para os deslocamentos do carro principal.

O movimento de giro da matéria-prima da peça associado ao movimento da ferramenta no plano de trabalho possibilita a obtenção de peças de geometria essencialmente cilíndrica. Ou seja, podemos perceber que, no torneamento, a peça gira e a ferramenta se desloca sobre o perfil da peça. Assim, o movimento relativo entre a peça e a ferramenta é que produz o torneamento.

A fixação da peça é feita, geralmente, em um dispositivo da máquina chamado de *placa de três castanhas*, que você pode observar na Figura 2.11.

Figura 2.11 – Placa de três castanhas

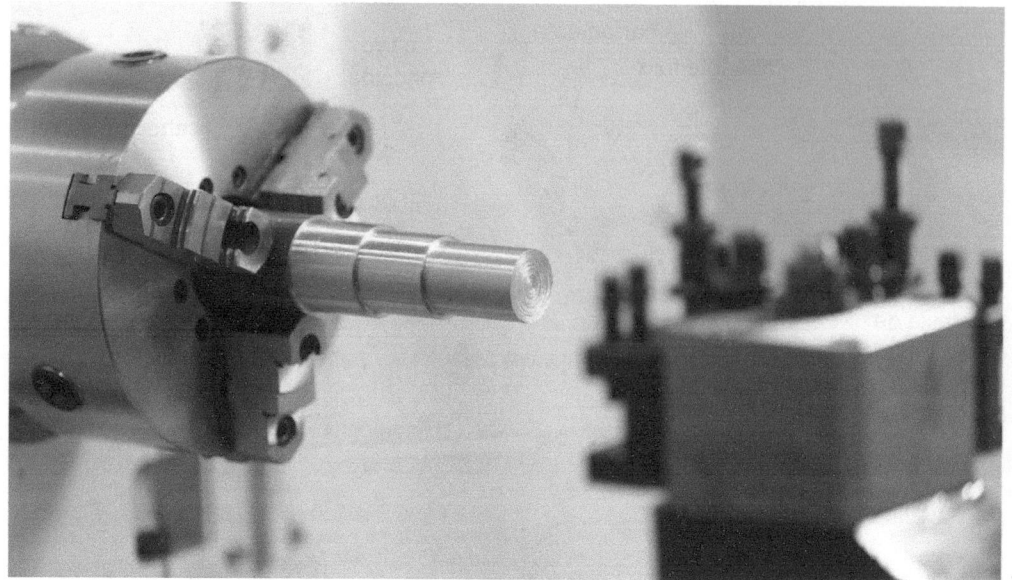

Crédito: Aumm graphixphoto/Shutterstock

A placa de três castanhas permite fixar a peça manualmente com o auxílio de uma chave ou por uma unidade hidráulica. Para a fixação com auxílio da chave, o operador deve prover o aperto suficiente para manter a peça bem presa no torno durante a usinagem. Isso vai depender bastante da experiência do operador. Já no sistema hidráulico, é possível regular a pressão de fixação, e a peça é presa na placa pela ação do circuito hidráulico, que fecha as castanhas da placa sobre ela.

Na Figura 2.12, você pode ver os principais parâmetros de torneamento. A peça vai girar com certo número de rotações por minuto n (rpm) e velocidade de corte V_c (m/min). A ferramenta vai avançar com f_n (mm/rot) e remover um cavaco de largura correspondente à profundidade de corte a_p (mm), resultado no diâmetro da peça torneada D_m (mm).

Figura 2.12 – Parâmetros de torneamento

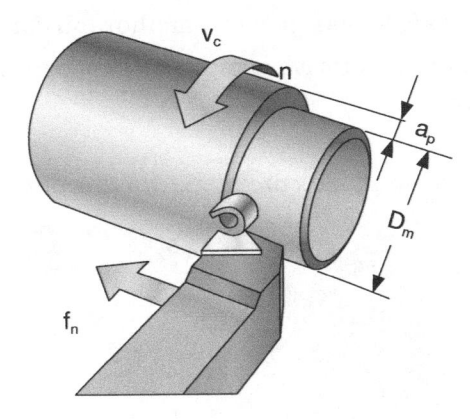

Fonte: Sandvik Coromant, 2016k.

Veja na Figura 2.13 a ilustração de uma ferramenta torneando dois diâmetros diferentes. Perceba que a ponta da ferramenta permanece na mesma linha de centro da peça, independentemente do diâmetro considerado.

Figura 2.13 – Velocidade de corte e rotações por minuto no torneamento

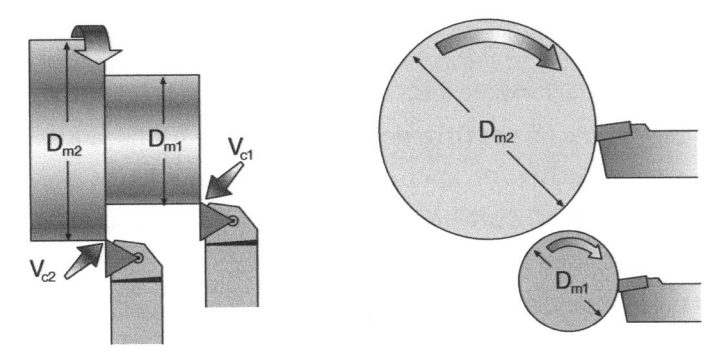

Fonte: Sandvik Coromant, 2016k.

Se considerarmos o mesmo número de rotações por minuto, n (rpm), a velocidade no diâmetro D_{m2} vai ser maior que a velocidade no diâmetro D_{m1}. Isso ocorre porque a ferramenta vai percorrer um comprimento maior em D_{m2}. Então $V_{c2} > V_{c1}$, se considerarmos o mesmo número de rotações por minuto.

Portanto, devemos perceber que, quanto maior o diâmetro da peça, menor deve ser o número de rotações por minuto para uma mesma velocidade de corte e, quanto menor o diâmetro da peça, maior deve ser o número de rotações por minuto para uma mesma velocidade de corte. Se mantivermos o número de rotações por minuto constante, a velocidade de corte vai ser maior no maior diâmetro torneado.

Para peças curtas, é possível fazer a fixação diretamente na placa de três castanhas. Para peças mais longas, pode-se melhorar a condição de fixação com o auxílio de uma contraponta rotativa apoiada no cabeçote móvel, conforme você pode ver na Figura 2.14.

Figura 2.14 – Fixação em placa com o auxílio de contraponta

Esse tipo de fixação, com a peça presa na placa de três castanhas e apoiada na contraponta rotativa, fornece uma condição mais estável para o torneamento. Nesse caso, é preciso fazer um furo de centro na face da peça a ser torneada.

Também podemos utilizar o apoio da placa e de um dispositivo chamado de *luneta*, caso em que a peça é presa diretamente na placa do torno, enquanto sua extremidade é apoiada na luneta durante a usinagem. Você vai identificar essa configuração na Figura 2.15.

Figura 2.15 – Fixação no torno com o auxílio de luneta

Para peças ainda mais longas, existe a possibilidade de fixação entre pontas e a utilização de luneta. Nesse caso, é necessário usar uma placa chamada de *arrastadora*. A peça é apoiada nas extremidades por dois furos de centro. O movimento de rotação é transferido da placa para a peça por meio de um dispositivo de fixação chamado *arrastador*.

O processo de torneamento também pode ser implementado em máquinas de eixo de rotação verticais, conforme você pode ver na Figura 2.16.

Figura 2.16 – Torno vertical

Nesse tipo de máquina, a peça permanece presa em uma placa orientada na posição vertical. As ferramentas são movimentadas em um plano de trabalho perpendicular à face dessa placa.

Dicas de segurança: Utilize sempre os óculos de segurança nas operações de torneamento. Lembre-se de que a máquina é muito mais forte do que o operador. Certifique-se de que a placa do torno esteja parada e o botão de parada de emergência esteja acionado para fazer qualquer interação com a peça. Nunca deixe a chave de aperto presa na placa, pois o movimento de giro do torno pode arremessá-la e causar acidentes. Na dúvida, pare o trabalho e peça auxílio a um operador mais experiente.

2.2.2 Furação

O processo de furação é indicado para obtenção de furos cilíndricos, cujo perfil possa ser desenvolvido pela rotação da peça ou da ferramenta e pelo deslocamento em relação ao seu eixo de simetria. O tipo mais comum de furação é feito com o uso de uma furadeira e uma broca, conforme ilustrado na Figura 2.17.

Figura 2.17 – Furação efetuada com furadeira

Esse processo de usinagem é muito comum na indústria de fabricação mecânica. Podemos destacar algumas funções dos furos nas peças mecânicas: fixação, orientação ou posicionamento de componentes, passagem de fluidos, redução de peso de componentes e conjuntos (ABNT, 1990). O fato é que existem diversos graus de acabamento e cada tipo de furo deve ter sua função específica na peça.

Para produzir diferentes tipos de furo, é preciso dispor de brocas e furadeiras adequadas. Além disso, é necessário calcular a velocidade de rotação e a velocidade de avanço da broca. Isso deve ser feito com base no material da peça e no material da ferramenta e considerando-se ainda com o diâmetro do furo, conforme veremos com mais detalhes no próximo capítulo.

No processo de furação, geralmente são utilizadas brocas helicoidais. Veja, na Figura 2.18, a nomenclatura das partes de que elas se compõem.

Figura 2.18 – Nomenclatura das partes das brocas helicoidais

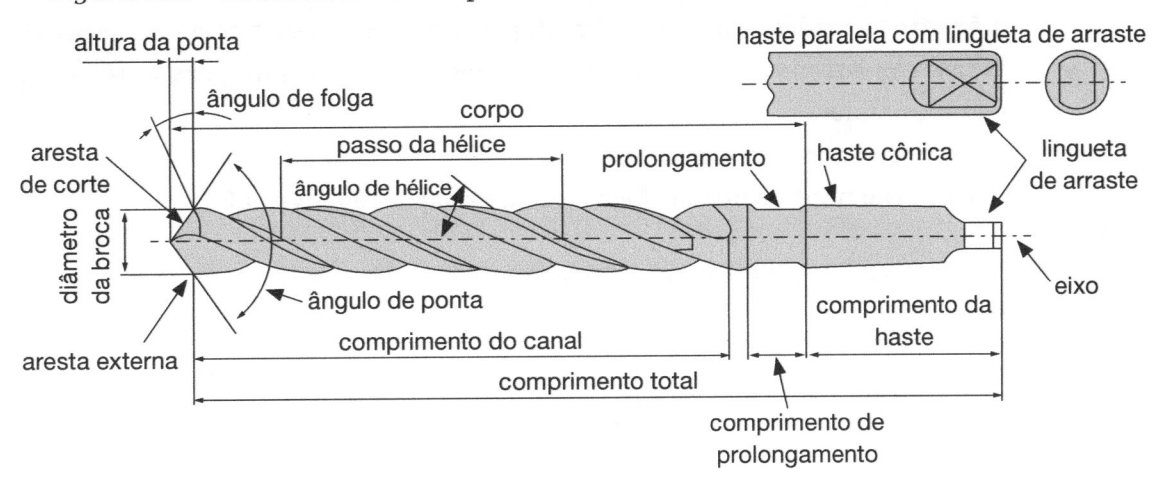

Fonte: Adaptado de ABNT, 1990.

A broca é fixada na furadeira por meio de sua haste paralela ou cônica, e o movimento de rotação é efetuado pela lingueta de arraste. As arestas de corte na ponta da ferramenta vão penetrar como um par de cunhas no material da peça, fazendo a remoção do cavaco pela sua hélice para fora do furo. A ponta da broca é afiada com ângulos específicos, dependendo do tipo de material que se deseja furar e das dimensões da broca.

A furação com broca helicoidal é considerada uma operação de desbaste. Para melhorar o acabamento, é possível utilizar outras ferramentas, como as ilustradas na Figura 2.19.

Figura 2.19 – Ferramentas para acabamento de furos

De forma geral, os fabricantes de brocas recomendam que os furos com diâmetros grandes sejam feitos em etapas. Deve-se começar com uma broca de diâmetro pequeno. Assim, o furo produzido servirá de guia para a passagem da broca maior.

Se você fizer uma breve pesquisa na internet, poderá encontrar diferentes tipos e tamanhos de brocas. Veja alguns exemplos na Figura 2.20.

Figura 2.20 – Diferentes tipos e tamanhos de brocas

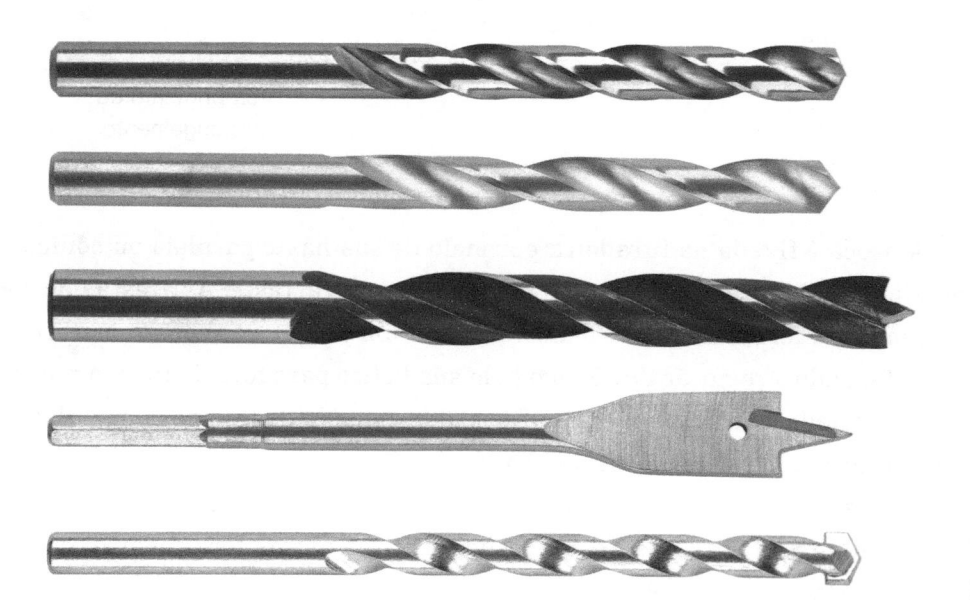

Vamos pensar num exemplo prático: para chegarmos a um furo com diâmetro de 12 mm, podemos iniciar o furo com uma broca de 4 mm, passar, em seguida, para uma de 8 mm e, então, finalizar com uma de 12 mm. Isso vai melhorar o grau de acabamento do furo e exigir menor esforço da máquina e das ferramentas.

Um dos principais problemas nas operações de furação é o controle da formação de cavacos. Isso é acentuado quando o furo que se deseja produzir é muito profundo. Entre as principais alternativas para remoção do cavaco durante as operações de furação profunda, podemos citar a aplicação de furos escalonados e a injeção de fluidos de corte com alta pressão na região de usinagem.

Nas operações de furação com broca helicoidal, podemos observar que o cavaco escorrega pela hélice da broca. Durante o processo de furação, o cavaco é pressionado entre a ferramenta e a superfície do furo, podendo ocasionar furos de baixa qualidade geométrica e superficial. Isso pode ser resolvido com a aplicação de alargadores.

Um tipo muito comum de máquina para furação é a furadeira de bancada. Você pode ver um exemplo na Figura 2.21.

Figura 2.21 – Furadeira de bancada

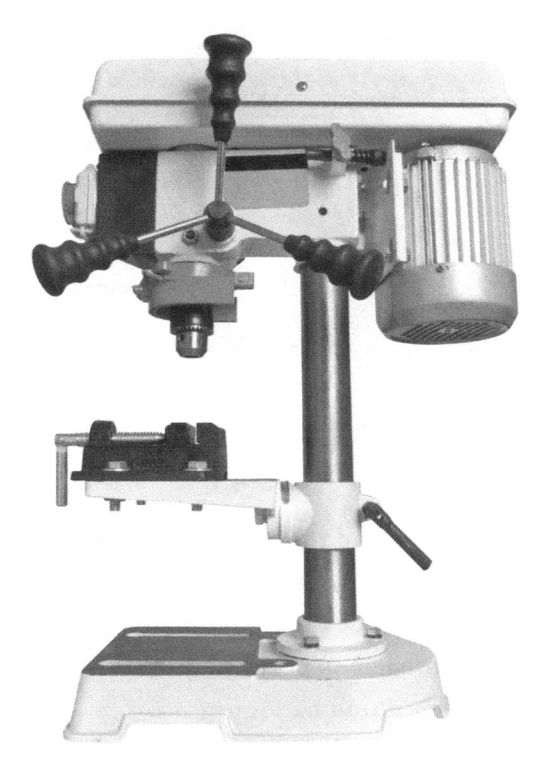

Crédito: a_v_d/Shutterstock

A furadeira de bancada tem aplicação em furos de pequeno diâmetro, normalmente de até 12 mm. É um equipamento de baixo custo e de fácil operação. Sua aplicação é justificada para a usinagem de peças de pequeno porte e furações de pequeno diâmetro. Geralmente, as marcações dos furos, o posicionamento da peça e a furação propriamente dita são feitos de modo manual, o que requer a atuação de um operador qualificado.

Esse tipo de máquina pode permitir que se faça o controle de profundidade do furo com o auxílio de um fuso ou de escala graduada. Na Figura 2.22, você pode observar uma furadeira de bancada com escala e limitador de avanço. As duas porcas servem de batente para impedir que a broca avance além do limite de sua regulagem.

Figura 2.22 – Limitador de avanço na furadeira de bancada

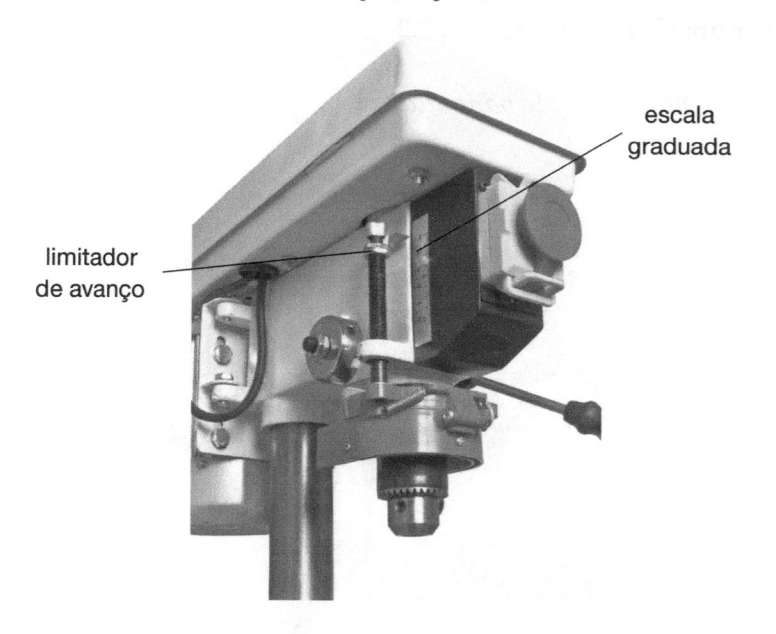

O processo de furação demanda grande esforço de corte, em parte devido à geometria da ponta das brocas e, em parte, devido às baixas velocidades de corte empregadas nos processos de furação com brocas helicoidais. Para prover maiores potências para usinagem, é possível utilizar furadeira de coluna. Veja um exemplo de furadeira de coluna na Figura 2.23.

Figura 2.23 – Furadeira de coluna

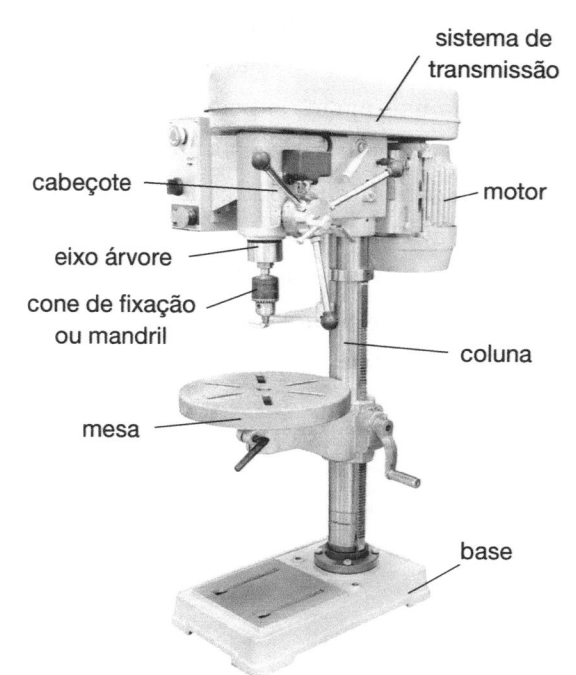

A furadeira de coluna é muito comum em ambiente industrial. A broca pode ser fixada diretamente pela sua haste cônica no eixo árvore por meio de um cone morse. Brocas de hastes paralelas podem ser fixadas com o auxílio de um mandril. Normalmente, esse tipo de máquina oferece uma gama de rotações, que podem ser reguladas diretamente na máquina, escolhendo-se valores entre 200 rpm e 2.000 rpm. A seleção da velocidade é feita com o ajuste de uma ou mais correias em polias escalonadas ou com o sistema de transmissão por cones variáveis.

Você já conhece o sistema de transmissão por polias escalonadas? E o sistema de transmissão por cones variáveis? Não deixe de pesquisar um pouco sobre esse assunto. Para isso, consulte o livro indicado a seguir.

BUDYNAS, R. G.; NISBETT, J. K. **Elementos de máquinas de Shigley**: projeto de engenharia mecânica. 10 ed. Porto Alegre: AMGH, 2016.

Outro tipo de furadeira muito comum em ambiente industrial é a furadeira de braço radial, que podemos ver na Figura 2.24. Essa máquina é utilizada em operações que exijam força e potência maiores nas operações de furação. Com ela, as peças ficam presas com maior rigidez de fixação e posicionamento.

Figura 2.24 – Furadeira de braço radial

As furadeiras radiais têm um mecanismo para inversão do sentido de rotação, o que permite a execução de furos roscados com o auxílio de machos de roscar. Nesse caso, é aplicado um mandril flutuante, conforme podemos ver na Figura 2.25.

Figura 2.25 – Macho de roscar montado em mandril flutuante

Esse tipo de mandril tem uma folga no sentido axial que permite o ajuste do movimento de avanço durante a inversão da rotação. Assim, o macho penetra no furo girando em um sentido, atinge o fundo do furo, e a furadeira inverte o sentido de rotação para a retirada do macho de dentro do furo roscado.

Dicas de segurança: Na prática da furação, é recomendável manter um cuidado especial com mãos, olhos e cabelos. Sempre utilize um sistema de fixação para prender a peça na furadeira. Manter a peça presa sobre a máquina diretamente com as mãos pode gerar acidentes. Também é muito comum a geração de cavacos longos, que podem ferir mãos e olhos. Utilize sempre os óculos de proteção. Além disso, a broca em movimento rotativo pode enrolar e puxar luvas, partes soltas das roupas ou mesmo o cabelo do operador. Nunca se aproxime muito da broca durante a usinagem. Se precisar fazer uma inspeção mais próxima do furo, desligue a furadeira e aguarde a parada total da broca.

2.2.3 Fresamento

O processo de fresamento pode ser considerado o tipo mais versátil dos processos de usinagem (Ferraresi, 1970). Veja na Figura 2.26 uma ilustração de algumas possibilidades de ferramentas e operações de fresamento.

Figura 2.26 – Ferramentas e operações de fresamento

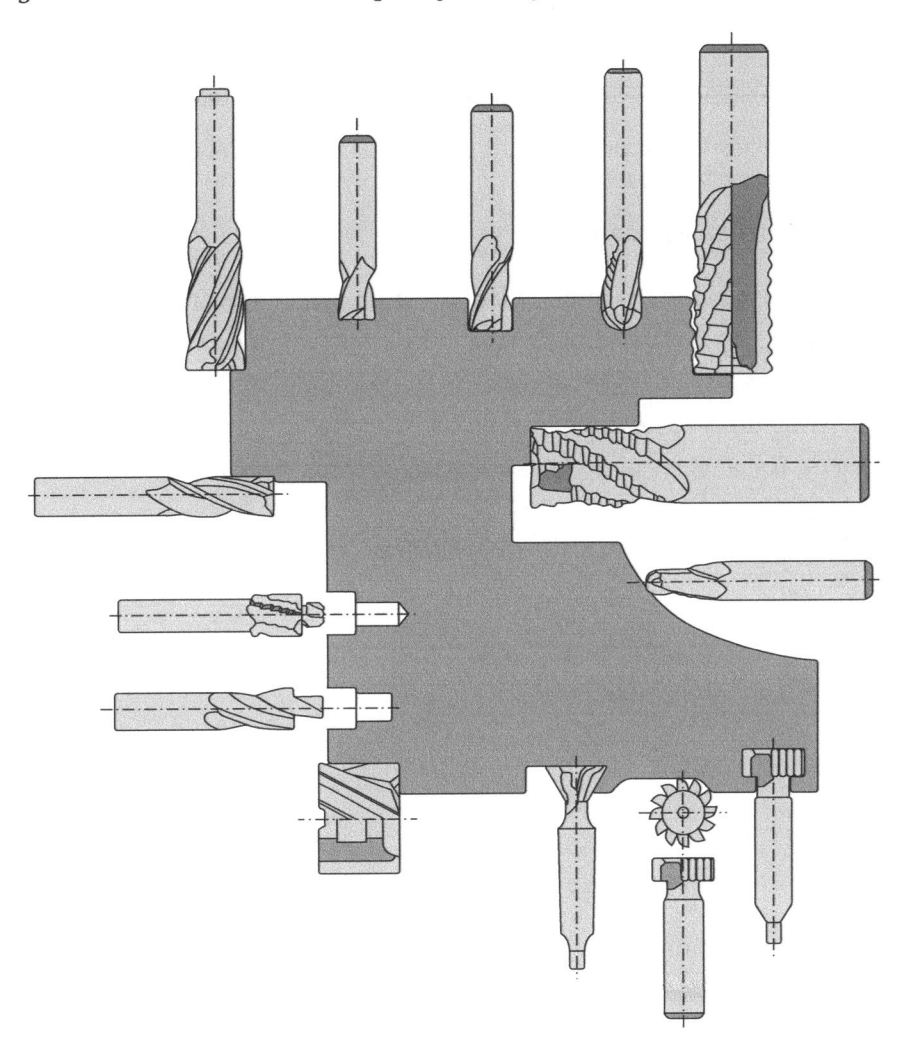

Fonte: Adaptado de OSG Sulamericana, 2016, p. 520.

Nessa figura, você pode observar várias geometrias de ferramentas e várias geometrias resultantes na peça usinada. Isso é possível em razão das possibilidades de combinação dos movimentos da peça e da ferramenta no processo de fresamento. Assim, é possível produzir peças com superfícies planas, curvas, angulares, canais com perfis especiais e furos com diversos tipos de acabamento.

O processo de fresamento geralmente utiliza ferramentas rotativas multicortantes. Veja, na Figura 2.27, as principais dimensões das fresas de topo.

Figura 2.27 – Principais dimensões das fresas de topo

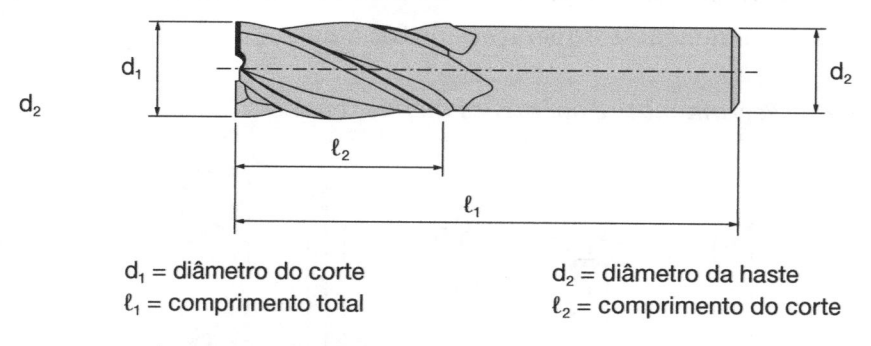

d_1 = diâmetro do corte
ℓ_1 = comprimento total
d_2 = diâmetro da haste
ℓ_2 = comprimento do corte

Fonte: Adaptado de OSG Sulamericana, 2016, p. 521.

As fresas de topo mais comuns são de duas, três e quatro arestas de corte. Observe, na Figura 2.28, a vista frontal de várias fresas de topo com diferentes números de arestas. São elas: a) uma fresa de topo com duas arestas de corte, b) três arestas de corte, c) quatro arestas de corte; d) quatro arestas com furo no centro da fresa; e) fresa de topo com oito arestas de corte.

Figura 2.28 – Número de arestas das fresas de topo

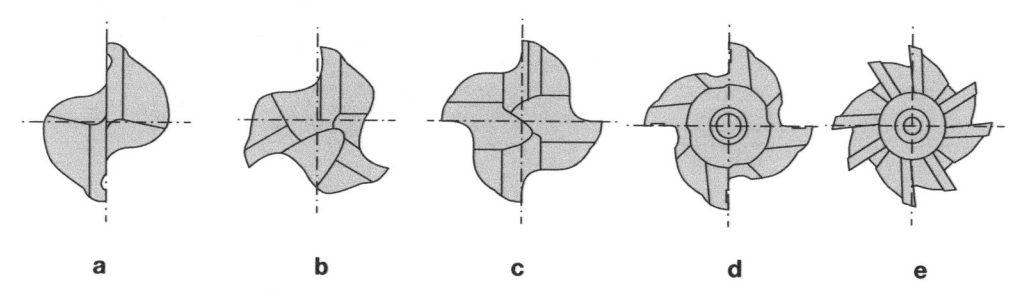

a   b   c   d   e

Fonte: Adaptado de OSG Sulamericana, 2016, p. 522.

As fresas de topo de duas arestas de corte (a) são indicadas para operações de desbaste. Fresas de topo com maior número de arestas de corte (b, c, d, e) são indicadas para operações de acabamento.

Podemos observar que a fresa de duas arestas de corte (a) tem uma das arestas atingindo o eixo de rotação da ferramenta. Isso permite fazer até mesmo operações de furação. A operação de furação realizada com fresas de topo também é denominada de *mergulho*.

Figura 2.29 – Fresa de topo de quatro cortes

Crédito: Monika23/Shutterstock

O espaço do canal helicoidal é maior nas fresas de topo de duas arestas de corte, admitindo volume e cavaco maiores. Justamente por isso, são indicadas para as operações de desbaste. Já as fresas de topo de quatro arestas de corte, como a da Figura 2.29, são mais robustas e, por esse motivo, são indicadas para as operações de acabamento.

Alguns autores também utilizam o termo *dente* – ou simplesmente *corte* – para definir a aresta de corte. Para as ferramentas com pastilhas intercambiáveis, também são utilizados os termos *pastilhas* ou *insertos*. Observe, na Figura 2.30, uma fresa de topo com pastilhas intercambiáveis.

Figura 2.30 – Fresa de topo de pastilhas intercambiáveis

Crédito: oYOo/Shutterstock

As fresas de topo são utilizadas em várias operações de fresamento. De forma geral, a Figura 2.31 representa as principais operações de fresamento que podem ser realizadas com fresas de topo.

Figura 2.31 – Operações de fresamento com fresas de topo

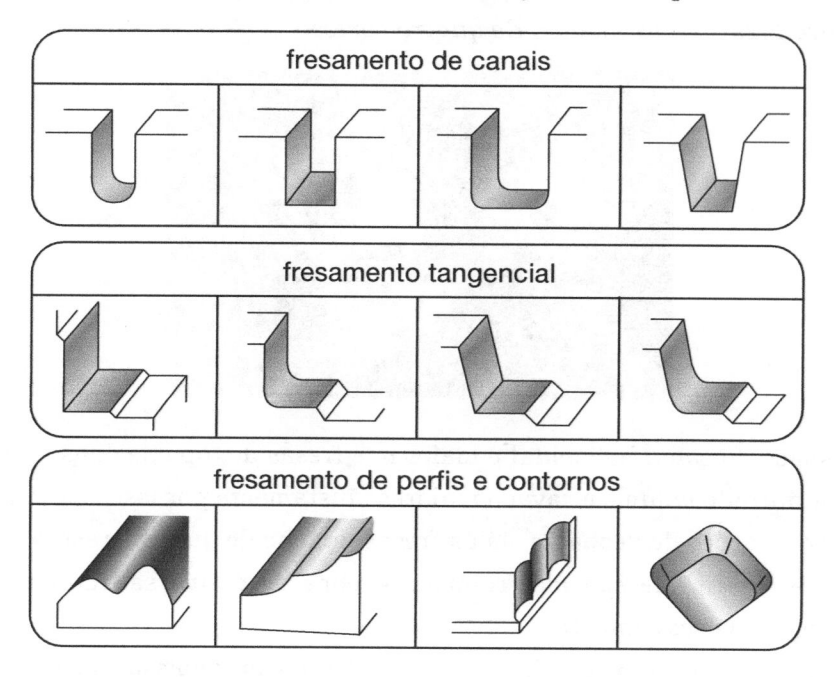

Fonte: Adaptado de OSG Sulamericana, 2016, p. 520.

Outra operação muito comum no fresamento é chamada de *faceamento*. Pode-se usar uma fresa de topo ou um cabeçote de fresar, conforme a Figura 2.32. Nesse caso, a ferramenta é posicionada até a profundidade de corte (a_p) desejada e uma porção da peça, chamada *largura de corte* (a_e), é removida em uma passada. Recomenda-se, na maioria dos casos, que a largura de corte seja menor que o diâmetro da ferramenta.

Figura 2.32 – Cabeçote de fresar para faceamento

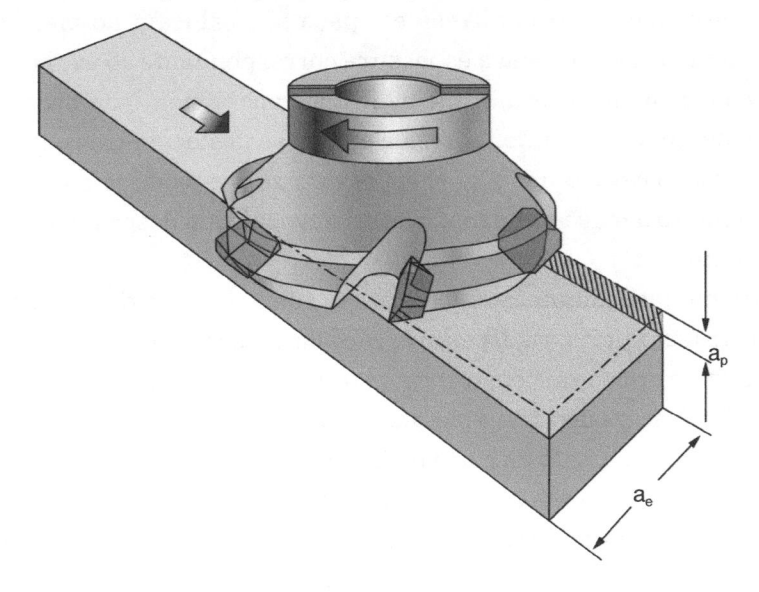

Fonte: Sandvik Coromant, 2005.

Mais adiante, vamos estudar que a combinação da profundidade (a_p) com a largura de corte (a_e) e a velocidade de avanço confere ao processo uma determinada taxa de remoção de cavacos (em mm³/min). Quanto maior a taxa de remoção de cavacos, maior a eficiência do fresamento.

O **fresamento tangencial ou periférico** é realizado com a aresta de corte periférica da fresa. Nesse tipo de operação, observa-se a ocorrência de dois tipos de movimentos, concordante e discordante, conforme está ilustrado na Figura 2.33.

Figura 2.33 – Fresamento concordante e discordante

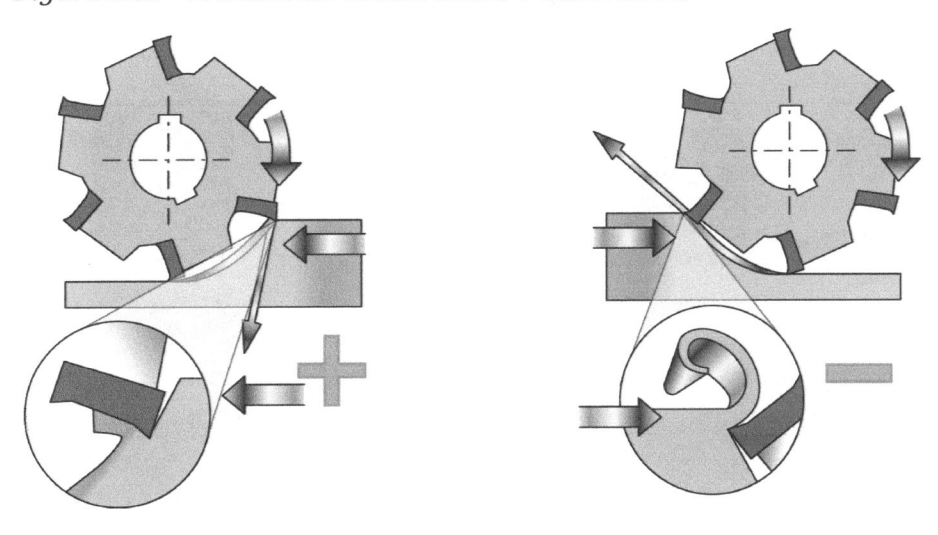

Fonte: Sandvik Coromant, 2005.

A primeira escolha nas operações de fresamento é efetuar o **movimento concordante**. Nesse movimento, a fresa e a peça se deslocam no mesmo sentido. Nesse caso, o cavaco inicia com a espessura correspondente ao avanço por dente e termina com espessura zero, o que melhora o acabamento da peça.

No **movimento discordante**, a fresa e a peça se deslocam em sentidos contrários. Nesse caso, o cavaco inicia com espessura zero e termina com a espessura correspondente ao avanço por dente, o que provoca mais desgaste da ferramenta devido ao atrito.

O movimento discordante gera mais atrito sobre a aresta de corte, justamente porque o corte tem início com espessura zero do cavaco. À medida que aumenta a pressão de corte, a aresta vai penetrando na peça, fazendo a usinagem do material, e o cavaco finaliza em sua máxima espessura. Por outro lado, a usinagem concordante gera mais impacto na aresta de corte no início da usinagem, porque tem início na máxima espessura do cavaco e termina aliviando a pressão de corte.

Em máquinas convencionais, recomenda-se o fresamento discordante em razão das folgas comuns a esse tipo de equipamento. Nesse fresamento, a tendência da máquina convencional é empurrar a ferramenta sobre a peça, compensando a folga do equipamento. Somente no final da passada a folga é recuperada.

Quando se fresa uma peça em uma máquina convencional no sentido concordante, a tendência da máquina é puxar a ferramenta sobre a peça, em virtude da folga da máquina. Isso aumenta a espessura inicial do cavaco e a força de corte. Uma das formas de minimizar esse problema é reduzir a velocidade de corte.

As operações de fresamento são realizadas em máquinas chamadas de **fresadoras**. As fresadoras podem ser horizontais ou verticais e, geralmente, têm três eixos de movimento, conforme a ilustração da Figura 2.34.

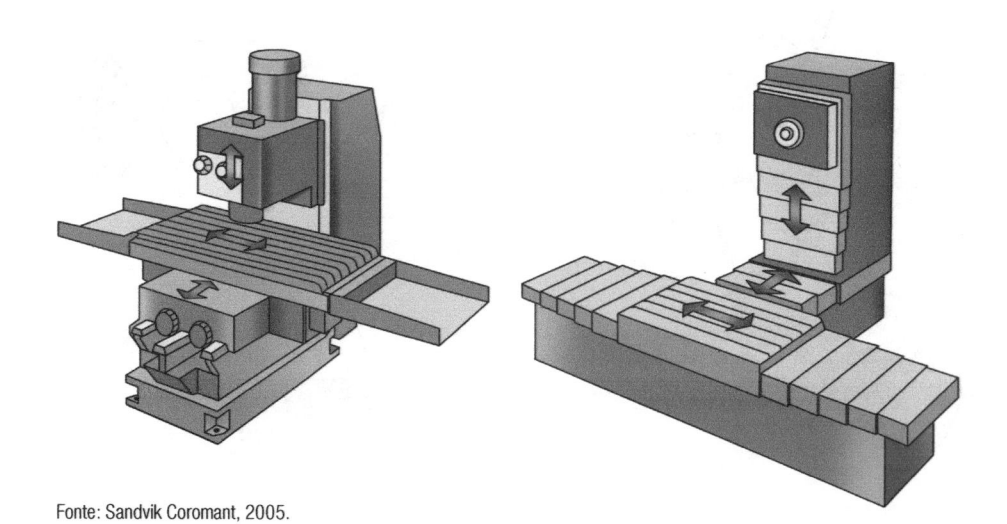

Figura 2.34 – Tipos de fresadoras

Fonte: Sandvik Coromant, 2005.

O que determina o tipo da fresadora é a orientação do eixo da ferramenta. Uma fresadora vertical, por exemplo, tem o eixo de rotação da ferramenta orientado na direção vertical.

A fixação das peças na fresadora normalmente é feita com o auxílio de uma morsa. Na Figura 2.35, você pode visualizar esse tipo de dispositivo montado em uma fresadora vertical.

Figura 2.35 – Peça presa na morsa

Crédito: Andrey Armyagov/Shutterstock

Nesse esquema, a peça é apoiada na base da morsa. Um mordente fixo retém o movimento, enquanto um mordente móvel é deslocado por meio de um fuso acionado por alavanca. A peça é presa entre o mordente fixo e o mordente móvel.

O fresamento em ângulo pode ser facilmente realizado com conhecimento de ferramentas e um pouco de imaginação. A Figura 2.36 ilustra uma morsa de posicionamento angular.

Figura 2.36 – Morsa para fixação em ângulo

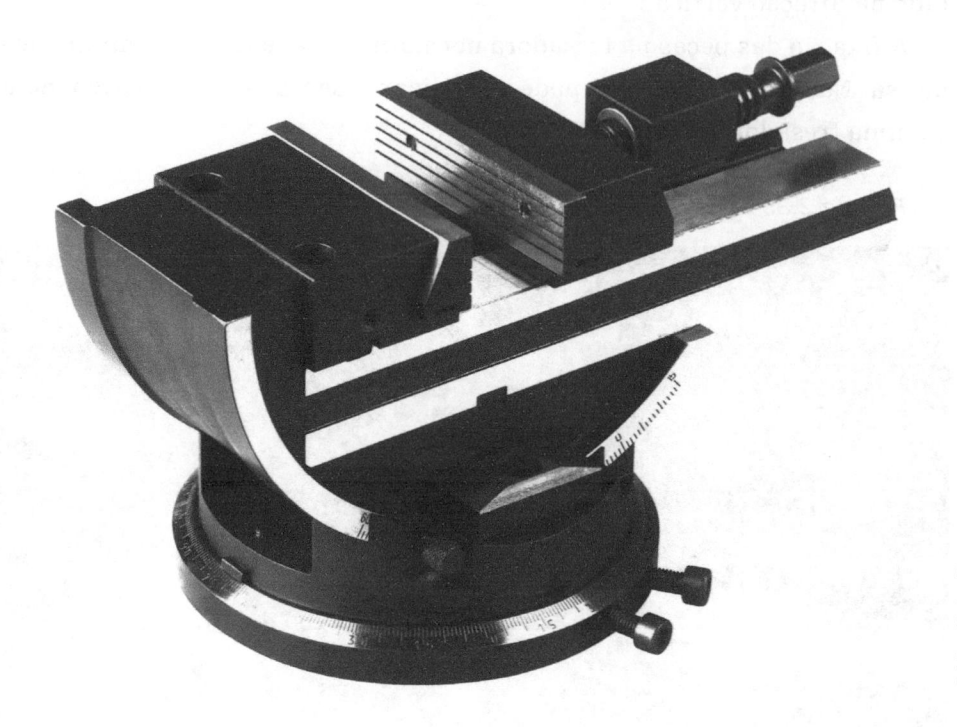

É possível ajustar o ângulo de fixação da peça e produzir superfícies em diferentes orientações com uma simples passada da fresa de topo. Para mudar a orientação das superfícies, é preciso observar que a fresadora faz os movimentos na direção plana horizontal e que se deve ajustar a superfície de referência, prendendo-se a peça no ângulo desejado.

Para produzir superfícies paralelas, a superfície de referência deve ser apoiada sobre a base da morsa utilizando-se calços paralelos, conforme podemos ver na Figura 2.37. Após a fixação, deve ser feito o assentamento da peça sobre os calços usando-se um martelo de ponta macia, para não danificar a peça. Para que a peça esteja perfeitamente assentada sobre os calços, eles devem ficar completamente imobilizados sob a peça, sem que se possa movê-los.

Figura 2.37 – Fresamento de superfícies paralelas

Para produzir superfícies inclinadas, deve-se fazer o apoio da superfície de referência no mordente fixo da morsa, conforme indicado na Figura 2.38. Esse tipo de configuração faz com que a face de referência fique perfeitamente assentada sobre o mordente fixo da morsa. Novamente, é preciso ter em mente que a fresadora vai mover a ferramenta em um plano horizontal, que é perpendicular à superfície apoiada no mordente fixo da morsa.

Figura 2.38 – Fresamento de superfícies inclinadas

É possível também inclinar a ferramenta de acordo com a necessidade e com a capacidade de posicionamento da fresadora. Em alguns casos, é mais fácil inclinar a peça ou a ferramenta; em outros, deve haver uma combinação de inclinações da peça e da ferramenta.

Para fresamento de perfis, também podem ser utilizadas fresas especiais. Observe as ferramentas mostradas na Figura 2.39. Note que elas são projetadas para usinar detalhes nos componentes de conjuntos mecânicos, tais como raios, chanfros e perfis especiais.

Figura 2.39 – Ferramentas para fresamento de perfis

Crédito: Michal Zduniak/Shutterstock

As pontas das fresas de topo também podem ser afiadas com perfis específicos, de acordo com a necessidade do projeto. Veja, na Figura 2.40, algumas fresas de topo com afiações de ponta específicas.

Figura 2.40 – Fresas de topo com perfis

reto   esférico   com raio   com chanfro   côncavo   broca

Fonte: Adaptado de OSG Sulamericana, 2016, p. 522.

As fresas de ponta esférica permitem o fresamento de diversos tipos de superfície. As fresas de topo com raio ou chanfro possibilitam, na usinagem tangencial, a geração simultânea de uma superfície horizontal e outra vertical. Além disso, deixam entre essas duas superfícies um detalhe de acabamento (raio ou chanfro).

Em máquinas comandadas por computador, os movimentos da ferramenta podem ser programados em várias direções simultaneamente. Isso permite a usinagem de peças com geometria mais complexa. Veja, na Figura 2.41, uma peça fresada em uma máquina controlada por computador.

Figura 2.41 – Fresamento de superfícies complexas

Crédito: AnnaElizabeth photography/Shutterstock

Após a leitura deste capítulo, você deve ter percebido como há flexibilidade nas operações de fresamento. Note que, na fresadora convencional, são de fundamental importância a criatividade do operador e seu conhecimento sobre o processo, sobre as ferramentas e sobre a máquina, para fazer a preparação para a usinagem de peças com formas geométricas complexas. Mais adiante, veremos que, em uma máquina controlada por computador, a usinagem de peças complexas depende muito mais da programação do que de sua preparação.

Dicas de segurança: Nas operações de fresamento, tenha muito cuidado com as arestas de corte das ferramentas. As fresas de topo podem ter arestas bastante agudas e cortantes, por isso seu manuseio pode, facilmente, gerar cortes nas mãos. Nos cabeçotes de fresamento, são utilizadas pastilhas de metal duro e são empregadas rotações maiores. Isso gera bastante calor, o que vai aquecer a peça e a ferramenta. Verifique se as peças e ferramentas estão quentes antes de tocá-las, pois seu manuseio enquanto estão quentes pode gerar queimaduras por contato. Além disso, os cavacos de fresamento também podem ser bem quentes, cortantes e lançados em alta velocidade. É necessário o uso de roupas apropriadas para o trabalho, normalmente jaleco ou macacão de algodão. O uso de roupas feitas de tecidos sintéticos não é recomendado. A utilização de óculos de proteção é obrigatória.

■ Síntese

Neste capítulo, você estudou que as operações de desbaste servem para a remoção da maior parte da matéria-prima em excesso e que as operações de acabamento servem para aferir a forma geométrica e as dimensões finais das peças usinadas. Você também conheceu a tecnologia dos processos de torneamento, furação e fresamento e viu que a maioria das peças de conjuntos mecânicos pode ser fabricada por meio desses processos de usinagem e de suas combinações. Conheceu, ainda, várias possibilidades dos processos de fresamento e vários tipos de ferramentas. Nos próximos capítulos, vamos analisar quais são as condições ideais para a execução desses processos.

■ Questões para revisão

1. Descreva qual é a principal diferença entre as operações de desbaste e de acabamento, considerando a quantidade de material a ser removido.

2. Quais são os tipos de movimentos comuns nos processos de furação, torneamento e fresamento?

3. Observe as figuras ilustrativas dos processos de torneamento. Você pode afirmar que as ferramentas de torno geralmente são monocortantes?

4. Indique se as seguintes considerações sobre as funções de uma furadeira são verdadeiras (V) ou falsas (F):
   (   ) A furadeira de bancada deve permitir o posicionamento da peça.
   (   ) A furadeira de coluna deve permitir a regulagem da rotação da broca.
   (   ) A furadeira radial deve permitir a rotação da peça durante o processo de furação.
   (   ) A furadeira de bancada deve permitir o movimento de avanço da broca.

5. Analise as ilustrações sobre os processos de fresamento e indique se as seguintes considerações são verdadeiras (V) ou falsas (F):
   (   ) No processo de fresamento, normalmente, a peça gira e a ferramenta se desloca linearmente.
   (   ) No processo de fresamento, geralmente, é utilizada uma ferramenta monocortante.
   (   ) Existem várias operações de fresamento, o que torna esse processo o mais flexível da usinagem.
   (   ) O processo de fresamento não permite a usinagem de peças cilíndricas.

6. Indique a alternativa correta:
   a. O principal objetivo dos processos de furação é obter superfícies de fino acabamento dimensional e geométrico.
   b. O principal objetivo dos processos de torneamento é obter peças com geometria plana.
   c. O uso de óculos de segurança é obrigatório nos processos de furação, torneamento e fresamento.
   d. Uma das principais desvantagens dos processos de torneamento é a possibilidade de fazer operações de desbaste e de acabamento.
   e. Uma das principais desvantagens dos processos de fresamento é a dificuldade em obter geometrias diversificadas.

■ Questões para reflexão

1. É adequado utilizar uma furadeira manual de velocidade única para usinagem em ambiente industrial? Justifique sua resposta.

2. O que pode ocorrer se uma fresa de topo de quatro cortes for substituída por uma fresa de topo de dois cortes em uma operação de acabamento? Por que se recomenda o uso de fresas de topo de dois cortes para as operações de desbaste?

3. Qual é a principal vantagem em fazer operações de desbaste e, em seguida, operações de acabamento?

■ Para saber mais

Livros
DINIZ, A. E.; MARCONDES, F. C.; COPPINI, N. L. **Tecnologia da usinagem dos materiais**. 7. ed. São Paulo: Artliber, 2010.

Normas
ABNT – Associação Brasileira de Normas Técnicas. **NBR ISO 3002-1**: grandezas básicas em usinagem e retificação. Rio de Janeiro: ABNT, 2013.

Sites
ATLASMAQ. **Torno vertical Atlasmaq C5125**. Disponível em: <http://www.atlasmaq.com.br/MaquinaNova/Torno-Vertical-Atlasmaq-C5125-cod-59-32>. Acesso em: 18 abr. 2016.

CIMM. **Sistemas e processos de fabricação**. Disponível em: <http://www.cimm.com.br/portal/material_didatico/3350-sistemas-e-processos-de-fabricacao/>. Acesso em: 18 abr. 2016.

SOLUÇÕES INDUSTRIAIS. **Ferramentas para usinagem**. Disponível em: <http://www.solucoesindustriais.com.br/empresa/maquinas-e-equipamentos/lds-maquinas/produtos/instalacoes-e-equipamentos-industriais/ferramentas-para-usinagem>. Acesso em: 18 abr. 2016.

3 Cinemática nos processos de usinagem

Conteúdos do capítulo:
- *Movimentos de usinagem.*
- *Relações cinemáticas dos processos de usinagem.*
- *Cálculo do tempo de corte.*

Após o estudo deste capítulo, você será capaz de:
1. *identificar os movimentos que resultam na remoção de cavacos;*
2. *reconhecer os tipos de movimentos que não geram cavacos;*
3. *relacionar a velocidade de corte com o número de rotações por minuto;*
4. *calcular o tempo de corte de uma peça usinada.*

A cinemática é o ramo da física que estuda os movimentos, sem se preocupar com suas causas. Ela dispõe de uma série de fórmulas matemáticas para a explicação dos diferentes tipos de movimento observados na natureza. Quando os conceitos da física são aplicados nos processos de usinagem, é possível aplicar as formulações da cinemática para explicar os movimentos de máquinas e ferramentas utilizadas para fabricação.

Neste capítulo, trataremos da aplicação dos princípios fundamentais da cinemática nos processos de usinagem. Veremos como as máquinas e as ferramentas se movimentam para possibilitar a fabricação de peças. Examinaremos também as características de alguns dos principais processos de usinagem aplicados em ambiente industrial.

3.1 Princípios da cinemática

Certamente, você já viu uma placa para sinalização de trânsito semelhante à da Figura 3.1.

Figura 3.1 – Placa para sinalização de trânsito

FISCALIZAÇÃO ELETRÔNICA DE VELOCIDADE

100 km/h — AUTOMÓVEIS CAMINHONETES MOTOCICLETAS

80 km/h — CAMINHÕES ÔNIBUS DEMAIS VEÍCULOS

Fonte: Elaborado com base em Brasil, 2007.

Você também sabe que a velocidade indicada na placa é a velocidade máxima permitida para o trecho sinalizado. Nesse caso específico, um automóvel poderá percorrer uma distância máxima de 100 km em uma hora de movimento. A fiscalização é feita em pontos de controle, por métodos eletrônicos.

Existem várias formas de controlar a velocidade, sendo que uma das mais comuns é a medição com o auxílio de sensores instalados no pavimento em uma distância determinada. Cada vez que o pneu de um carro passa por cima de um desses sensores, ele dispara e cessa um cronômetro sucessivamente, medindo o tempo do percurso. Um pequeno computador faz a conta do espaço percorrido em função do tempo e calcula a velocidade média de passagem do automóvel sobre os sensores. Você poderia fazer esse cálculo da velocidade média utilizando uma fórmula muito simples da cinemática:

$$\bar{v} = \frac{\Delta x}{\Delta t} \quad \text{Equação 1}$$

Em que:
$\bar{v}$ = velocidade média (km/h);
Δx = espaço percorrido (km);
Δt = tempo (h).

Assim, se a velocidade do carro for maior que a estabelecida pela lei de trânsito e indicada na placa de sinalização, a placa do carro será fotografada e o motorista receberá uma multa por infração.

Utilizamos esse exemplo porque, de forma semelhante, nos processos de usinagem, devem ser utilizadas as velocidades adequadas para fabricação. O não cumprimento desse item também resulta em penas de redução da vida útil de ferramentas, problemas de qualidade dimensional e superficial. Nos casos mais graves, pode gerar quebra de ferramentas, peças, dispositivos de fixação e até mesmo de máquinas. Por isso, é muito importante conhecer os movimentos de corte dos processos de usinagem.

As equações da cinemática são adaptadas para as medidas mais adequadas no ambiente industrial. Por exemplo, o tempo de usinagem é normalmente medido em minutos, enquanto o comprimento de uma peça típica da indústria mecânica é medida em milímetros. Logo, a equação da velocidade de deslocamento de uma ferramenta frequentemente é estabelecida em mm/min.

Uma grande vantagem é que grande parte dos processos de usinagem ocorre sem grandes variações de velocidade, o que facilita a formulação matemática.

(continua)

3.2 Movimentos que resultam na remoção de cavacos

Ferraresi (1970) definiu os três tipos de movimento que resultam na remoção de cavacos, os quais você pode identificar nas Figuras 3.2 a 3.4:

1. **Movimento de corte**: é o movimento entre a peça e a ferramenta que, sem o movimento de avanço, origina uma única retirada do cavaco.

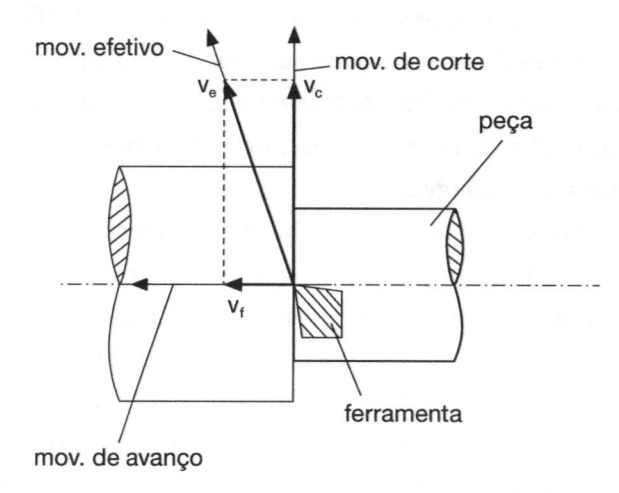

Figura 3.2 – Movimentos de corte no torneamento

Fonte: Adaptado de Ferraresi, 1970, p. 3.

2. **Movimento de avanço**: é o movimento entre a peça e a ferramenta que, juntamente com o movimento de corte, origina a retirada contínua de cavaco.

Figura 3.3 – Movimentos de corte na furação

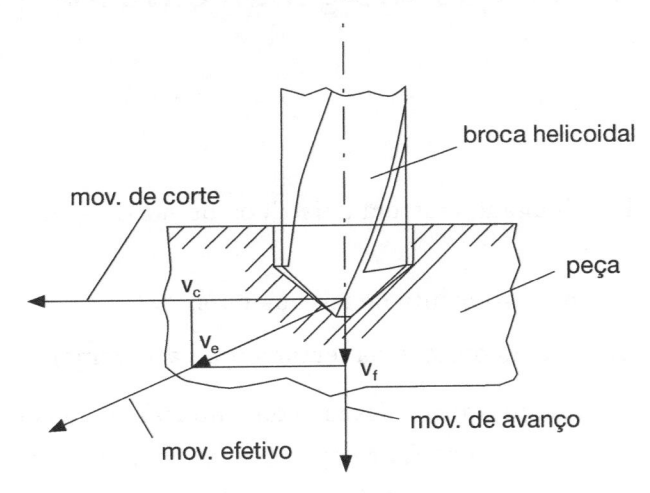

Fonte: Adaptado de Ferraresi, 1970, p. 2.

3. **Movimento efetivo**: é o movimento resultante dos movimentos de corte e avanço realizados ao mesmo tempo.

Figura 3.4 – Movimentos de corte no fresamento

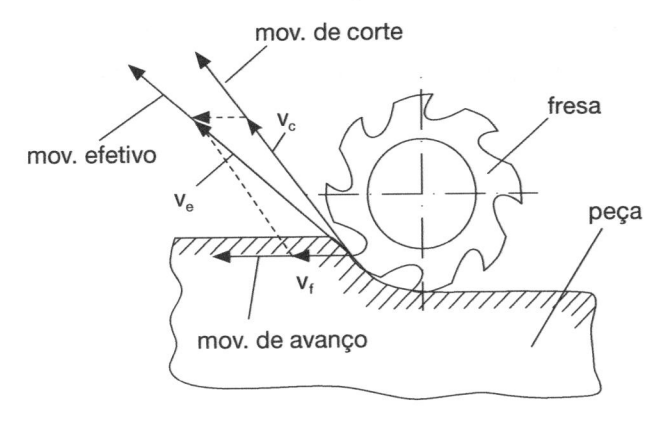

Fonte: Adaptado de Ferraresi, 1970, p. 2.

Nas figuras anteriores, você pôde observar os três principais processos de usinagem com ferramentas de geometria definida e seus principais movimentos de corte. O que vai, efetivamente, produzir a remoção contínua dos cavacos, ou seja, a usinagem, é o movimento efetivo de corte. Você vai perceber que não adianta haver movimento de corte sem o movimento de avanço da ferramenta e que o movimento efetivo é uma soma desses dois anteriores.

3.3 Movimentos que não geram cavacos

Nos processos de usinagem, existem dois tipos de movimento que não geram cavacos:

1. aproximação e afastamento de ferramentas;
2. ajuste e correção da posição da ferramenta para usinagem.

As máquinas devem permitir a fixação de matérias-primas e a retirada da peça pronta após o processo de fabricação. Então, uma nova matéria-prima é fixada para a produção de outra peça, e assim sucessivamente. É dessa forma que ocorre a produção.

Para colocar matérias-primas e retirar peças na máquina, é necessário o afastamento das ferramentas, isso porque é preciso haver espaço para movimentação.

Após a aproximação, que ocorre na máxima velocidade possível, a máquina deve fazer o ajuste da posição para iniciar a usinagem. A correção da posição da ferramenta também não gera cavaco, mas leva um pequeno tempo. De modo geral, esses movimentos não geram cavaco, mas devem ser computados no cálculo do tempo total de usinagem.

3.4 Velocidade de corte e RPM

A velocidade de corte é a razão entre o espaço que a ferramenta percorre cortando um material e um determinado tempo (ABNT, 1989).

Em máquinas que tenham movimento de rotação, a velocidade de corte se relaciona com o número de rotações por minuto (rpm), de acordo com a seguinte equação:

$$N = \frac{1000 \times V_c}{\emptyset \pi} \quad \text{Equação 2}$$

Em que:
N = número de rotações por minuto (rpm)
1 000 = constante de conversão de m para mm
V_c = velocidade de corte (m/min)
$\emptyset$ = diâmetro (mm)
π = 3,14159265...

Normalmente, os fabricantes de ferramentas fornecem tabelas práticas de recomendações de corte para suas ferramentas de acordo com cada tipo de material e de usinagem. A velocidade de corte, por sua vez, é fornecida por tabelas que relacionam o tipo de operação com o tipo dos materiais da ferramenta e da peça.

A velocidade de corte depende de uma série de fatores, como:

- tipo de material da peça;
- tipo de material da ferramenta;
- tipo de operação a ser realizada;
- condições de refrigeração;
- condições de estabilidade da máquina;
- condições de fixação da peça.

Os fabricantes de ferramentas fazem testes de usinagem com diferentes materiais e diversas operações de fabricação, a fim de determinar as melhores velocidades de corte para cada caso específico. Podemos encontrar facilmente os valores recomendados em tabelas dos fabricantes de ferramentas.

A Tabela 3.1 apresenta algumas velocidades de corte comuns para operações executadas com brocas e fresas de aço rápido.

Tabela 3.1 – Velocidades de corte para brocas e fresas de aço rápido

METAIS FERROSOS		
MATERIAL A SER USINADO	Velocidade de corte (m/min)	Fator M
AÇO CARBONO		
com resistência até 500 N/mm²	28 – 32	0,80
com resistência até 700 N/mm²	25 – 28	0,80
com resistência até 900 N/mm²	20 – 25	0,63
AÇO LIGA E AÇO FUNDIDO		
com resistência até 900 N/mm²	14 – 18	0,50
com resistência até 1 200 N/mm²	10 – 14	0,40
com resistência até 1 500 N/mm²	6 – 10	0,315
FERRO FUNDIDO		
com dureza até 200 HB	25 – 30	1,00
com dureza até 240 HB	18 – 25	0,80
com dureza acima de 240 HB	14 – 18	0,50

Fonte: Adaptado de SKF, 1987.

As velocidades são indicadas em m/min. Além disso, podemos ver na tabela que, para cada material, é indicada uma faixa de velocidades recomendada para a usinagem. Isso acontece porque, para cada combinação de material de peça e material de ferramenta, há uma faixa de velocidades, determinada experimentalmente, que resulta no melhor rendimento do processo.

Também podemos ver na Tabela 3.1 a apresentação de um Fator M. Esse fator é a correção do avanço em função do material da peça.

Como exemplos, temos que, para furar uma peça de aço carbono com resistência até 500 N/mm², é recomendada uma velocidade de corte entre 28 m/min e 32 m/min. O avanço deve ser corrigido por um Fator M = 0,8. Se considerarmos a mesma ferramenta para a usinagem de uma peça de ferro fundido com dureza até 200 HB, a velocidade recomendada estará na faixa de 25 m/min a 30 m/min. Nesse caso, o avanço deve ser corrigido por um Fator M = 1,0. Perceba que, para cada operação, deverão ser ajustadas tanto a velocidade de corte quanto o avanço.

Para saber mais sobre as velocidades de corte nas diferentes operações de usinagem, consulte os catálogos dos fabricantes de ferramentas.

3.5 Avanço e velocidade de avanço

Para que ocorra a usinagem, cada cavaco é removido pela penetração da aresta de corte da ferramenta no material da peça. À medida que a ferramenta avança contra a peça, a aresta de corte vai penetrando no material e removendo um cavaco de cada vez. Esse é o **movimento de avanço**, ou simplesmente **avanço** (ABNT, 1989), como já vimos.

Você pode encontrar os valores recomendados de avanço nas tabelas e gráficos dos fabricantes de ferramentas. Veja, no Gráfico 3.1, um exemplo que ilustra a relação entre diâmetro da broca e avanço para furação com brocas helicoidais de aço rápido.

Gráfico 3.1 – Avanço para brocas helicoidais de aço rápido

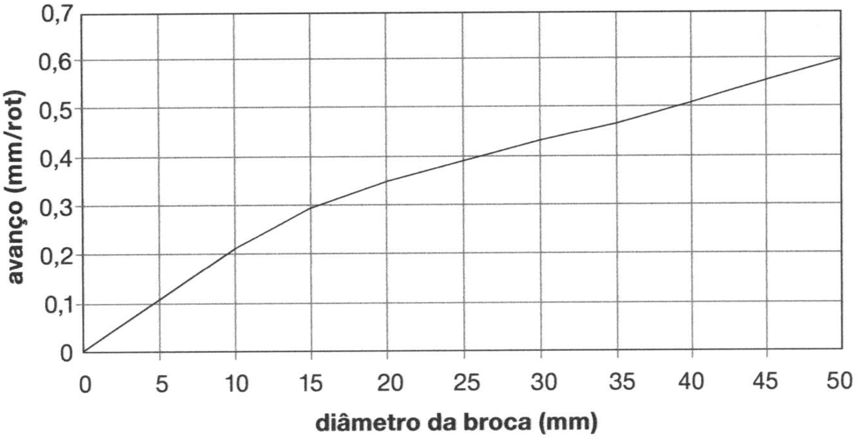

Fonte: Adaptado de SKF, 1987, p. 48.

Observe, no gráfico, o diâmetro da broca de Ø10 mm. O fabricante vai recomendar um avanço de 0,24 mm/rot.

Por outro lado, consultando o gráfico, podemos ver que, para uma broca de aço rápido de diâmetro Ø20 mm, a recomendação do avanço é de 0,35 mm/rot.

Você pode perceber que o avanço aumenta em função do diâmetro da broca. Isso significa que, quanto maior for o diâmetro da broca, maior será a capacidade de remoção de cavacos em cada giro da ferramenta.

Não podemos esquecer que o valor do avanço deve ser ajustado em função do material da peça. Em geral, podemos dizer que os materiais mais duros são furados com velocidades de corte e avanços menores e que os materiais mais macios são furados com velocidades de corte e avanços maiores.

Outra forma de cálculo é fazer a análise do gráfico para cada região de variação linear. Se fizermos essa análise, teremos três equações para avanço em função do diâmetro da broca:

Para brocas até diâmetro 8 mm:

$$0 < \varnothing < 8 \text{ mm} \qquad f = (0{,}0250 \times \varnothing) \times M \qquad \text{Equação 3}$$

Para brocas de diâmetro 8 mm até diâmetro 20 mm:

$$8 \text{ mm} < \varnothing < 20 \text{ mm} \qquad f = (0{,}0125 \times \varnothing + 0{,}1) \times M \qquad \text{Equação 4}$$

Para brocas de diâmetro 20 mm até diâmetro 50 mm:

$$20 \text{ mm} < \varnothing < 50 \text{ mm} \qquad f = (0{,}008 \times \varnothing + 0{,}19) \times M \qquad \text{Equação 5}$$

Observe que, nessas equações, temos o fator de correção do material, que deve ser obtido na tabela de velocidades de corte.

Para as fresas de topo, a variação do avanço depende do número de cortes da ferramenta e, nesse caso, a variação do avanço não é linear. Veja, no Gráfico 3.2, um exemplo experimental utilizado para determinação do avanço das fresas de topo de aço rápido.

Gráfico 3.2 – Avanço para fresas de topo de aço rápido

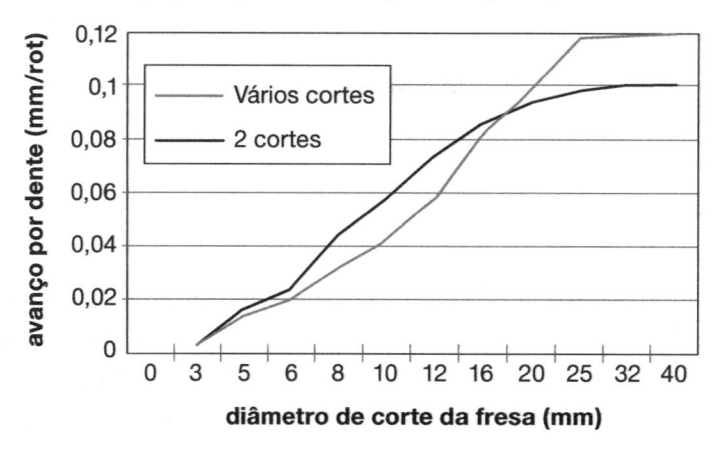

Fonte: Adaptado de SKF, 1987, p. 167.

Determinamos o avanço de corte para fresas de topo diretamente do gráfico. Como o gráfico é não linear, não fazemos a formulação analítica com equações.

Como exemplos, podemos indicar que uma fresa de topo de dois cortes com diâmetro Ø6 mm deve ter avanço por dente aproximado de f = 0,022 mm/rot. Ainda analisando o Gráfico 3.2, podemos ver que, para uma fresa de topo de quatro cortes, com diâmetro Ø16 mm, o avanço por dente será aproximadamente f = 0,081 mm/rot.

Entretanto, o movimento de avanço por si só vai provocar a retirada de um único cavaco. A associação do movimento de rotação com o movimento de avanço é que vai permitir a remoção contínua dos cavacos no processo de usinagem. Desse movimento é derivada uma grandeza chamada de **velocidade de avanço**, que representa o percurso percorrido pela ferramenta na direção do avanço na unidade de tempo considerada.

Para o cálculo da velocidade de avanço, é utilizada a seguinte equação:

$$V_f = f \times z \times N \quad \text{Equação 6}$$

Em que:

V_f = velocidade de avanço (mm/min);

f = avanço por rotação (mm/rot);

z = número de dentes (ou cortes) da ferramenta;

N = número de rotações por minuto (rpm).

3.6 Tempo de corte

O passo seguinte é o cálculo do tempo de corte. Nos processos em que a velocidade de avanço seja constante, o cálculo do tempo de corte é feito com base na equação fundamental da cinemática.

$$t_c = \frac{L}{V_f} \quad \text{Equação 7}$$

Em que:
t_c = tempo de corte (min);
L = comprimento de corte (mm);
V_f = velocidade de avanço (mm/min).

Essa equação deve ser adaptada para cada operação de usinagem, conforme suas especificidades. Veremos a aplicação dessas equações no estudo de caso apresentado a seguir.

Estudo de caso

Vamos iniciar o estudo do cálculo do tempo de corte com o exemplo descrito na sequência:

Precisamos fazer um furo de Ø22 mm com uma broca helicoidal de aço rápido em uma peça de aço carbono de 850 N/mm², com 35 mm de profundidade. Considere a fixação instável.

Consultando a tabela de velocidades de corte para furação, temos que a velocidade recomendada está na faixa de 20 m/min a 25 m/min, com fator de correção para o material M = 0,63. Nesse caso, vamos considerar 20 m/min o valor mais baixo da faixa, em função da fixação instável. Consultando o gráfico para avanço de brocas helicoidais de aço rápido, podemos ver que o avanço deve ser calculado pela seguinte equação:

Para brocas de diâmetro 20 mm até diâmetro 50 mm:

$$f = (0{,}008 \times \varnothing + 0{,}19) \times M$$

Então, o cálculo do tempo de corte fica assim:

$f = (0{,}008 \times \varnothing + 0{,}19) \times M$

$f = (0{,}008 \times 22 + 0{,}19) \times 0{,}63$

f = 0,23 mm/rot

$N = \dfrac{1\,000 \times V_c}{\varnothing \pi}$

$N = \dfrac{1\,000 \times 20}{22 \times 3{,}1415}$

$N = 289{,}38$

N = 290 RPM

$V_f = f \times z \times N$

$t_c = \dfrac{L}{V_f}$

$V_f = 0{,}23 \times 1 \times 290$

$t_c = \dfrac{35}{67}$

$V_f = 66{,}7$ mm/min

$t_c = 0{,}5224$ min

$V_f = 67$ mm/min

$t_c = 31{,}3$ s

Isso significa que, para fazer um furo com broca helicoidal de aço rápido no diâmetro Ø22 mm em uma peça de aço de 850 N/mm², teremos de regular a furadeira com 290 rpm e velocidade de avanço de 67 mm/min. Como resultado, um furo de 35 mm de profundidade será feito em 31,3 s.

Como segundo exemplo, observe na Figura 3.5 o desenho de uma peça cilíndrica produzida por torneamento.

Figura 3.5 – Exemplo de peça produzida por torneamento

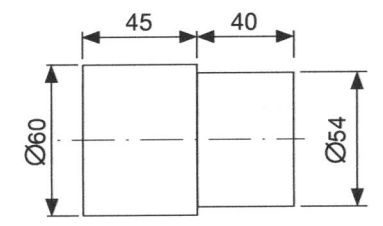

Como podemos determinar o tempo de usinagem dessa peça na região do Ø54 mm sabendo que a peça vai girar com 1 000 rpm e a ferramenta vai avançar com 0,125 mm/rot?

Pela análise do desenho, podemos concluir que, na região do Ø54 mm, o comprimento a ser usinado é de 40 mm. Dadas essas condições e considerando N = 1 000 rpm, podemos calcular:

$V_f = f \times z \times N$

$V_f = 1\,000 \times 1 \times 0{,}125$

$V_f = 125$ mm/min

Tempo de corte:

$t_c = \dfrac{L}{V_f}$

$t_c = \dfrac{40}{125}$

$t_c = 0{,}32$ min

$t_c = 19{,}2$ s

Para a operação de torneamento, vamos regular o valor de rpm e do avanço diretamente na máquina. Não regulamos na máquina o valor da velocidade de avanço, mas ele é muito importante para o cálculo do tempo. Repare também que, nesse caso do torneamento, não há fator de correção para o avanço. As tabelas de parâmetros de corte para torneamento relacionam a velocidade de corte e o avanço para cada material da peça a ser usinada.

Como terceiro exemplo, vamos especificar os dados de corte iniciais para fresamento de um canal de largura 14 mm em uma peça de aço carbono de 500 N/mm², com 5 mm de profundidade e 100 mm de comprimento. Considere a utilização de uma fresa de aço rápido de quatro cortes e a fixação da peça estável.

Consultando as tabelas de velocidade de corte para fresas de aço rápido, temos que a velocidade de corte deve ficar na faixa de 28 m/min a 32 m/min, com fator de correção do material M = 1,0. Como a fixação é estável, podemos considerar um valor de velocidade de corte no meio da faixa recomendada, nesse caso V_c = 30 m/min.

Consultando o gráfico de avanço para fresas de topo de aço rápido, encontramos o valor de 0,07 mm/dente. Perceba que vamos aplicar o Fator M no avanço.

Assim, o cálculo fica:

$$N = \frac{1\,000 \times V_c}{\varnothing \pi}$$

$$N = \frac{1\,000 \times 30}{14 \times 3,1415}$$

$$N = 682,09$$

N = 680 RPM

Consultando o avanço e considerando uma fresa de Ø14 mm de quatro cortes, temos:

f = valor do gráfico × M

f = 0,070 × 1,0

f = 0,07 mm/dente

Velocidade de avanço fica:

$V_f = f \times z \times N$

$V_f = 0,07 \times 4 \times 680$

$V_f = 190,4$ mm/min

V_f = 190 mm/min

Tempo de corte:

$$t_c = \frac{L}{V_f}$$

$$t_c = \frac{100}{190}$$

$t_c = 0,5263$ min

$t_c = 31,6$ s

Isso significa que, para fazermos a usinagem de um canal com fresa de topo de aço rápido de quatro cortes com diâmetro Ø14 mm em uma peça de aço de 550 N/mm², teremos de regular a fresadora com 680 rpm e velocidade de avanço de 190 mm/min.

Na fresadora, diferentemente do torno, regulamos a velocidade de avanço. Como resultado, um canal de 100 mm de comprimento será feito em 31,6 s.

Agora, pense conosco: Para que serve o cálculo do tempo de corte? Ele é importante no dia a dia da indústria de fabricação mecânica? Mais adiante, no Capítulo 12, veremos que o planejamento da produção é realizado tendo como base o que se pretende produzir e os recursos disponíveis para produção. Em nosso estudo, ficará evidente que cada peça a ser produzida deve passar por um conjunto de operações de fabricação e cada operação deve ser realizada em determinado tempo. Portanto, o cálculo do tempo é muito importante no dia a dia da indústria, porque oferece uma estimativa do tempo de fabricação baseada no tempo de corte calculado.

■ Síntese

Neste capítulo, você conheceu os princípios da cinemática aplicados nos processos de usinagem. Percebeu que a usinagem somente vai ocorrer quando houver os movimentos de corte e de avanço combinados na execução. Aprendeu, ainda, a relação entre velocidade de corte e velocidade de rotação, bem como a relação entre avanço e velocidade de avanço. Você também viu que a maioria dos processos de usinagem ocorre com velocidade constante e que a equação para o cálculo do tempo deve ser adaptada em função das características específicas da operação. Finalmente, pôde verificar alguns exemplos de cálculo do tempo de corte.

■ Questões para revisão

1. Quais são os principais movimentos que resultam na remoção de cavacos?
2. Quais são os principais movimentos que não resultam na remoção de cavacos, mas devem ser considerados no tempo total de fabricação?

3. Qual é a equação utilizada para o cálculo do avanço de uma broca de aço rápido de diâmetro Ø10,5 mm?

4. Indique a velocidade de avanço calculada para fresamento com uma fresa de topo de três cortes e diâmetro Ø12 mm em uma peça de ferro fundido, com dureza 180 HB. Considere $V_c = 25$ m/min.
    a. $V_f = 60$ mm/min
    b. $V_f = 100$ mm/min
    c. $V_f = 140$ mm/min
    d. $V_f = 160$ mm/min

5. Indique se as seguintes considerações sobre as funções de uma máquina-ferramenta são verdadeiras (V) ou falsas (F):
    ( ) O movimento de corte promove a remoção de um cavaco.
    ( ) O movimento de avanço promove a remoção de um cavaco.
    ( ) O movimento efetivo de corte é igual à soma do movimento de corte e do movimento de avanço da ferramenta.
    ( ) O movimento relativo entre a aresta de corte e a peça é que resulta no corte do material.

6. Indique a alternativa correta:
    a. O principal objetivo do cálculo de tempo de corte é fazer uma estimativa do tempo de fabricação.
    b. A velocidade de rotação das brocas independe de seu diâmetro.
    c. O avanço das fresas de topo de aço rápido é o mesmo aplicado nas brocas helicoidais de aço rápido.
    d. Uma das principais vantagens do uso de fresas de topo de quatro cortes é a possibilidade de fazer operações de furação.
    e. A velocidade de rotação das brocas de aço rápido diminui à medida que diminui o diâmetro da broca.

■ Questões para reflexão

1. O tempo de corte pode ser reduzido com a aplicação de fresas de topo com maior número de cortes?

2. A recomendação da velocidade de corte vem tabelada em uma faixa de valores. Por que o fabricante de ferramentas não especifica um único valor para cada operação?

Para saber mais

Catálogos e manuais

SANDVIK COROMANT. **Manual técnico de usinagem**. São Paulo, 2005.

____. **Modern Metal Cutting:** a Practical Handbook. Sweden, 1994.

SKF. **Manual técnico SKF**. São Paulo, 1987.

Livro

FISCHER, U. et al. **Manual de tecnologia metal mecânica**. São Paulo: Blucher, 2011.

Sites

OSG SULAMERICANA. **High Tech**. Disponível em: <http://www.osg.com.br/v4/paginas/produtos.asp?lang=pt&tipo=FerramentasEspeciais>. Acesso em: 18 abr. 2016.

SANDVIK COROMANT. **General Turning Operations**. Disponível em: <https://tu-academy.csod.com/content/tu-academy/publications/91/Files/A_Theory.pdf>. Acesso em: 18 abr. 2016.

4 Geometria das ferramentas de corte

Conteúdos do capítulo:
- *Principais ângulos das ferramentas de corte.*
- *Tipos de ferramentas de geometria definida para corte.*
- *Quebra-cavacos.*

Após o estudo deste capítulo, você será capaz de:
1. compreender os principais ângulos de uma ferramenta;
2. relacionar a geometria da ponta de corte com processos de usinagem;
3. identificar diferentes tipos de ferramentas de geometria definida;
4. aprender o conceito de quebra-cavacos e suas aplicações.

Grande parte dos processos de fabricação ocorre com a aplicação de ferramentas com geometria definida. Os fabricantes de ferramentas examinam detalhadamente as formas geométricas das ferramentas de corte para obter o melhor rendimento nas diferentes condições de produção.

Neste capítulo, verificaremos como a geometria da ferramenta influencia nos processos de usinagem. Veremos que a variação dos ângulos e das superfícies das ferramentas facilita as operações de usinagem. Analisaremos características de algumas ferramentas e a aplicação de quebra-cavacos.

4.1 Geometria da ponta da ferramenta

Antes de tudo, devemos esclarecer que os conceitos de geometria de ponta são válidos para vários tipos de ferramentas. De forma geral, o que facilita o corte de um material é o posicionamento correto da aresta de corte combinada com a aplicação de forças na direção correta com velocidades adequadas. Na Figura 4.1, podemos observar uma broca furando uma peça presa em um torno mecânico.

Figura 4.1 – Furação com broca no torno mecânico

A placa do torno efetua o movimento de rotação enquanto a broca efetua o movimento na direção do eixo de rotação. A furação ocorre em decorrência da combinação desses dois movimentos (rotação e deslocamento no eixo).

Mas você deve estar se perguntando: Apenas a combinação dos dois movimentos vai permitir a usinagem? Como devemos fazer para obter o melhor rendimento nessa operação?

As respostas a essas perguntas estão associadas à geometria da ponta da broca. Considere, primeiramente, a Figura 4.2.

Figura 4.2 – Geometria da ponta de uma broca

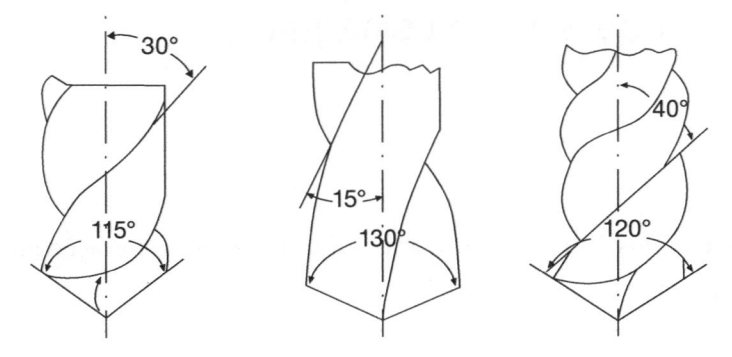

Fonte: Adaptado de SKF, 1987, p. 41.

Como podemos ver, conforme o ângulo de ponta da broca e o ângulo de hélice do canal helicoidal, o cavaco será removido de maneiras diferentes. Tendo em vista situações como essa, chegamos à conclusão de que cabe um estudo mais detalhado sobre a geometria das ferramentas de corte, o que faremos na sequência.

4.2 Tipos de ferramentas aplicadas nos processos de usinagem

Existem vários tipos diferentes de ferramentas para cada operação nos processos de usinagem. Veremos algumas delas.

4.2.1 Brocas

Na Figura 4.3, temos alguns tipos de brocas utilizadas para furação.

Figura 4.3 – Tipos diferentes de brocas

Naturalmente, você pode notar que os diferentes tipos de brocas serão aplicados em diferentes tipos de furos e condições de usinagem. Temos, por exemplo, o uso de brocas de centrar, brocas de rebaixar, brocas canhão, brocas escalonadas, entre outras.

4.2.2 Alargadores

Geralmente, são aplicadas brocas para o desbaste de furos. Para as operações de acabamento, é possível utilizar alargadores, como os que podemos ver na Figura 4.4.

Figura 4.4 – Alargadores de diversas medidas e formas

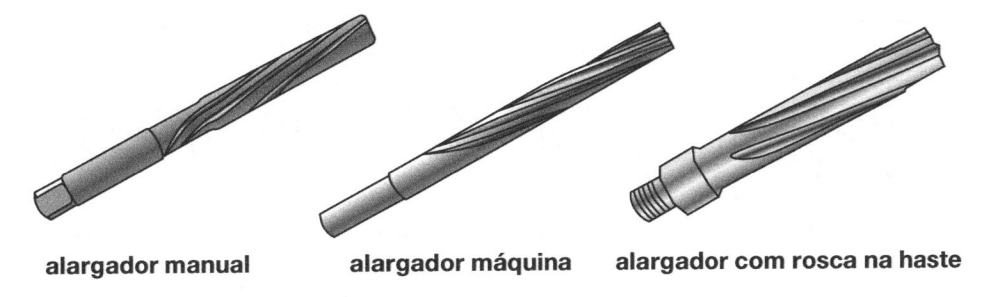

alargador manual   **alargador máquina**   **alargador com rosca na haste**

Fonte: Adaptado de OSG Sulamericana, 2016, p. 524.

Quando são utilizados alargadores nas operações de furação, a geometria desse tipo de ferramenta permite a obtenção de furos de alta qualidade geométrica e dimensional.

4.2.3 Rebaixadores e escareadores

Ainda nas operações de furação, é possível utilizar rebaixadores e escareadores, como os apresentados na Figura 4.5.

Figura 4.5 – Rebaixador e escareadores

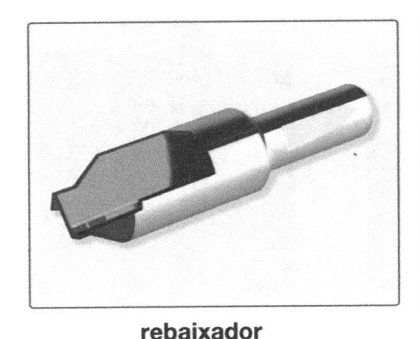

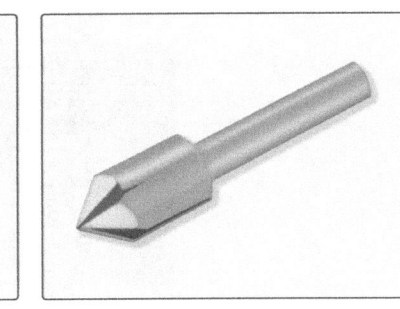

rebaixador   **escareador de metal duro**   **escareador em aço rápido**

Fonte: Adaptada de OSG Sulamericana, 2016, p. 525, 527.

Rebaixadores e escareadores produzem um tipo de acabamento específico na face superior do furo (Ferraresi, 1970). Pode-se fazer o assentamento da cabeça de parafusos, rebaixos para montagem, entre outros tipos de perfis. Veja, na Figura 4.6, alguns tipos de furos que podem ser produzidos pelo processo de furação.

Figura 4.6 – Tipos de furos produzidos por furação

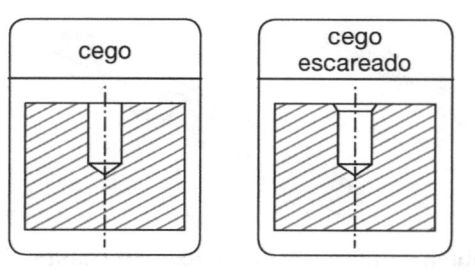

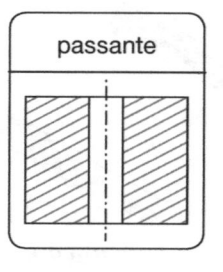

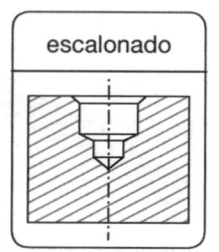

Fonte: Adaptado de OSG Sulamericana, 2016, p. 516.

4.2.4 Machos de roscar

Podem ser realizados também furos roscados. Para fazer um furo roscado, é preciso aplicar uma ferramenta especial chamada *macho de roscar*, conforme está ilustrado na Figura 4.7.

Figura 4.7 – Rosqueamento com macho de roscar

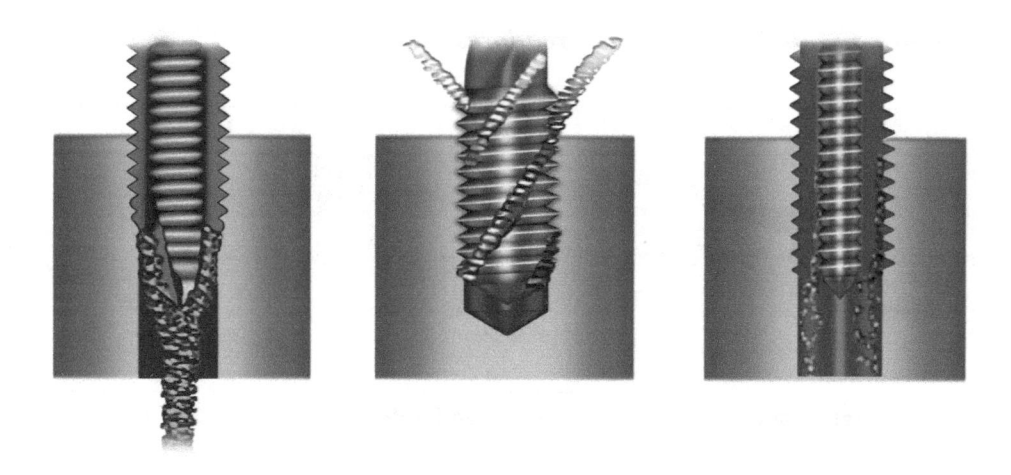

Fonte: Sandvik-Coromant, 2016a.

Agora, observe na Figura 4.8, alguns tipos de machos de roscar.

Figura 4.8 – Machos de roscar

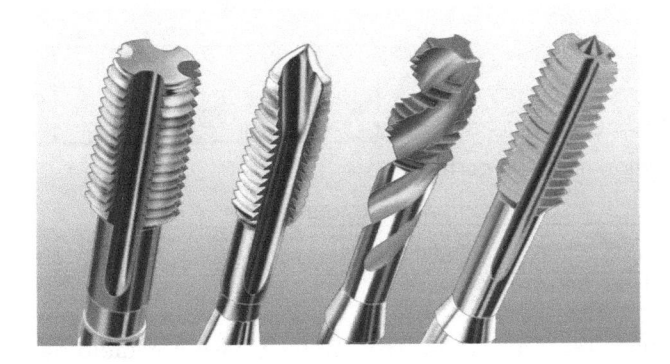

Fonte: Sandvik Coromant, 2016a.

Cada tipo de rosca vai ter sua aplicação específica. Para produzir um furo roscado, primeiramente é preciso fazer um furo de desbaste com uma broca. Em alguns casos, também é necessário fazer o acabamento do furo; somente depois disso é feita a aplicação do macho de roscar.

4.2.5 Fresas de topo

Nas operações de fresamento, as ferramentas geralmente são multicortantes, isto é, apresentam mais de uma aresta de corte. Na Figura 4.9, podemos ver algumas fresas de topo.

Figura 4.9 – Fresas de topo

Crédito: Matee Nuserm/Shutterstock

As fresas de topo são ferramentas bastante versáteis, e é possível afiar sua ponta com diversas formas geométricas, adequadas ao tipo de perfil que se deseja usinar na peça. Podemos ver algumas de suas principais características na Figura 4.10, que indica algumas terminologias.

Figura 4.10 – Terminologia das fresas de topo

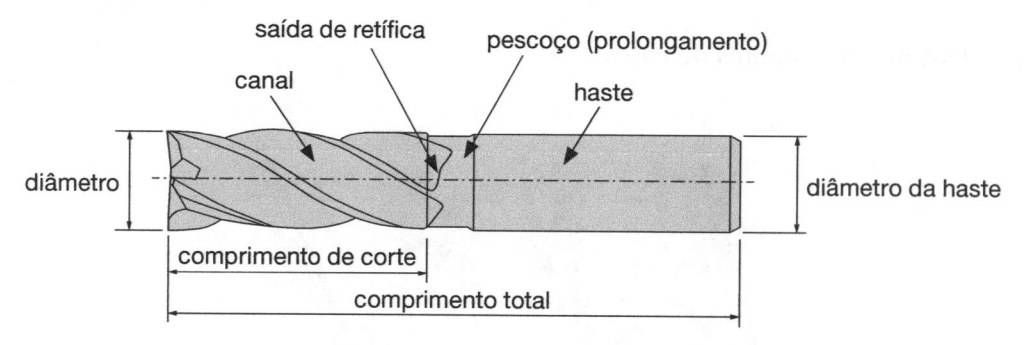

Fonte: Adaptado de Mitsubishi Materials, 2016k.

A fixação dessa ferramenta na fresadora é feita por meio da sua haste, com o auxílio de uma pinça de fixação. Durante o fresamento, a fresa gira em torno do seu próprio eixo e desloca-se segundo uma trajetória que define o perfil da superfície usinada.

Veja, na Figura 4.11, que a ponta da fresa de topo é formada por uma aresta de corte periférica com outra aresta de corte da face da ferramenta. A ponta faz o acabamento na superfície plana usinada na direção perpendicular ao eixo de rotação, enquanto a aresta de corte periférica faz o acabamento nos planos alinhados com o eixo de rotação. O cavaco escorrega pelo canal helicoidal da ferramenta.

Figura 4.11 – Geometria da ponta das fresas de topo

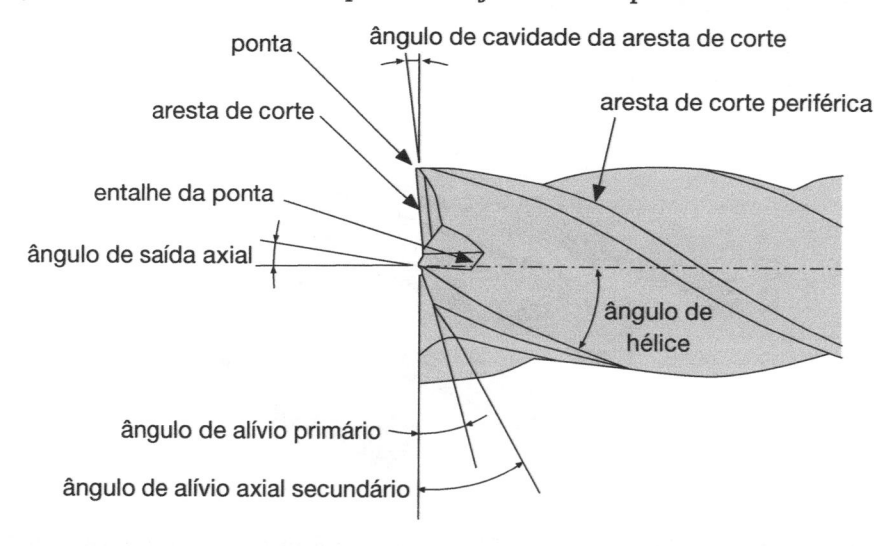

Fonte: Adaptado de Mitsubishi Materials, 2016k.

Agora, observe, na Figura 4.12, uma vista frontal de uma fresa de topo. Podemos notar que é necessário definir pelo menos três ângulos diferentes para formar a aresta de corte da ferramenta.

Figura 4.12 – Vista frontal das fresas de topo

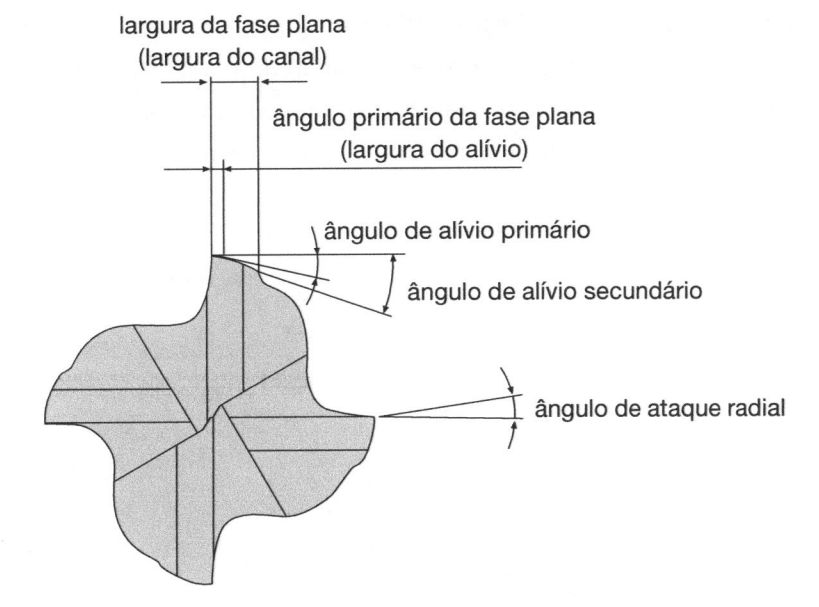

Fonte: Adaptado de Mitsubishi Materials, 2016k.

4.3 Principais ângulos das ferramentas de corte

Veremos, mais adiante, que as fresas podem ser produzidas em metal duro, que é um material mais resistente aos processos de usinagem. Em casos como esse, as fresas podem ser inteiriças de metal duro ou com o corpo em aço-liga e as pontas de corte em formato de insertos, conforme você pode ver na Figura 4.13.

Figura 4.13 – Fresas com insertos de metal duro

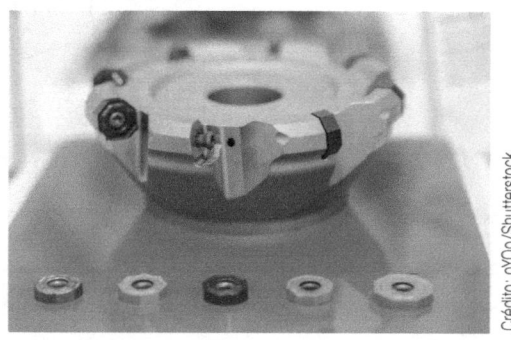

Crédito: oYOo/Shutterstock

As ferramentas de corte são adequadas para diferentes processos de usinagem, mas elas têm algumas características comuns, que podem ser identificadas na geometria da parte cortante da ferramenta. Veja a orientação dos ângulos de uma fresa de facear na Figura 4.14.

Figura 4.14 – Ângulos de uma fresa de facear

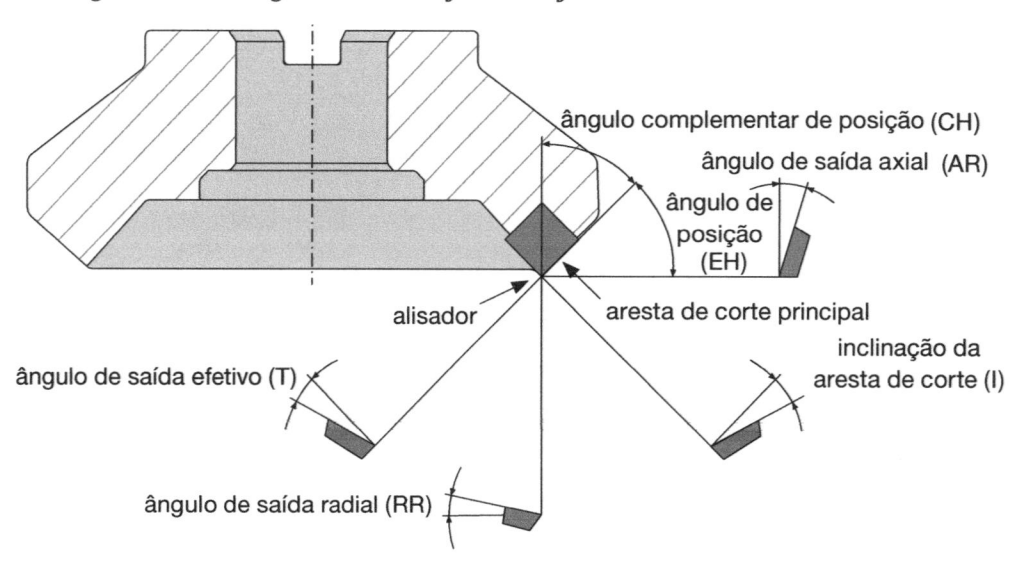

Fonte: Adaptado de Mitsubishi Materials, 2016e.

A forma geométrica das pontas das ferramentas é estabelecida pela Associação Brasileira de Normas Técnicas (ABNT) por meio da norma NBR 11406, que trata das ferramentas de corte para usinagem (ABNT, 1990). Essa norma descreve algumas definições sobre as partes ativas das ferramentas, conforme você verá nas figuras a seguir.

No processo de torneamento, geralmente as ferramentas são monocortantes, isto é, só têm uma aresta de corte, e sua ponta é definida pela norma, conforme a terminologia indicada na Figura 4.15.

Figura 4.15 – Ponta de corte de uma ferramenta de torneamento

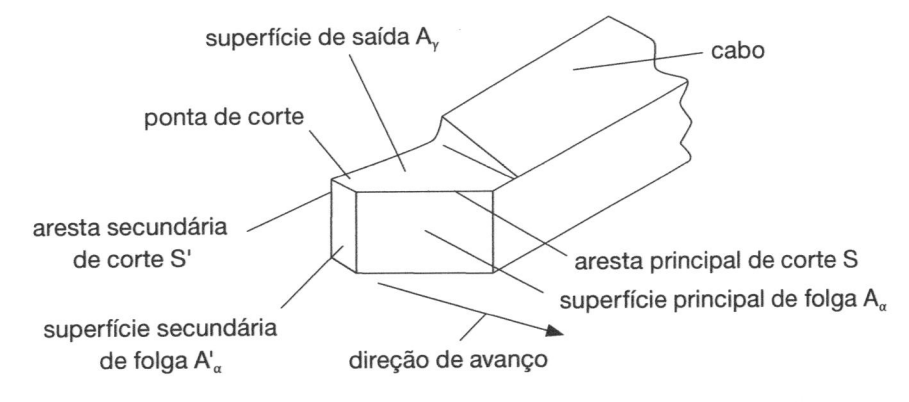

[Figura: ponta de corte de uma ferramenta de torneamento, com indicações: superfície de saída A_γ; cabo; ponta de corte; aresta secundária de corte S'; aresta principal de corte S; superfície principal de folga A_α; superfície secundária de folga A'_α; direção de avanço.]

Fonte: Machado et al., 2009, p. 25.

A ferramenta é formada por uma ponta de corte e um cabo. A ponta executa o processo de usinagem, e o cabo permite a fixação da ferramenta. O corte ocorre pela penetração da aresta de corte da ferramenta no material da peça.

Podemos ver que a aresta principal de corte (S) é formada na intersecção da superfície de saída (A_γ) e da superfície principal de folga (A_α). A superfície principal de folga (A_α) estabelece uma folga entre a peça e a ferramenta, de modo a permitir a penetração da aresta de corte (S) para cortar o material e remover o cavaco. O cavaco, por sua vez, escorrega sobre a superfície de saída (A_γ) da ferramenta.

De maneira similar, temos a definição da aresta secundária de corte (S'), formada na intersecção da superfície secundária de folga (A'_α) e da superfície de saída (A_γ) da ferramenta. É possível fazer a usinagem tanto com a aresta de corte principal quanto com a secundária. O que muda é apenas a direção de avanço relativamente ao cabo da ferramenta. Todos esses componentes geométricos vão compor a ponta de corte, e sua combinação vai exercer bastante influência na formação do cavaco e no desempenho da usinagem.

Já no processo de furação, a maioria das ferramentas tem duas ou mais arestas de corte. Na Figura 4.16, podemos ver os principais elementos de uma ponta de corte de uma broca, conforme as definições da norma NBR 11406 (ABNT, 1990).

Figura 4.16 – Ponta de corte de uma broca

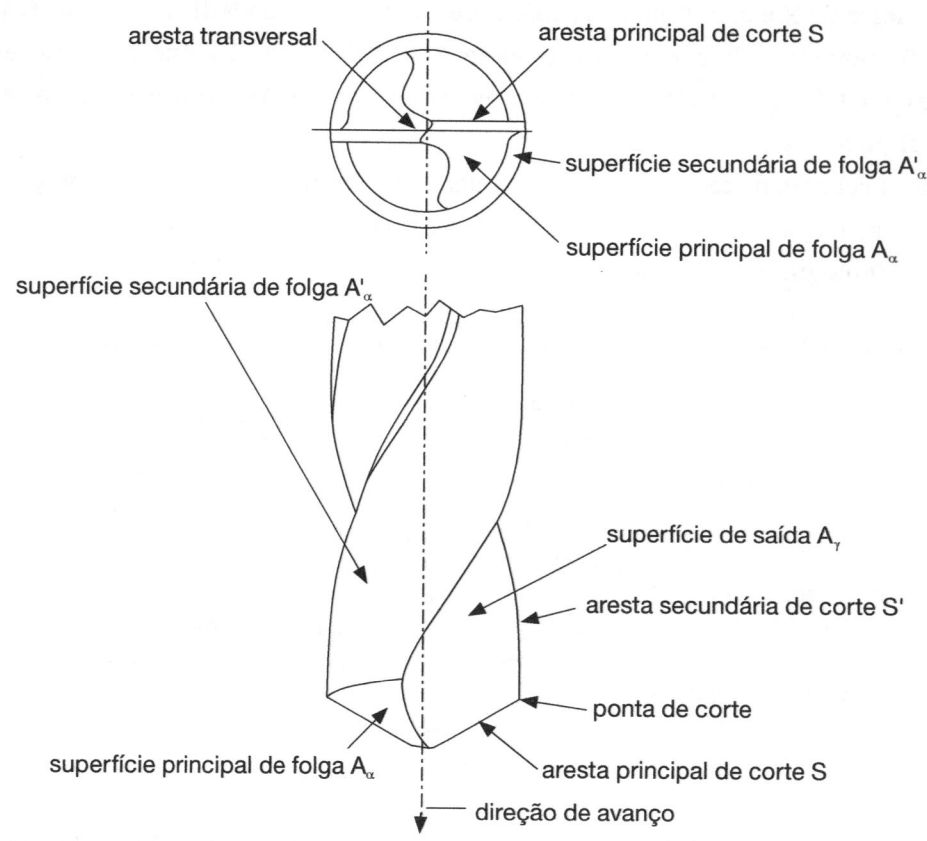

Fonte: Machado et al., 2009, p. 26.

No processo de furação, a ferramenta gira em torno do seu eixo e desloca-se na direção do avanço de corte. A aresta principal de corte (S) promove o corte do material, e a aresta secundária de corte (S') calibra o diâmetro do furo. A superfície de saída (A_γ) é um canal helicoidal por onde o cavaco escoa para fora do furo. A aresta de corte transversal também é conhecida como *alma da broca* e é formada na ponta da broca pela intersecção das duas superfícies principais de folga.

Perceba que a mesma terminologia aplicada nas ferramentas de torneamento é também aplicada nas ferramentas de furação. A norma estabelece um padrão para a nomenclatura dos diferentes elementos das pontas de corte. Mais adiante, veremos como esses elementos favorecem a formação dos cavacos.

Nos processos de fresamento, é comum a aplicação de ferramentas multicortantes, conforme você pode ver na Figura 4.17.

Figura 4.17 – Geometria de corte de uma fresa frontal

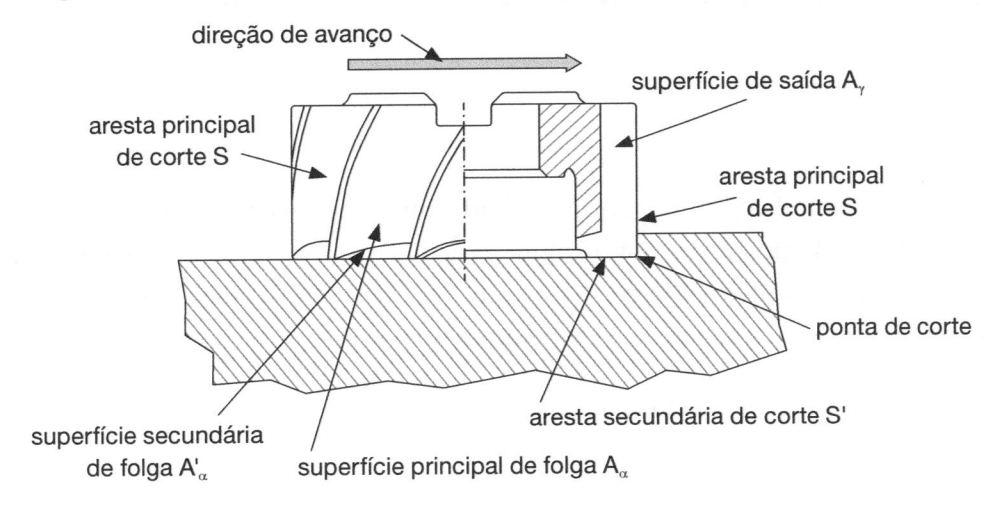

Fonte: Machado et al., 2009, p. 26.

Em todas as pontas de corte podemos encontrar o princípio fundamental da cunha sendo aplicado. Veja, na Figura 4.18, a representação de uma aresta de corte penetrando a peça e a ferramenta removendo o cavaco.

Figura 4.18 – Aresta de corte penetrando o material da peça

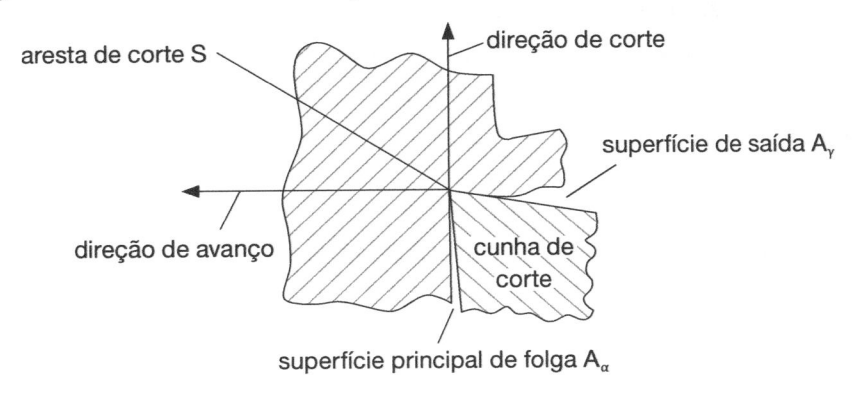

Fonte: Machado et al., 2009, p. 25.

A **aresta de corte** (S) penetra no material da peça fazendo o corte do material. O cavaco é formado e escorrega sobre a **superfície de saída** (A_γ) da ferramenta. Dessa maneira, podemos compreender o princípio da cunha: a ponta de uma ferramenta afiada adequadamente em forma de cunha facilita a penetração da aresta de corte, promovendo a usinagem do material.

A forma geométrica da ferramenta deve ser desenvolvida em função da característica do processo de usinagem. A principal finalidade da geometria da ferramenta é permitir a penetração da aresta de corte simultaneamente na direção de corte e na direção do avanço. O restante da ponta não deve entrar em contato com a peça em razão da superfície principal de folga, sendo que o cavaco deve escorregar sobre a superfície de saída.

4.4 Influência do ângulo das ferramentas

O ângulo de saída (γ) é um dos principais componentes do ângulo de cunha. Perceba que, quanto maior for o ângulo de saída, menor será o ângulo de cunha da ferramenta. Veja, na Figura 4.19, uma ilustração da variação do **ângulo de saída** (γ) em uma ferramenta de torneamento.

Figura 4.19 – Ângulo de saída de uma ferramenta de torneamento

ângulo de saída positivo — ângulo de saída nulo — ângulo de saída negativo

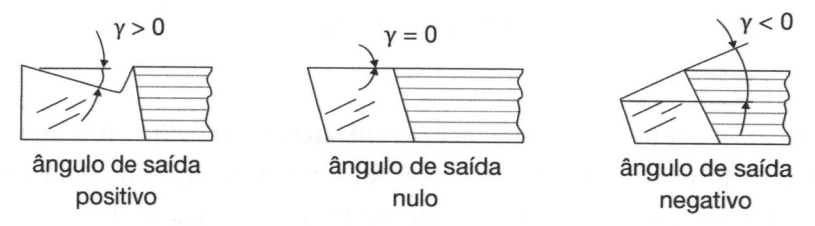

Fonte: Adaptado de Ferraresi, 1970, p. 30.

Ângulos de saída positivos vão fazer o cavaco escoar com menor resistência sobre a ferramenta. **Ângulos de saída negativos** vão resultar em maiores tensões sobre o cavaco, mudando a direção de escoamento. A Figura 4.20 mostra o efeito do ângulo de saída na operação de torneamento. Perceba como ele muda a direção do cavaco.

Figura 4.20 – Efeito do ângulo de saída na operação de torneamento

ângulo de saída γ > 0 (+) — inserto positivo

ângulo de saída γ < 0 (−) — inserto negativo

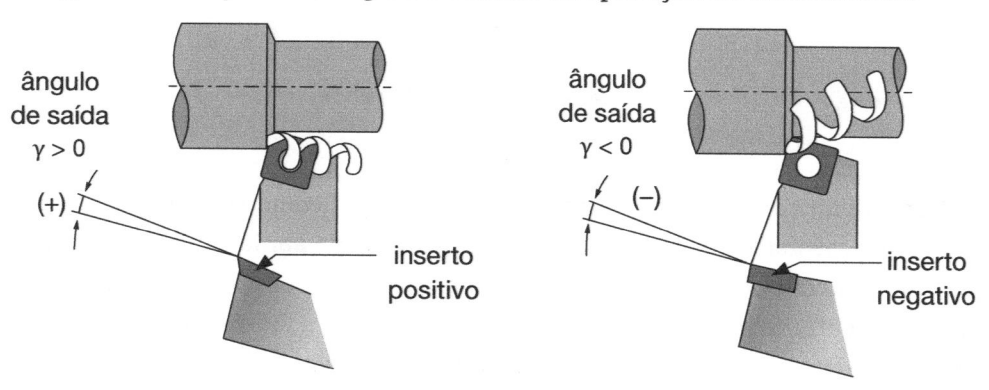

Fonte: Adaptado de Mitsubishi Materials, 2016c.

Veja, na Figura 4.21, uma ilustração da variação do ângulo de saída nas ferramentas de fresamento.

Figura 4.21 – Ângulo de saída de uma ferramenta para fresamento

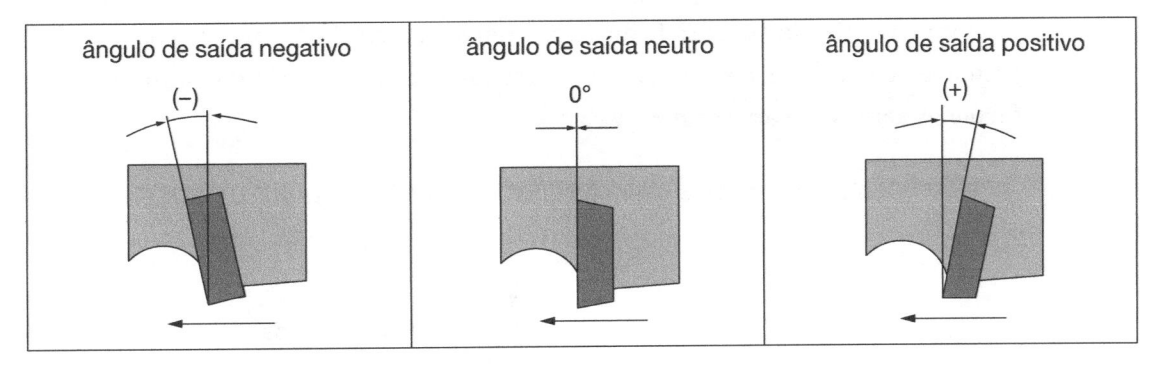

Fonte: Adaptado de Mitsubishi Materials, 2016f.

De maneira semelhante à ferramenta de torneamento, a variação do ângulo de saída nas ferramentas de fresamento modifica a distribuição de tensões, mudando a direção do cavaco.

Podemos observar o **ângulo de folga** (α) na Figura 4.22. Ele também é chamado **ângulo de incidência** e vai criar uma folga entre a superfície de folga e a superfície da peça durante a usinagem. Esse ângulo deve ser grande apenas o suficiente para que a superfície de folga da ferramenta não encoste na peça durante a usinagem.

Figura 4.22 – Influência do ângulo de folga no desgaste da ferramenta

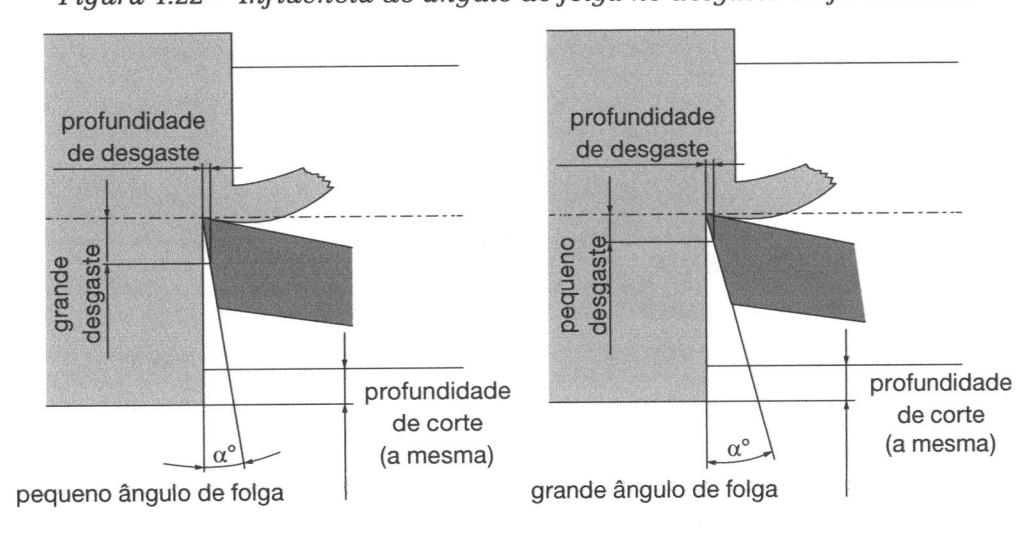

Fonte: Adaptado de Mitsubishi Materials, 2016b.

Podemos concluir que, se o ângulo de folga for pequeno demais, resultará em grande desgaste da ferramenta. Por outro lado, se o ângulo de folga for muito grande, o desgaste será menor, mas o ângulo de cunha ficará menor e a ponta da ferramenta será enfraquecida.

A intersecção da superfície de saída com a superfície de folga forma a aresta principal de corte. Essas duas superfícies formam o ângulo de cunha (β), conforme podemos observar na Figura 4.23.

Figura 4.23 – Elementos geométricos de uma ferramenta de corte

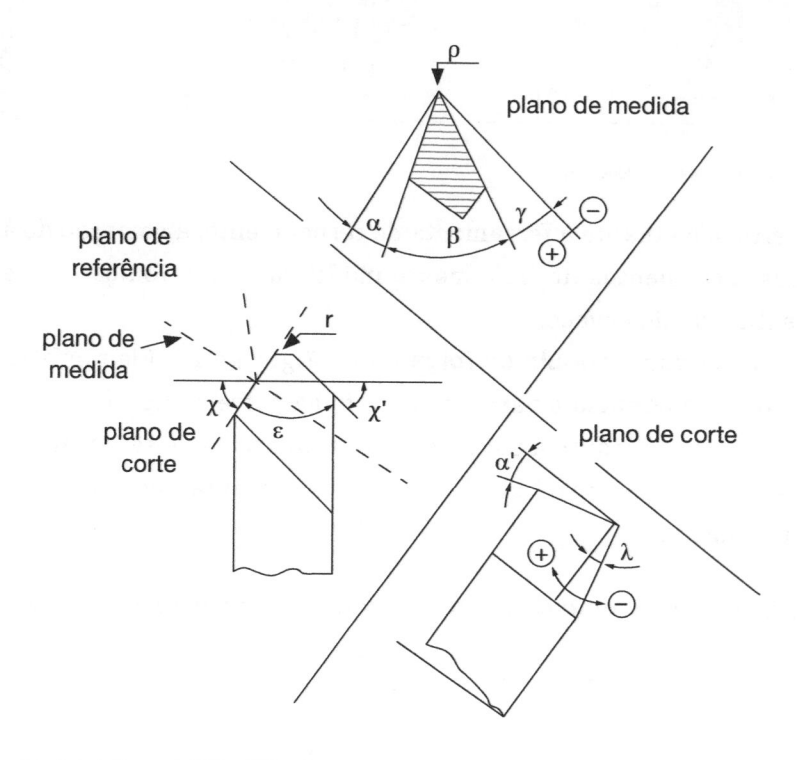

Fonte: Adaptado de Ferraresi, 1970, p. 27.

Na Figura 4.23, temos:

α – ângulo de folga principal

α' – ângulo de folga secundário

β – ângulo de cunha

γ – ângulo de saída

ε – ângulo de ponta

χ – ângulo de posição

χ' – ângulo de posição lateral

λ – ângulo de inclinação

r – raio da ponta

ρ – raio de gume

Quanto maior for o ângulo de saída (γ), mais agudo será o ângulo de cunha (β) e, portanto, menor será a resistência da ponta da ferramenta. Entretanto, é fácil compreender também que, quanto menor for o ângulo de cunha (β), mais facilmente a ponta da ferramenta penetrará na peça para fazer o corte do material.

O ângulo de posição (χ) estabelece a relação entre a aresta principal de corte e a direção do avanço. Podemos perceber que isso faz com que a largura do cavaco seja igual ou maior que profundidade de corte em função da posição da aresta de corte. Veja como exemplo, na Figura 4.24, a variação da largura e da espessura do cavaco em uma aresta de corte de uma ferramenta de torneamento em função do ângulo de posição.

Figura 4.24 – Ângulo de posição para ferramenta de torneamento

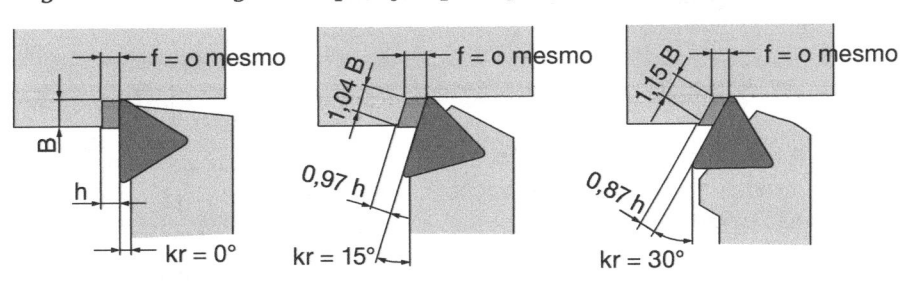

B – largura do cavaco
f – avanço
h – espessura do cavaco
kr – ângulo da aresta de corte lateral (ângulo de posição)

Fonte: Adaptado de Mitsubishi Materials, 2016a.

4.5 Alterações da geometria da ferramenta na ponta de corte

Quando se aumenta o ângulo de posição, aumenta-se a largura do cavaco. Assim, a pressão de corte é distribuída em uma região maior da aresta de corte e, com isso, é possível obter um corte mais suave. Você pode observar outro exemplo na Figura 4.25.

Figura 4.25 – Ângulo de posição de uma fresa

ângulo de posição 0° — A menor força de reação. Pode levantar a peça quando a fixação não é rígida.

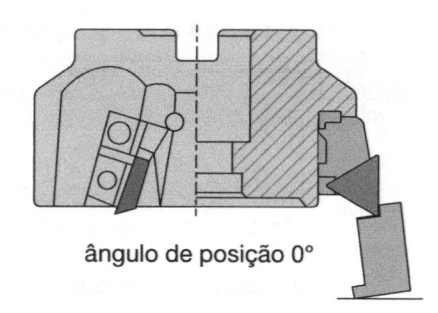

ângulo de posição 15° — O ângulo de posição 15° é recomendável para fresas de facear, em que as aplicações são em peças de baixa rigidez, tais como paredes finas.

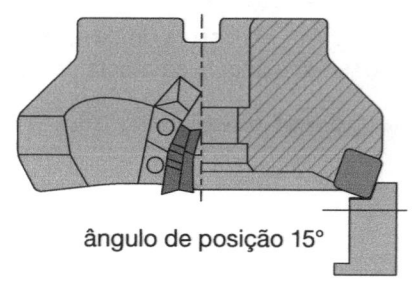

ângulo de posição 45° — A maior força de reação. Em peças finas: flexão e diminuição da precisão de usinagem. Previne microlascas da aresta da peça em usinagem de ferro fundido.

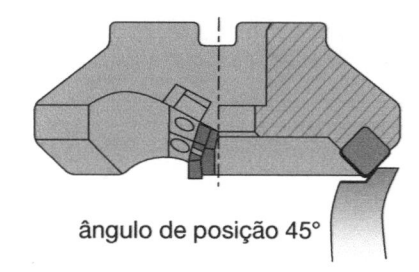

Fonte: Adaptado de Mitsubishi Materials, 2016d.

Na maioria das ferramentas, também é recomendável fazer um raio de ponta. A principal finalidade do raio de ponta é suavizar o corte e distribuir o cavaco em uma região maior da aresta de corte. A ponta da ferramenta fica mais resistente e menos suscetível a quebras. Além disso, como podemos ver na Figura 4.26, raios de ponta maiores resultam em rugosidades da superfície acabada menores.

Figura 4.26 – Ferramenta de torneamento com diferentes raios de ponta

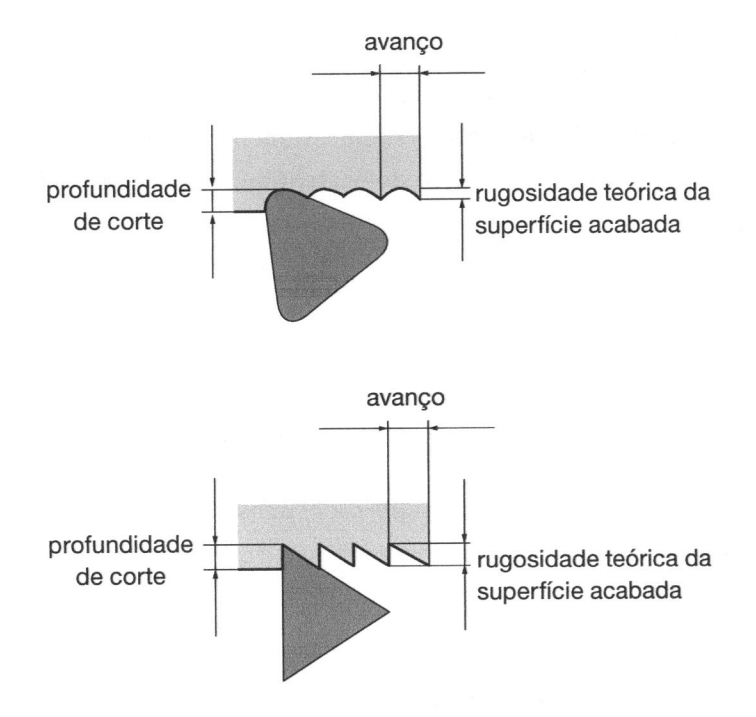

Fonte: Adaptado de Mitsubishi Materials, 2016i.

O raio de ponta da ferramenta também não pode ser grande demais. Os principais problemas de grandes raios de ponta estão associados à vibração e ao aumento da potência necessária para fazer a usinagem.

A aresta de corte pode ser alterada em sua forma geométrica para facilitar a formação do cavaco. Podem ser aplicados três tipos de preparação sobre a aresta de corte, conforme podemos ver na Figura 4.27.

Figura 4.27 – Preparação da aresta de corte

largura de preparação de aresta	largura de preparação de aresta	largura de face
preparação arredondada (*honed*)	preparação em chanfros	face plana

Fonte: Adaptado de Mitsubishi Materials, 2016h.

A aresta de corte tem sua resistência aumentada com a geometria de preparação. Os fabricantes de ferramentas recomendam que a dimensão da preparação seja limitada à metade do avanço de corte. Como principal efeito positivo, é possível obter o aumento da vida útil da ferramenta. Já como efeito negativo, pode ocorrer o aumento do esforço de corte e das vibrações durante a usinagem.

Por fim, a superfície de saída da ferramenta, por onde escorrega o cavaco, também pode ter sua geometria alterada para favorecer a formação do cavaco. As modificações promovidas na superfície de saída das ferramentas são chamadas de *quebra-cavacos*, conforme os exemplos da Figura 4.28.

Figura 4.28 – Diferentes tipos de quebra-cavacos

Crédito: monstArr/Shutterstock

Nessas ferramentas, podemos observar as pontas de corte com desenhos sinuosos sobre a superfície de saída. Essas variações da superfície de saída são justamente os quebra-cavacos das ferramentas.

A principal finalidade dos quebra-cavacos é aumentar a tensão na superfície do cavaco, forçando-o a ser mais curto e promovendo sua fratura periódica. Essa geometria, que podemos observar nas ferramentas de corte, é estudada experimentalmente e os projetistas fazem seu ajuste conforme o resultado desejado na aplicação das ferramentas.

Mais adiante, veremos mais detalhes da formação de cavacos.

■ Síntese

Neste capítulo, você estudou os principais ângulos de uma ferramenta de corte. Conheceu o princípio da cunha de corte e aprendeu como relacionar a geometria da ponta da ferramenta com os processos de usinagem. Identificou, ainda, vários tipos de ferramentas com geometria definida. Também viu a aplicação dos quebra-cavacos nas ferramentas de corte.

■ Questões para revisão

1. Faça o desenho de uma aresta de corte penetrando no material da peça e indique quais são as principais superfícies.

2. Por que o ângulo de folga das ferramentas não pode ser pequeno demais nem grande demais? Por que dizemos que deve ser grande "apenas o suficiente"?

3. Indique se as seguintes considerações sobre o ângulo de saída de uma ferramenta são verdadeiras (V) ou falsas (F):
   (   ) O ângulo de saída positivo facilita o escoamento do cavaco.
   (   ) O ângulo de saída negativo reduz a tensão no cavaco.
   (   ) O ajuste do ângulo de saída permite controlar a direção do cavaco.
   (   ) O ajuste do ângulo de saída interfere na formação do cavaco

4. Indique se as seguintes considerações sobre as funções da geometria de uma ferramenta são verdadeiras (V) ou falsas (F):
   (   ) A superfície principal de folga (Aα) é a superfície da ferramenta sobre a qual o cavaco escorrega durante o processo de usinagem.
   (   ) A aresta principal de corte é definida pela intersecção entre a superfície de saída (Aγ) e a superfície secundária de folga (Aα).
   (   ) O ângulo de inclinação da ferramenta tem como principais funções controlar a largura do cavaco, reduzir a pressão na ponta da ferramenta e atenuar vibrações durante a usinagem.

( ) O ângulo de folga tem como principal função evitar o atrito entre a peça e a superfície de folga da ferramenta, com a finalidade de reduzir o esforço total sobre a aresta de corte.

5. Indique qual(is) dos seguintes itens pode(m) ser considerado(s) alteração da geometria da ponta de corte:

( ) Raio de ponta.
( ) Quebra-cavacos.
( ) Ângulo de cunha.
( ) Ângulo de saída.

■ Questões para reflexão

1. Qual é o principal problema em utilizar pequenos ângulos de cunha no corte de peças feitas em aço carbono?

2. Por que se recomenda aumentar o ângulo de ponta nas brocas utilizadas para furar chapas finas de aço?

3. Pesquise sobre brocas canhão. Explique o motivo de ser preferível utilizar esse tipo de broca a brocas helicoidais na execução de um furo profundo.

■ Para saber mais

Livro

STEMMER, C. E. **Ferramentas de corte I**. 7. ed. Florianópolis: Ed. da UFSC, 2007.

Normas

ABNT – Associação Brasileira de Normas Técnicas. **NBR 11406**: ferramentas de corte para usinagem – terminologia. Rio de Janeiro, 1990.

____. **NBR 13302**: fresas para ranhuras de chavetas meia-cana – formas e dimensões. Rio de Janeiro, 1995.

____. **NBR ISO 261**: rosca métrica ISO de uso geral – plano geral. Rio de Janeiro, 2004.

Sites

FERMEC. **Ferramentas de usinagem**. Disponível em: <http://www.fermec.com.br/>. Acesso em: 18 abr. 2016.

GR DRILL. Disponível em: <http://www.grdrill.com.br/>.

SANCHES BLANES. **Rosqueadores**. Disponível em: <http://www.sanchesblanes.com.br/sessao.php?cat=5>. Acesso em: 18 abr. 2016.

5 Mecanismo para formação de cavacos

Conteúdos do capítulo:
- *Teoria sobre formação de cavacos.*
- *Principais tipos de cavaco.*
- *Formação da aresta postiça de corte.*

Após o estudo deste capítulo, você será capaz de:
1. *relacionar os principais fenômenos associados ao corte de materiais;*
2. *compreender a teoria sobre formação de cavacos;*
3. *identificar as etapas da formação de cavacos;*
4. *reconhecer os principais tipos de cavaco;*
5. *entender os conceitos sobre a aresta postiça de corte.*

Os processos de usinagem pressupõem a remoção de cavacos com o uso de uma ferramenta de corte. Você deve concordar que é importante entender como os cavacos se formam sobre a superfície das ferramentas, pois, desse modo, é possível compreender melhor a usinagem e melhorar o rendimento do processo.

Neste capítulo, vamos analisar os principais fenômenos associados ao corte de materiais e a teoria sobre a formação de cavacos. Além disso, vamos tratar de algumas técnicas utilizadas para observação e controle dos tipos de cavacos.

5.1 Produção de cavacos

Nos capítulos anteriores, destacamos que o corte do material deve ser efetuado com velocidade adequada. Vimos que cortar o material em alta velocidade pode até quebrar a ferramenta, enquanto baixas velocidades podem resultar em usinagens ineficientes. Também observamos que os fabricantes de ferramentas recomendam os parâmetros de usinagem para a aplicação correta de suas ferramentas.

Ressaltamos, ainda, que a ferramenta deve ter uma geometria adequada que permita a execução do processo de corte. Nesse sentido, a cada tipo de operação corresponde uma ferramenta específica. A seleção de geometria de corte da ferramenta possibilita obter o máximo de eficiência na usinagem e pode prolongar a vida útil da ferramenta.

Resumindo, a escolha da velocidade e da geometria da ferramenta deve ser baseada na experiência de usinagem. A seleção correta da ferramenta e o ajuste das condições de usinagem são tarefas do planejamento de processos de fabricação.

Para entender como fazer corretamente esse planejamento, como fazer a escolha da ferramenta e determinar as melhores condições de usinagem, é necessário entender como se formam os cavacos. Veja, na Figura 5.1, a ação de uma ferramenta no corte do material de uma peça.

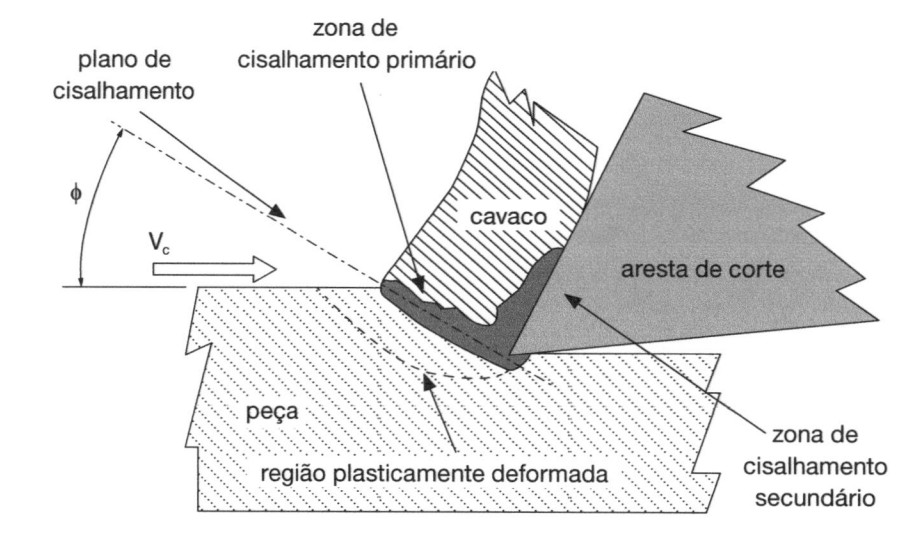

Figura 5.1 – Mecanismo da formação de cavacos

Fonte: Machado et al., 2009, p. 42.

O cavaco é decorrente do processo de usinagem. Ele é formado por uma parte do material da peça que é cortado pela aresta de corte e faz pressão sobre a superfície de saída da ferramenta.

A ferramenta penetra na peça na direção da velocidade de corte, promovendo a remoção do material. O material removido em forma de cavaco escorrega sobre a superfície de saída da ferramenta. Na peça, pela ação da aresta de corte, ocorre o fenômeno da deformação plástica, e a tensão aumenta até que o material sofra cisalhamento para formar o cavaco. Isso ocorre numa região chamada *zona de cisalhamento primário*.

Nesse momento, o cavaco escorrega pela superfície de saída da ferramenta em uma região chamada *zona de cisalhamento secundário*, sofrendo, assim, tensão nessa região de interface com a ferramenta. No outro lado do cavaco, ocorre o esmagamento do material. Ou seja, na parte externa, o cavaco estica e, na parte interna, o cavaco comprime. Quanto maior for a diferença entre as tensões externa e interna do cavaco, maior será o grau de recalque do cavaco e mais facilmente ele será quebrado.

A teoria mais aceita para explicar o mecanismo da formação de cavacos na usinagem de metais é a **teoria do cisalhamento**. Segundo essa teoria, o cavaco é formado, basicamente, em quatro etapas: recalque, deslizamento, ruptura e escorregamento. Essas etapas podem ser assim definidas:

1. **Recalque**: uma porção da peça sofre a ação da ponta da ferramenta e se deforma permanentemente. Nesse momento, o material ainda não foi cortado, ele apenas está sendo recalcado.

2. **Deslizamento**: o material recalcado sofre deformação plástica, e a tensão aumenta na região de corte, até que ocorra o deslizamento dessa porção do material da peça, por meio do fenômeno do cisalhamento.

3. **Ruptura**: o material cisalhado é destacado da peça, formando o cavaco. A ruptura pode ser parcial ou total, dependendo do material da peça e das condições de corte. Em algumas condições especiais, a ruptura pode não ocorrer.

4. **Escorregamento**: por fim, o material deformado e cisalhado escorrega sobre a superfície de saída da ferramenta. O processo é repetido para as regiões seguintes da peça, efetuando a usinagem e, dessa forma, formando o cavaco.

Assim, a formação do cavaco é um processo cíclico que ocorre em quatro etapas. É possível interferir nesses fenômenos de forma intencional com variações na geometria da ponta da ferramenta e das condições de usinagem. A intenção é controlar a formação dos cavacos para obter formas mais adequadas ao seu processo de fabricação, maior vida útil das ferramentas e maior eficiência e segurança no corte.

5.2 Tipos de cavaco

Os cavacos apresentam diversas formas, dependendo do tipo de operação de usinagem, da geometria da ferramenta, das propriedades do material da peça e das condições de corte. É importante estudar e observar as formas dos cavacos, porque podem servir de indícios para possibilidades de melhoria nos processos de usinagem. Veja, por exemplo, na Figura 5.2, alguns tipos de cavaco obtidos no processo de furação.

Figura 5.2 – Diferentes tipos de cavaco de furação

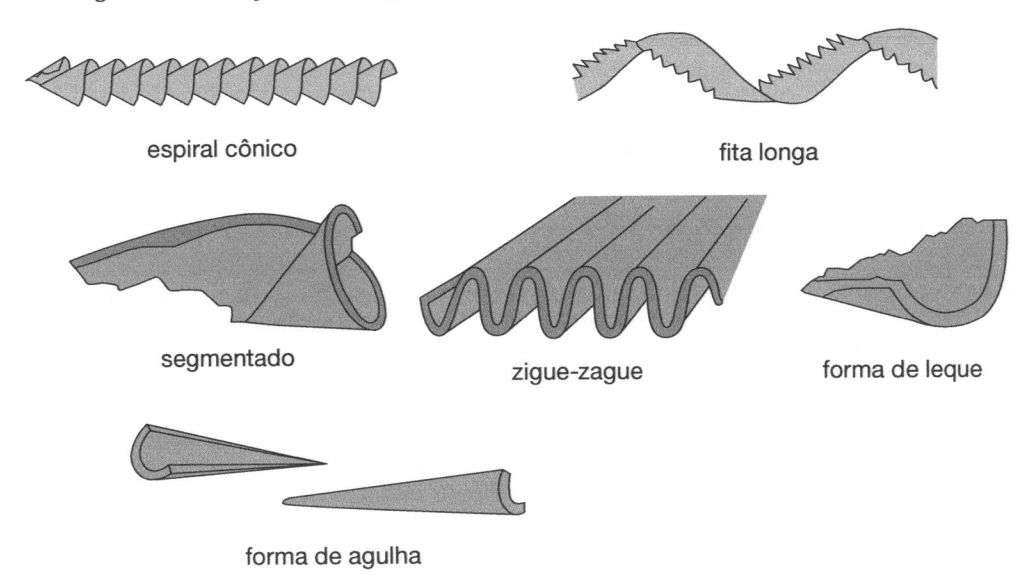

espiral cônico

fita longa

segmentado

zigue-zague

forma de leque

forma de agulha

Fonte: Adaptado de Mitsubishi Materials, 2016j.

Diferentes tipos cavaco são obtidos quando variam as condições de usinagem. Isso pode influenciar no resultado da operação de fabricação, visto que alguns tipos de cavaco podem ser mais adequados, melhorando o desempenho da ferramenta, do processo ou até do acabamento da peça. Podemos observar, na Figura 5.3, como as condições de usinagem interferem na forma de cavacos.

Figura 5.3 – Classificação geral dos cavacos

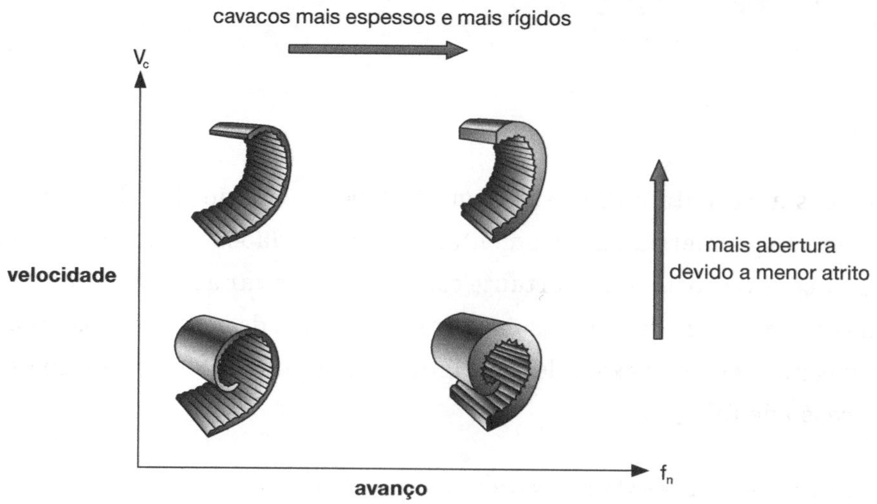

Fonte: Sandvik Coromant, 2016b.

Uma classificação mais geral da forma dos cavacos é proposta na norma *ISO 3685* (ISO, 1993), conforme demonstra o Quadro 5.1:

Quadro 5.1 – Classificação geral dos cavacos segundo a ISO 3685

1 – Cavaco em fita	2 – Cavaco tubular	3 – Cavaco espiral	4 – Cavaco hel. tipo arruela	5 – Cavaco hel. cônico	6 – Cavaco em arco	7 – Cavaco fragmentado	8 – Cavaco tipo agulha
1.1 – Longo	2.1 – Longo	3.1 – Plano	4.1 – Longo	5.1 – Longo	6.1 – Conectado		
1.2 – Curto	2.2 – Curto	3.2 – Cônico	4.2 – Curto	5.2 – Curto	6.2 – Solto		
1.3 – Emaranhado	2.3 – Emaranhado		4.3 – Emaranhado	5.3 – Emaranhado			

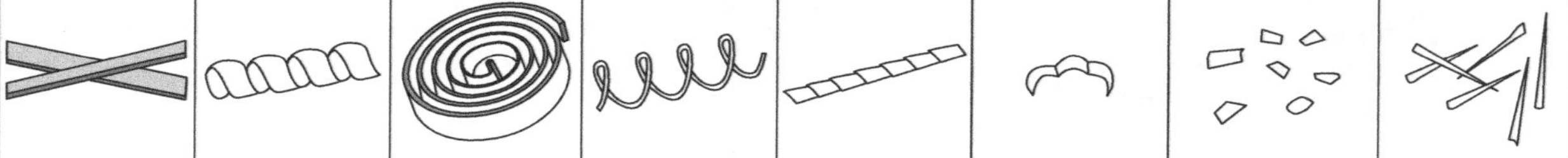

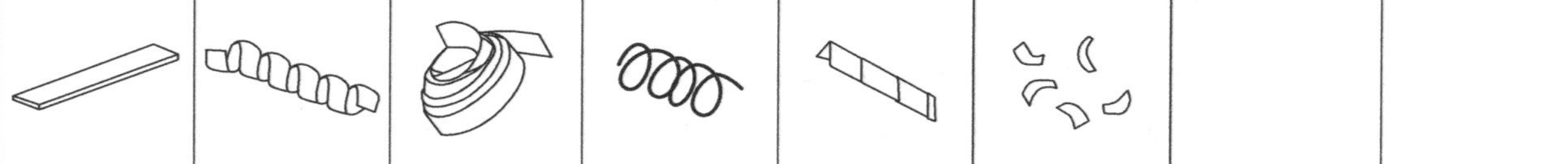

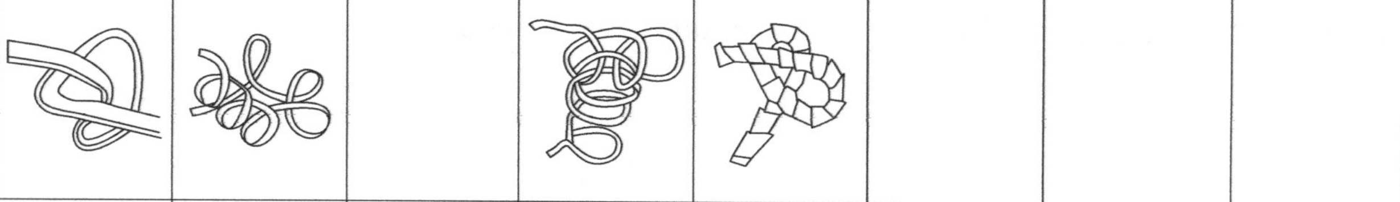

Fonte: Adaptado de Machado et al., 2009, p. 56.

A forma mais conveniente é, geralmente, a helicoidal. O cavaco em lascas é preferível nos casos em que ele deve ser removido pelo fluido de corte ou quando há pouco espaço disponível para o cavaco. O cavaco em fita é o mais problemático, pois pode enrolar na ferramenta e na peça, prejudicar o acabamento da peça, gerar acidentes e ocupar muito espaço. O Gráfico 5.1 mostra a relação do coeficiente volumétrico de acordo com a forma do cavaco.

Gráfico 5.1 – Coeficiente volumétrico do cavaco

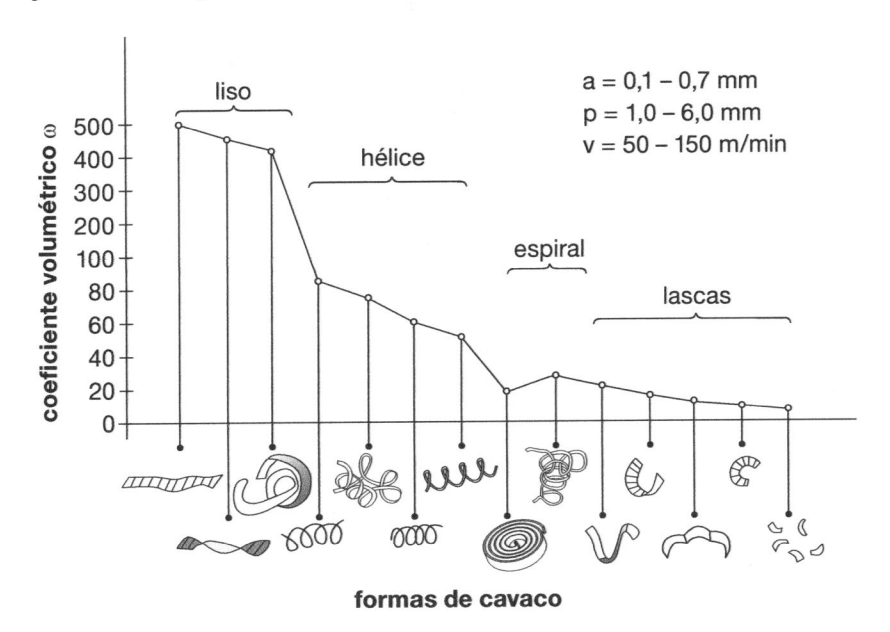

Fonte: Adaptado de Ferraresi, 1970, p. 102.

De fato, os cavacos são subprodutos da usinagem. Geralmente, são descartados e reciclados para a fabricação de novas matérias-primas para a usinagem. É importante considerar que suas arestas agudas e suas superfícies ásperas podem representar riscos de ferimentos aos operadores. Por isso, é preciso ter muito cuidado ao produzi-los, manuseá-los, transportá-los e armazená-los.

Uma forma muito simples de observar e estudar a formação de cavacos pode ser conduzida com a usinagem do corpo de prova semelhante ao ilustrado na Figura 5.4.

Figura 5.4 – Corpo de prova para estudar a formação de cavacos

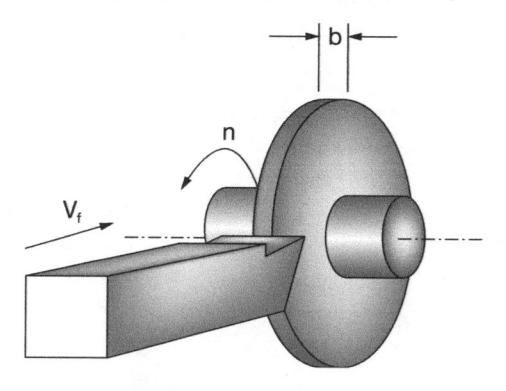

Fonte: Machado et al., 2009, p. 44.

Nesse corpo de prova, um disco de largura b (mm) é usinado por uma ferramenta na direção radial. A peça gira com n (rpm) e a ferramenta se desloca com velocidade de avanço V_f (mm/min). Esse tipo de usinagem é chamado de *torneamento ortogonal* e é feito em laboratório para estudar a formação de cavacos.

Podemos compreender o modelo para estudo da formação de cavacos no corte ortogonal com base na análise da Figura 5.5, que apresenta uma ilustração sobre o mecanismo.

Figura 5.5 – Mecanismo da formação de cavacos

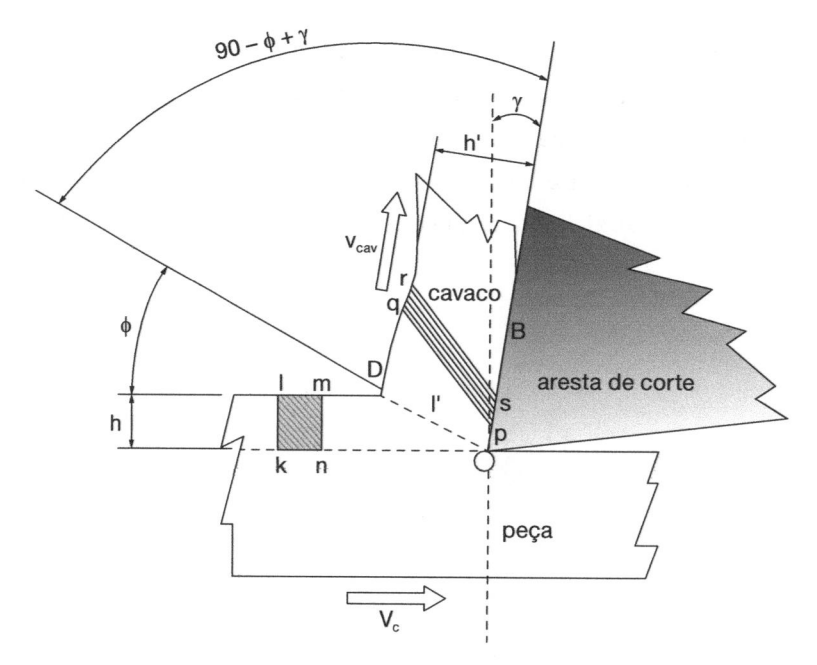

Fonte: Machado et al., 2009, p. 45.

Durante o ciclo de formação do cavaco, o material recalcado passa pela região conhecida como *zona de cisalhamento*, onde ocorre a deformação plástica do material, antes de sua ruptura. Para fins de simplificação, a zona de cisalhamento é representada como um plano, chamado *plano de cisalhamento*. O ângulo desse plano com o plano de corte é chamado *ângulo de cisalhamento* (Ø).

Se considerarmos a região *klmn* na peça, vamos perceber que ela corresponde a uma largura *h*, que é o valor do avanço da ferramenta. Após o corte, o material nessa região vai ser deformado plasticamente e, quando estiver no cavaco, poderá ser representado pela região *pqrs*, com uma largura *h'*. Com isso, podemos perceber que a espessura do cavaco é maior que o valor do avanço da ferramenta, justamente em virtude da deformação plástica durante a formação do cavaco.

Dessa maneira, o cavaco gerado é mais curto do que o percurso percorrido pela ferramenta durante a usinagem, com a velocidade do cavaco V_{cav} sendo menor do que a velocidade de corte empregada V_c.

A deformação plástica que ocorre durante a usinagem na formação de cavacos pode levar o material do cavaco à ruptura total ou parcial. Isso vai depender do tipo do material da peça e das condições de usinagem.

Veja, na Figura 5.6, a ilustração de dois diferentes materiais em usinagem.

Figura 5.6 – Tipos de cavaco

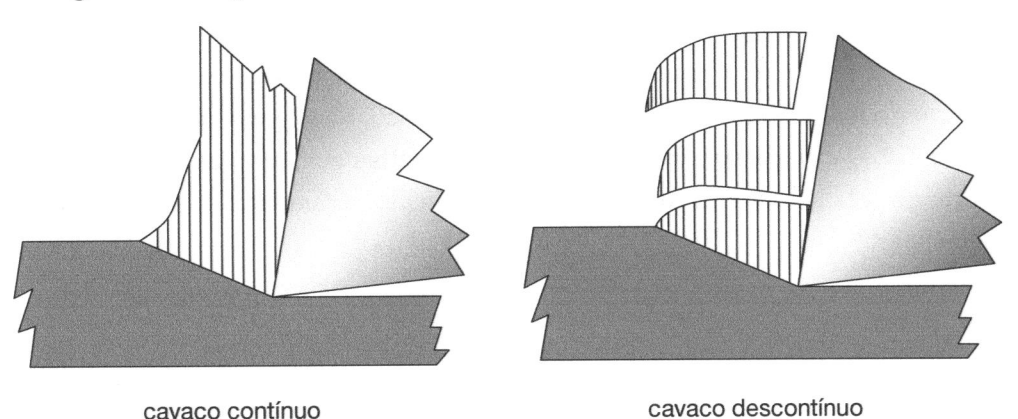

cavaco contínuo   cavaco descontínuo

Fonte: Machado et al., 2009, p. 51.

Os **cavacos contínuos** são caracterizados por um longo comprimento. Ocorrem principalmente na usinagem de materiais dúcteis, com pequenos e médios avanços, altas velocidades de corte e grandes ângulos de saída da ferramenta. Esse tipo de cavaco é formado quando o material é recalcado ao chegar à aresta de corte e escorrega pela superfície de saída da ferramenta sem que ocorra a ruptura. O cavaco contínuo pode ser mais facilmente resfriado e direcionado e, em situações de furação, por exemplo, pode ser o mais desejado, porque vai naturalmente sair do furo durante o processo. Se o material da peça for mais macio, ocorre pouca deformação plástica, a ruptura é apenas parcial e o cavaco resultante é contínuo. Um exemplo é o cavaco gerado na usinagem do aço carbono.

Os **cavacos descontínuos** ocorrem principalmente quando a tensão é suficiente para gerar uma trinca que, ao propagar-se pelo plano de cisalhamento, provoca a ruptura total do cavaco. O resultado final costuma ser um cavaco curto, que ocupa menor espaço e não enrosca durante a usinagem. Entretanto, são cavacos que podem ser lançados quando a usinagem ocorre em alta velocidade de corte. Se o material da peça for mais frágil, a ruptura é total e o cavaco resultante é descontínuo. O exemplo pode ser o cavaco gerado na usinagem de uma peça de ferro fundido cinzento.

Outro aspecto importante que deve ser considerado na formação de cavacos diz respeito ao calor produzido na usinagem, que é gerado internamente no cavaco pela combinação de altas taxas de deformação com um forte atrito entre a peça, a ferramenta e o cavaco. No anexo deste livro, a Figura A mostra as isotermas observadas na interface entre cavaco e ferramenta durante a usinagem de uma peça de aço carbono, com ferramenta de metal duro, a uma velocidade de corte de 60 m/min.

A maior parte do calor produzido no processo de usinagem vem do atrito interno do material durante a formação do cavaco. Você pode observar isso na Figura 5.7. O cavaco tem, geralmente, uma face lisa e outra face áspera. Pense agora: qual lado escorregou sobre a superfície da ferramenta – o lado liso ou o lado áspero?

Figura 5.7 – Cavaco com lado liso e com lado áspero

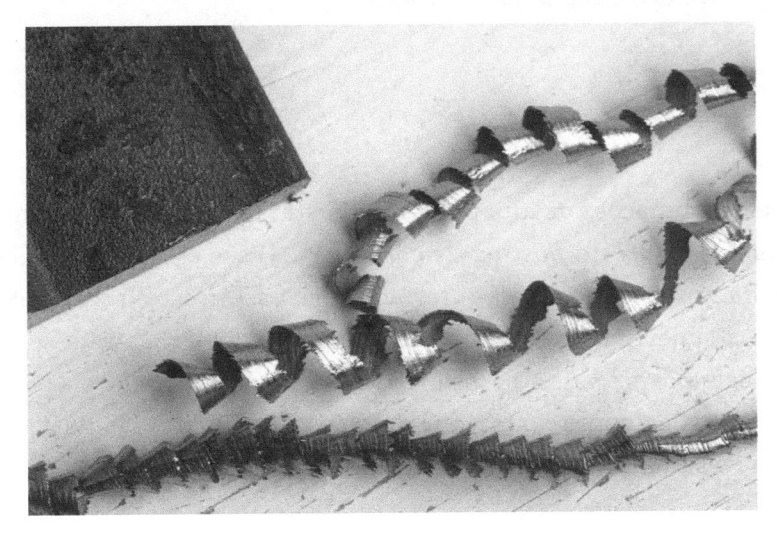

Crédito: nanka/Shutterstock

Além disso, é preciso considerar que, a partir de aproximadamente 200 °C, o aço começa a sofrer oxidação mais acentuada com o ar do meio ambiente. Dependendo da temperatura, é possível observar diferentes cores nos cavacos. Veja um exemplo de cavacos com cores diferentes na Figura B, disponível no anexo deste livro.

Cavacos de aço carbono com cores amarelas ou douradas oferecem indícios de que a usinagem gerou calor suficiente para aquecer os cavacos a uma temperatura entre 200 °C e 300 °C. Por outro lado, cavacos de aço carbono de cor azulada certamente atingiram temperaturas superiores a 600 °C.

A distribuição de calor na zona de corte ocorre principalmente na interface da ferramenta e do cavaco, como podemos ver na Figura C, disponível no anexo deste livro.

O excesso de calor na região de corte durante a usinagem pode causar a redução na dureza da ferramenta e também do material da peça. Na ferramenta, o calor pode facilitar a difusão de átomos do cavaco para a ferramenta, gerando uma superfície mais suscetível ao desgaste. Isso quer dizer que a ferramenta pode sofrer desgaste prematuro em operações de usinagem em altas temperaturas.

O calor também pode reduzir a dureza da peça e dificultar a quebra do cavaco. A aplicação de fluidos de corte, também chamados de *fluidos refrigerantes*, tem a função de dissipar o calor gerado na usinagem, aumentar a tensão no corte e promover a quebra do cavaco.

Outra alternativa para controlar o calor gerado no processo de usinagem é o ajuste dos ângulos de saída da ferramenta e a aplicação de revestimentos para a redução do coeficiente de atrito da ferramenta com o cavaco.

5.3 Aresta postiça de corte

Para certas combinações de alta pressão, é bastante comum a ocorrência de um efeito chamado de *aresta postiça de corte* (APC). Esse efeito é derivado, principalmente, da grande pressão na interface do cavaco com a ferramenta. A ação do cavaco na superfície de saída da ferramenta pode criar uma zona de cisalhamento secundária, onde a pressão é tão intensa que promove a soldagem do material da peça na ponta da ferramenta. Veja uma ilustração da APC em uma ferramenta de sangramento na Figura 5.8.

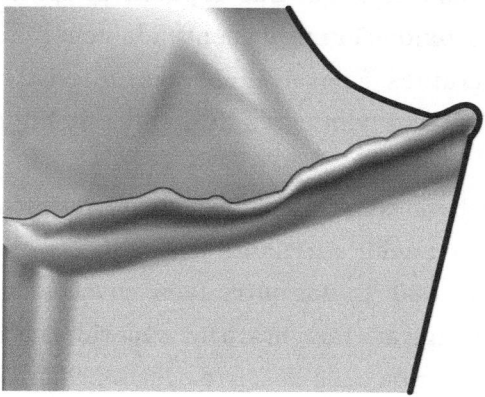

Figura 5.8 – Aresta postiça de corte

Fonte: Sandvik Coromant, 2016c.

Durante a usinagem, ocorre o acúmulo do material da peça, que é soldado na aresta de corte. Essa porção de material cresce até um tamanho que favorece seu destacamento durante o corte. Então, uma nova APC vai ser formada, caracterizando um fenômeno cíclico, que, em geral, é prejudicial ao acabamento da peça e reduz a vida útil da ferramenta. Para evitá-lo, pode-se aplicar fluidos lubrificantes ou aumentar a velocidade de corte.

■ Síntese ──────────────────────────────

Neste capítulo, você conheceu os principais fenômenos associados ao corte dos materiais e a teoria de cisalhamento, que explica o mecanismo da formação de cavacos. Identificou, também, as etapas da formação de cavacos e conheceu o efeito da APC. Com a leitura deste capítulo, você pôde examinar alguns parâmetros influentes na formação de cavacos, os principais tipos de cavaco e algumas vantagens e desvantagens referentes a eles.

■ Questões para revisão

1. Quais são as etapas da formação de cavacos?
2. Por que o calor exerce importante influência na formação de cavacos?
3. Quais são as principais vantagens dos cavacos descontínuos?
4. Indique qual das aplicações a seguir tem mais probabilidade de resultar na formação de cavacos contínuos:
   ( ) Furação profunda de aço carbono com broca helicoidal.
   ( ) Torneamento do ferro fundido.
   ( ) Corte interrompido do alumínio com fresa de topo.
   ( ) Fresamento de peças de ligas de latão.
5. Indique se as seguintes considerações sobre a formação de cavacos são verdadeiras (V) ou falsas (F):
   ( ) A maior parte de calor gerado na usinagem vai para o cavaco.
   ( ) Em determinadas aplicações, por exemplo, no torneamento de peças de aço carbono, as temperaturas na região do corte podem atingir patamares acima do ponto de recristalização do material.
   ( ) O quebra-cavaco serve para evitar que o cavaco permaneça contínuo e acabe por enrolar na peça ou na ferramenta.
   ( ) Os cavacos descontínuos são gerados na usinagem de materiais que sofrem fratura do tipo frágil.
   ( ) Com a aplicação de ferramentas com ângulo de saída negativo, há maiores níveis de tensão na formação de cavacos e isso facilita a quebra destes.
   ( ) O cavaco do processo de furação é de difícil remoção da região de corte. Isso acontece porque ele é gerado no fundo do furo e permanece entre a superfície do furo e a da ferramenta durante o corte.
   ( ) Os cavacos podem apresentar diferentes cores após o processo de usinagem, já que, durante o corte, ocorre atrito, que é dissipado em forma de calor para a ferramenta.
   ( ) Os cavacos contínuos podem representar riscos para a segurança do operador quando enroscam na peça, nas operações de torneamento.

6. Avalie as afirmações a seguir:

    I. A APC pode ser definida como um montículo de material da peça que é soldado na aresta de corte da ferramenta durante a usinagem.

    II. A formação da APC pode ser classificada como um processo contínuo.

    III. Podemos afirmar que a formação da APC envolve o fenômeno de deformação plástica do material da peça e o mecanismo de aderência do cavaco na aresta de corte.

    Assinale a alternativa correta:

    a. Apenas a afirmativa I está correta.
    b. Apenas a afirmativa III está correta.
    c. Apenas as afirmativas I e II estão corretas.
    d. Apenas as afirmativas I e III estão corretas.
    e. Todas as afirmativas estão corretas.

■ Questões para reflexão

1. O efeito da APC pode ocorrer na usinagem de peças de ferro fundido cinzento? Justifique sua resposta.

2. O que deve acontecer com o cavaco de uma peça de aço carbono se for utilizada uma ferramenta com ângulo de saída negativo?

■ Para saber mais

Livro

MACHADO, A. R. et al. **Teoria da usinagem dos materiais**. São Paulo: Blucher, 2009.

Sites

CIMM. Disponível em: <http://www.cimm.com.br/>. Acesso em: 18 abr. 2016.

SANDVIK COROMANT. **Knowledge**. Disponível em: <http://www.sandvik.coromant.com/en-gb/knowledge/pages/default.aspx>. Acesso em: 18 abr. 2016.

USINAGEM BRASIL. **Artigos técnicos**. Disponível em: <www.usinagem-brasil.com.br/artigos-tecnicos/>. Acesso em: 18 abr. 2016.

6 Materiais para ferramentas de corte

Conteúdos do capítulo:
- *Materiais utilizados na fabricação de ferramentas de corte.*
- *Propriedades dos materiais das ferramentas de corte.*

Após o estudo deste capítulo, você será capaz de:
1. *identificar os principais materiais utilizados na fabricação de ferramentas;*
2. *relacionar as propriedades dos materiais importantes para a usinagem;*
3. *aprender como os fabricantes de ferramentas associam diferentes propriedades dos materiais em uma mesma ferramenta.*

Durante a usinagem, o material da ferramenta deve resistir ao corte do material da peça e, por isso, deve apresentar propriedades específicas, de acordo com o que está sendo cortado.

Neste capítulo, analisaremos as propriedades dos materiais de ferramentas que possibilitam a usinagem. Veremos que algumas propriedades são complementares, enquanto outras são antagônicas. Também veremos como os fabricantes fazem para obter o melhor rendimento das ferramentas de corte com base nas propriedades dos materiais.

6.1 Ferramentas de corte

Já vimos que a usinagem deve ser executada pela ação da ferramenta. A aresta de corte penetra no material da peça e remove parte desse material em forma de cavaco. Para que isso aconteça de forma eficiente, a ferramenta deve ser mais dura que o material da peça. Veja, na Figura 6.1, uma ilustração de um ensaio de dureza.

Figura 6.1 – Ensaio de dureza de um material

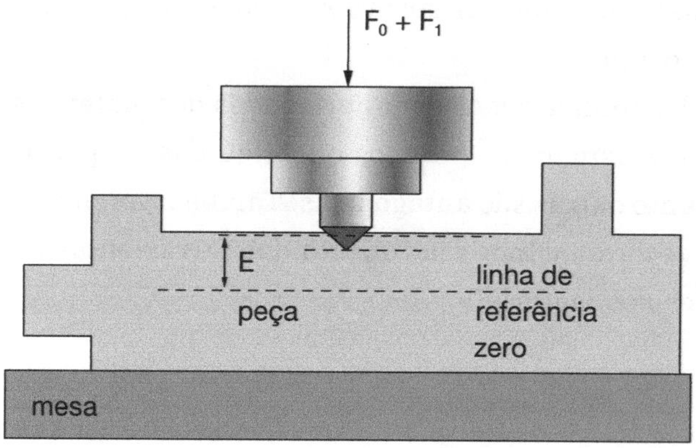

Fonte: CIMM, 2016b.

No ensaio de dureza, a peça é apoiada em uma mesa, e uma ponta de material muito duro penetra no material da peça pela aplicação de uma força. Quanto mais duro for o material da peça, menor será a penetração. Essa é uma das formas de definir a dureza de um material: resistência à penetração.

Na ferramenta de corte, a dureza é associada à resistência à penetração do cavaco na ferramenta e ao desgaste por atrito devido à passagem do cavaco sobre a superfície de saída da ferramenta.

Por outro lado, um material muito duro também pode apresentar características de fragilidade, e a ferramenta pode quebrar durante o esforço de usinagem. Assim, a ferramenta também deve ser capaz de absorver a energia.

Na Figura 6.2, podemos observar uma máquina para ensaio de tração e um gráfico tensão × deformação ($\sigma \times e$).

Figura 6.2 – Ensaio de tração de um material

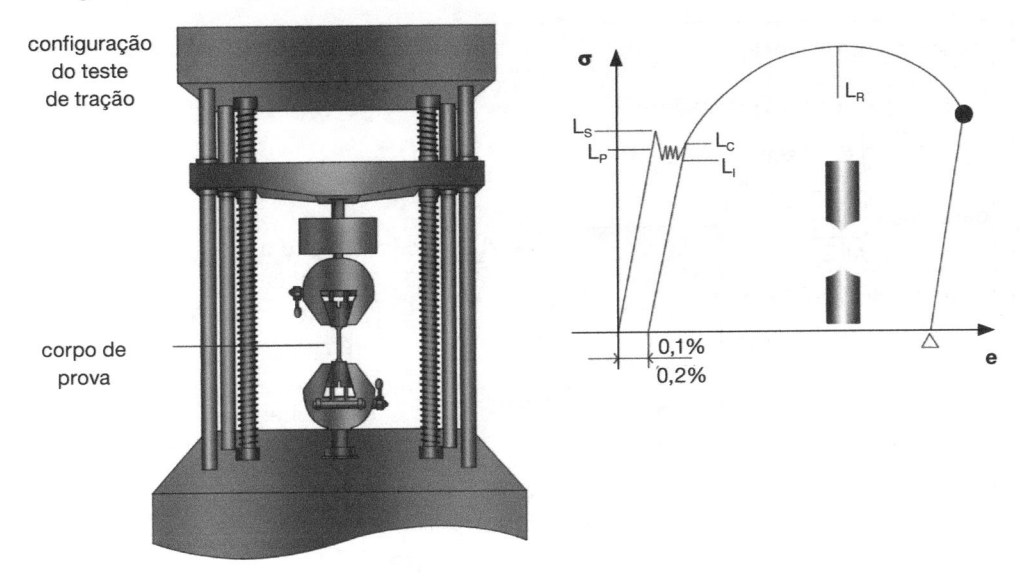

Fonte: CIMM, 2016b.

Durante o ensaio de tração, um corpo de prova sofre esforços de tração na direção vertical, e sua deformação é medida com um extensômetro. Com o monitoramento da tensão e da deformação, é possível traçar o gráfico tensão × deformação. A área abaixo da curva do gráfico representa a tenacidade. Quanto mais tenaz for o material, maior será sua deformação antes da ruptura. Um material frágil quebra com pouca deformação, sendo que essa característica não é desejável para as ferramentas de corte.

Uma ferramenta de corte tenaz deve resistir a esforços de usinagem abaixo do seu limite de ruptura, reagindo a isso com pequenas deformações. Quando a tenacidade da ferramenta é grande, ela tem melhor capacidade para absorver impactos oriundos do processo de corte do material da peça.

O principal problema das ferramentas de corte é que as características de dureza e tenacidade geralmente são opostas. À medida que se aumenta a dureza, geralmente se reduz a tenacidade, e vice-versa.

Por isso, os fabricantes de ferramentas buscam o desenvolvimento de materiais que apresentem tanto a dureza quanto a tenacidade adequadas em função do tipo de usinagem a ser executado. Na Figura 6.3, podemos ver os principais materiais empregados na fabricação de ferramentas de corte e fazer um comparativo de suas tenacidades e durezas.

Figura 6.3 – Características básicas dos materiais de ferramentas

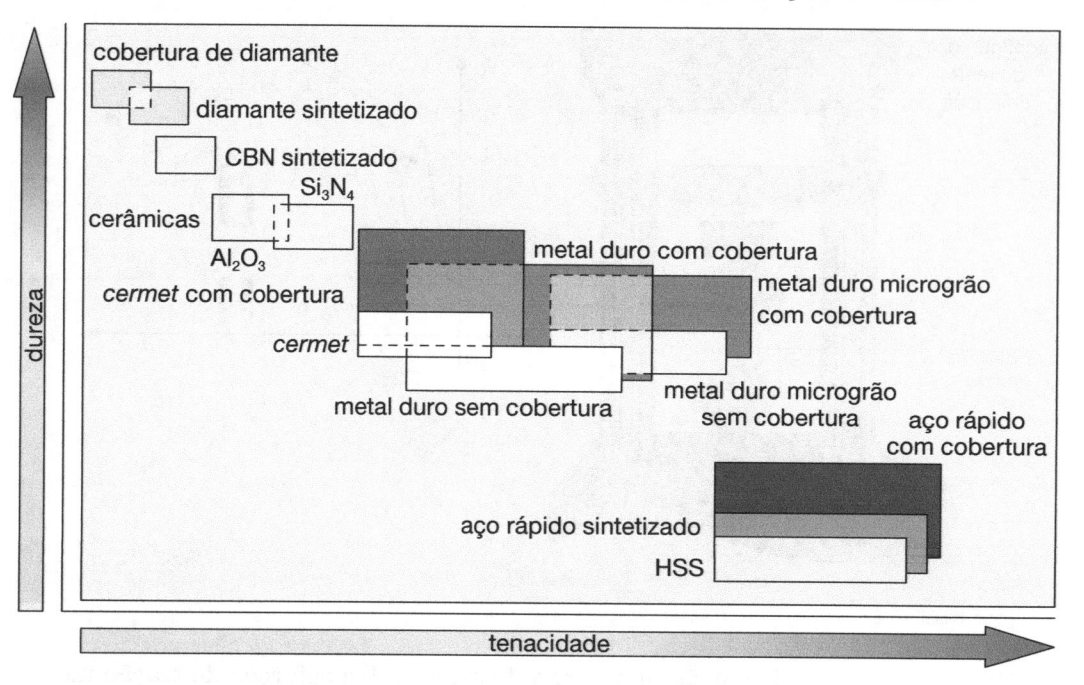

- cobertura de diamante
- diamante sintetizado
- CBN sintetizado
- cerâmicas Si_3N_4 / Al_2O_3
- *cermet* com cobertura
- *cermet*
- metal duro com cobertura
- metal duro microgrão com cobertura
- metal duro sem cobertura
- metal duro microgrão sem cobertura
- aço rápido com cobertura
- aço rápido sintetizado
- HSS

eixo vertical: dureza
eixo horizontal: tenacidade

Fonte: Adaptado de Mitsubishi Materials, 2016g.

A dureza e a tenacidade são as características mais importantes dos materiais quando da fabricação de ferramentas de corte. Porém, existem algumas propriedades complementares que podem ser decisivas na escolha do material para ferramentas. Assim, podemos considerar como características principais:

- dureza;
- tenacidade;
- resistência ao desgaste por atrito;
- resistência à compressão;
- estabilidade química;
- relação custo × benefício.

6.2 Materiais utilizados na fabricação de ferramentas de corte

Atualmente, as ferramentas de corte podem ser fabricadas em diversos materiais. O critério para escolha do material da ferramenta também pode ser diversificado. Os principais indicativos do material mais adequado estão relacionados a critérios como:

- tipo de operação de usinagem;
- dureza do material da peça;
- tipo de corte – contínuo ou intermitente;
- grau de qualidade exigido;
- temperatura de trabalho;
- rigidez da máquina.

O que vai indicar a melhor ferramenta é um conjunto de condições, determinado com base na experiência prática dos processos de usinagem. Em geral, os fabricantes de ferramentas têm essa experiência prática e podem auxiliar na indicação. A máxima eficiência é obtida com os ajustes de parâmetros de usinagem e o controle de qualidade de processos e produtos.

A seguir, serão apresentados os principais materiais empregados na fabricação de ferramentas de corte. Você perceberá que algumas características são comuns à maioria dos materiais.

6.2.1 Aço rápido – HSS

A denominação *aço rápido* vem do termo inglês *High Speed Stell* (HSS). É um material desenvolvido por volta do ano 1900 por Frederick Taylor e Maunsel White, nos Estados Unidos. O aço rápido possibilitou o aumento da velocidade de corte da época em cerca de dez vezes; daí o nome que recebeu. Os materiais de ferramentas empregados anteriormente eram basicamente aços ao carbono tratados termicamente, que possibilitavam a usinagem em velocidades da ordem de 3 m/min a 5 m/min. Com o desenvolvimento de Taylor e White, as ferramentas puderam ser utilizadas em velocidades de até 35 m/min.

A principal característica do HSS é a alta tenacidade, que possibilita às ferramentas resistirem aos impactos de usinagem em cortes interrompidos. A maioria das brocas helicoidais é fabricada em HSS. Outras ferramentas normalmente fabricadas assim são: machos de roscar, cossinetes, fresas de topo, rebaixadores, escareadores, brochas e ferramentas de perfil especial para torneamento.

O HSS é um aço com alto teor de carbono, caracterizado pela presença de elementos de liga em sua composição. Normalmente, são utilizados tungstênio (W), cromo (Cr) e vanádio (V). Alguns fabricantes utilizam o molibdênio (Mo) no lugar do tungstênio em razão do custo, sendo que as propriedades são equivalentes. Na Tabela 6.1, você pode comparar a composição química dos diferentes tipos de aço rápido.

Tabela 6.1 – Composição química do aço rápido

Composição dos aços rápidos – Classes M e T										
Designação		Composição % (*)								
AISI	UNS	C	Mn	Si	Cr	Ni	Mo	W	V	Co
Aços rápidos com molibdênio										
M1	T11301	0,78-0,88	0,15-0,40	0,20-0,50	3,50-4,00	0,30 máx	8,20-9,20	1,40-2,10	1,00-1,35	...
M2	T11302	0,78-0,88; 0,095-1,05	0,15-0,40	0,20-0,45	3,75-4,50	0,30 máx	4,50-5,50	5,50-6,75	1,75-2,20	...
M4	T11304	1,25-1,40	0,15-0,40	0,20-0,45	3,75-4,75	0,30 máx	4,25-5,50	5,25-6,50	3,75-4,50	...
M35	T11335	0,82-0,88	0,15-0,40	0,20-0,45	3,75-4,50	0,30 máx	4,50-5,50	5,50-6,75	1,75-2,20	4,50-5,50
M42	T11342	1,05-1,15	0,15-0,40	0,15-0,65	3,50-4,25	0,30 máx	9,00-10,00	1,15-1,85	0,95-1,35	7,75-8,75
M62	T11362	1,25-1,35	0,15-0,40	0,15-0,40	3,50-4,00	0,30 máx	10,00-11,00	5,75-6,50	1,80-2,10	...
Aços rápidos com tungstênio										
T1	T12001	0,65-0,80	0,10-0,40	0,20-0,40	3,75-4,50	0,30 máx	...	17,25-18,75	0,90-1,30	...
T15	T12015	1,50-1,60	0,15-0,40	0,15-0,40	3,75-5,00	0,30 máx	1,00 máx	11,75-13,00	4,50-5,25	4,75-5,25
(*) Todos os aços contêm 0,25 máx Cu, 0,03 máx P e 0,03 máx S. O enxofre pode ser aumentado para 0,06 a 0,15% para melhorar a usinabilidade dos grupos M e T.										

Fonte: CIMM, 2016a.

Os aços rápidos mantêm sua dureza apenas em temperaturas abaixo de 500 °C. A partir de 600 °C, perdem drasticamente sua dureza, o que justifica sua aplicação somente em operações com baixa velocidade de corte, sua principal limitação. Além disso, a usinagem em baixas velocidades de corte pode resultar na formação de aresta postiça de corte (APC).

Esse tipo de material permite a afiação da ferramenta, obtendo-se arestas de corte que podem ser reconstruídas após o desgaste da ferramenta. Para evitar a APC, recomenda-se a aplicação de fluidos lubrificantes ou camadas de revestimento na superfície das ferramentas.

6.2.2 Metal duro – MD

O desenvolvimento do *metal duro* ocorreu na década de 1920, promovido por Karl Schröter, na Alemanha (Diniz; Marcondes; Coppini, 2010). O material também foi chamado de *widia*, do termo alemão *wie diamond*, que significa, literalmente, "como diamante". Novamente, um grande avanço foi notado na usinagem, pois, enquanto as ferramentas de HSS permitiam velocidades de corte de até 35 m/min, as ferramentas de metal duro permitiam a usinagem em até 300 m/min.

A Figura D, disponível no anexo deste livro, apresenta, de forma ilustrativa, os materiais utilizados na fabricação do metal duro. O processo é denominado *metalurgia do pó*, em função do minúsculo tamanho das partículas utilizadas na fabricação desse material de ferramenta.

As ferramentas de metal duro são produzidas pelo processo de sinterização. Nesse processo, os carbonetos metálicos e os elementos de liga em formato de partículas do tamanho de pós são misturados na proporção adequada. A mistura de pós é prensada no formato da ferramenta. Em seguida, a mistura prensada é aquecida a uma temperatura na qual ocorre a fusão apenas dos elementos de liga, que preenchem os espaços vazios entre os carbonetos metálicos.

Dessa maneira, você pode perceber que o metal duro é um compósito de carbonetos metálicos e alguns elementos de liga. O principal componente é o carboneto de tungstênio (WC), que confere ao material elevada dureza e resistência ao desgaste. O principal elemento de liga é o cobalto (Co), que aumenta a tenacidade do material.

Outras partículas muito duras, tais como o carboneto de titânio (TiC), o carboneto de tântalo (TaC) e o carboneto de nióbio (NbC), também podem ser empregados na mistura para atribuir características específicas.

O resultado é um material compósito de três fases específicas, conforme você pode ver na Figura 6.4: uma fase alfa, composta de WC, uma fase gama composta de TiC, TaC e NbC, e uma fase beta, composta basicamente de Co.

Figura 6.4 – Estrutura cristalina do metal duro

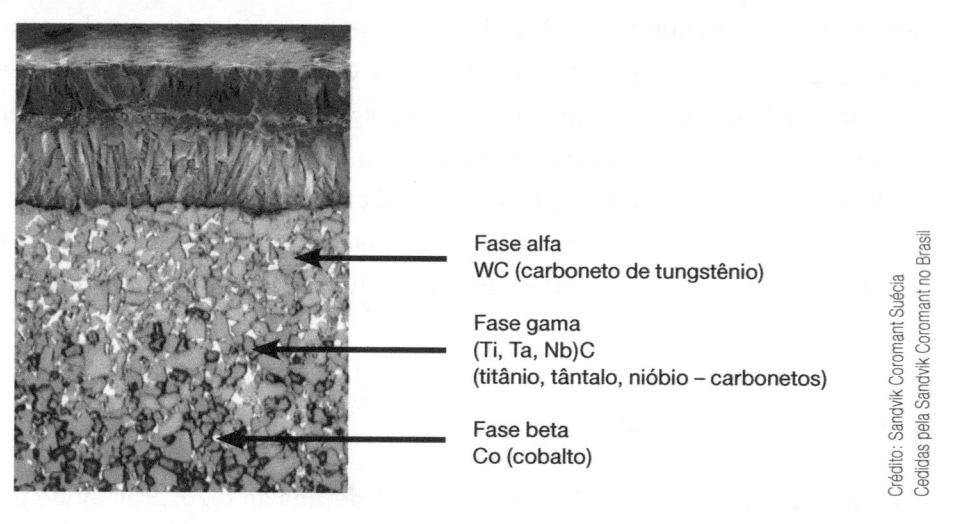

Fase alfa
WC (carboneto de tungstênio)

Fase gama
(Ti, Ta, Nb)C
(titânio, tântalo, nióbio – carbonetos)

Fase beta
Co (cobalto)

Crédito: Sandvik Coromant Suécia
Cedidas pela Sandvik Coromant no Brasil

Na Figura 6.5, você pode observar três camadas do metal duro. Aumentando o tamanho do grão de WC e a quantidade de ligantes, aumenta-se a tenacidade da ferramenta. Reduzindo o tamanho do grão de WC e a quantidade de ligantes, aumenta-se a resistência ao desgaste da ferramenta.

Figura 6.5 – Camadas do metal duro

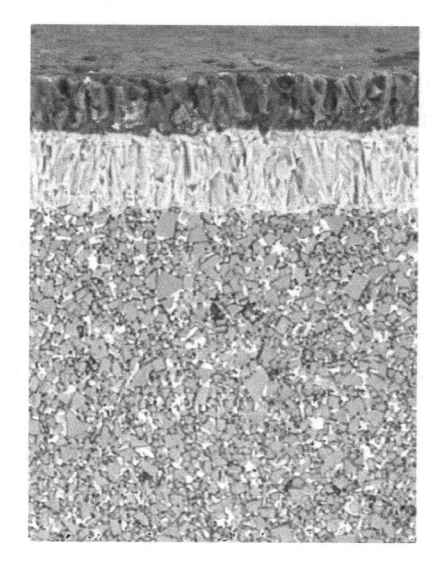

Crédito: Sandvik Coromant Suécia
Cedidas pela Sandvik Coromant no Brasil

Os metais duros são classificados pela NBR ISO 513 (ABNT, 2013), conforme a Tabela 6.2.

Tabela 6.2 – Classificação dos metais duros segundo a NBR ISO 513

Principais classes			Classes de aplicação			
Letra de identificação	Cor de identificação	Materiais a serem usinados	Metais duros			
P	Azul	**Aços:** todos os tipos de aços e aços fundidos, exceto aços inoxidáveis com estrutura austenítica	P01 P10 P20 P30 P40 P50	P05 P15 P25 P35 P45	a ↑	b ↓
M	Amarelo	**Aço inoxidável:** aço inoxidável austenítico e aço duplex (austenitício/ferrítico) e aço fundido	M01 M10 M20 M30 M40	M05 M15 M25 M35	a ↑	b ↓
K	Vermelho	**Ferro fundido:** ferro fundido cinzento, ferro fundido com grafita esferoidal, ferro fundido maleável	K01 K10 K20 K30 K40	K05 K15 K25 K35	a ↑	b ↓
N	Verde	**Metais não ferrosos:** alumínio e outros metais não ferrosos, materiais não metálicos	N01 N10 N20 N30	N05 N15 N25	a ↑	b ↓
S	Marrom	**Superligas e titânio:** ligas especiais resistentes ao calor à base de ferro, níquel e cobalto, titânio e ligas de titânio	S01 S10 S20 S30	S05 S15 S25	a ↑	b ↓
H	Cinza	**Materiais duros:** aços endurecidos, ferros fundidos resfriados	H01 H10 H20 H30	H05 H15 H25	a ↑	b ↓
a – Aumento da velocidade de corte, aumento da resistência ao desgaste do material da ferramenta. b – Aumento do avanço, aumento da tenacidade do material da ferramenta.						

Fonte: Machado et al., 2009, p. 195.

As classes mais comuns são as classes P, M e K, indicadas para a usinagem de aço, aço inoxidável e ferro fundido, respectivamente. A dureza da ferramenta aumenta com a redução do número dentro de cada classe. Já a tenacidade da ferramenta aumenta com o aumento do número dentro de cada classe.

6.2.3 Metal duro com cobertura

Atualmente, as ferramentas de metal duro recebem várias camadas de **revestimento superficial**. Essa cobertura com outros materiais pode melhorar o desempenho das ferramentas de metal duro (Sandvik Coromant, 2016d). Na Figura E, disponível no anexo desta obra, há um exemplo de aplicação.

A ferramenta é formada de várias camadas. A base é composta por um metal duro com maior tamanho de grão desenvolvido para suportar a deformação plástica resultante do processo de usinagem. Esse material de base é bastante tenaz. Segue-se um gradiente funcional, composto por outra camada de metal duro, com estrutura mais refinada e que tem por objetivo atingir a relação entre dureza e tenacidade de maior eficiência. Na sequência, há uma camada de carbonitreto de titânio (TiCN), que forma um revestimento com alta capacidade de resistência ao desgaste mecânico e, por fim, na parte mais externa da ferramenta, uma camada de óxido de alumínio (Al_2O_3) para melhorar a estabilidade química da ferramenta e aumentar a resistência ao desgaste térmico.

Com essa composição, as ferramentas de metal duro com cobertura oferecem vantagens, combinando dureza, tenacidade, resistência ao desgaste e estabilidade química. Essas ferramentas geralmente permitem velocidade de até 350 m/min nas condições normais de usinagem. Os fabricantes podem variar as camadas superficiais para a cobertura do metal duro, controlando as características das ferramentas de acordo com a necessidade do processo de usinagem

As coberturas das ferramentas de metal duro podem ser aplicadas por meio dos métodos de deposição física (PVD) ou de deposição química (CVD). Na Figura F, disponível no anexo desta obra, você pode ver uma ilustração dos dois métodos.

6.2.4 *Cermet*

Outra possibilidade é o uso de ferramentas que contêm metal duro combinado com cerâmica, conhecido por *cermet* (Sandvik Coromant, 2016d). Veja, na Figura G, disponível no anexo desta obra, alguns tipos de pastilhas fabricadas desse modo. O material tem basicamente uma mistura de TiC e nitreto de titânio (TiN), utilizando o níquel (Ni) como elemento de liga. Pode, ainda, apresentar compostos como carbonetos diversos (TaC, WC, NbC) e nitretos diversos (AlN e TaN), além de outros elementos de liga (Al, Co, Mo).

Sua base cerâmica resulta em ferramentas mais leves e resistentes ao calor, que podem resistir a maiores velocidades de corte em comparação com as ferramentas de metal duro com cobertura e podem, também, ser aplicadas na maioria das operações de usinagem de materiais ferrosos.

Na Tabela 6.3, há algumas características do *cermet* comparadas com o metal duro.

Tabela 6.3 – Comparação das propriedades do cermet

Propriedades físicas	Cermet	Metal duro
Dureza (HV)	3.200	2.100
Energia livre de formatação (kcal/g – atm 1 000 °C)	–35	–10
Solubilidade no ferro (wt% a 1 250 °C)	0,5	7
Temperatura de oxidação (°C)	1.100	700
Condutividade térmica (cal/cm s °C)	0,052	0,42
Coeficiente de dilatação térmica (10^{-6}/°C)	7,2	5,2
Coeficiente de choque térmico*	1,9	27,1
*Coeficiente de choque térmico = $\dfrac{\text{condutividade térmica} \times \text{resistência à tração}}{\text{coeficiente de dilatação} \times \text{módulo de elasticidade}}$		

Fonte: Machado et al., 2009, p. 207.

A maior dureza do *cermet* quando comparado com o metal duro permite o emprego de maiores velocidades de corte. Por outro lado, quando analisamos o coeficiente de choque térmico, vamos perceber que o metal duro suporta variação de temperatura muito maior do que as ferramentas de *cermet*. Assim, podemos concluir, por exemplo, que as ferramentas de metal duro permitem o emprego de fluidos refrigerantes para tirar o calor gerado na usinagem, enquanto as ferramentas de *cermet* vão ser utilizadas em velocidades e temperaturas maiores. É importante pensar sempre de uma maneira comparativa, considerando-se as necessidades específicas da aplicação na usinagem. Quando há dúvidas, o indicado é buscar informações com os fabricantes de ferramentas, eles têm profundo conhecimento sobre as operações de usinagem.

6.2.5 Cerâmicas

As ferramentas de *cerâmica* são compostas por óxidos, carbonetos e nitretos. A ligação química desses componentes geralmente é iônica ou covalente. São materiais refratários que exigem sistemas de fixação bastante robustos e que não apresentem vibrações (Sandvik Coromant, 2016d). São ferramentas muito leves e frágeis, com elevada estabilidade térmica e química em virtude de sua composição cerâmica.

Veja, na Figura H, disponível no anexo desta obra, que esse tipo de ferramenta normalmente não tem furo de fixação, pois, afinal, isso pode servir como concentrador de tensões e facilitar a quebra da ferramenta. A fixação é feita diretamente com grampos sobre a pastilha.

A principal característica desse tipo de material é a dureza a quente, o que permite a usinagem em temperaturas da ordem de 1 600 °C. Ele tem alta resistência à compressão e excelente estabilidade química. Além disso, trabalha com velocidades até dez vezes superiores que a ferramenta correspondente de metal duro. Por outro lado, sua tenacidade é muito baixa, assim como sua condutibilidade térmica.

De modo geral, sua aplicação é recomendada na usinagem de materiais com elevada dureza (acima de 45 HRC) e em peças de geometrias que permitam o corte contínuo, mas não são recomendadas para usinagem do aço carbono sem endurecimento, tampouco para aplicações de fresamento, em razão do corte interrompido. O uso de quebra-cavacos também é limitado.

6.2.6 Materiais ultraduros para ferramentas de corte

Durante muito tempo, o diamante natural foi utilizado como ferramenta de corte por ser o material mais duro conhecido na natureza. É o que chamamos de *material ultraduro* (Sandvik Coromant, 2016d). Por ter excelente condutividade térmica, o diamante natural também é recomendado para operações de fino acabamento superficial; porém, as ferramentas são de elevado custo e não podem ser empregadas na usinagem do aço carbono em virtude de sua afinidade química.

Nesse contexto, uma alternativa é o diamante sintético, produzido comercialmente a partir de 1970. Apresenta resistência a pressões elevadas da ordem de 7 GPa e temperaturas da ordem de 2 000 °C. Há, também, o nitreto cúbico de boro (CBN), com resistência de 6 GPa e 1 500 °C.

As ferramentas de CBN, por sua vez, são compostas por uma base de metal duro e uma ponta de CBN. Observe, na Figura I, disponível no anexo desta obra, algumas ferramentas desse material.

Essas ferramentas de CBN podem ser obtidas sinteticamente em monocristais de até 8 mm de comprimento e 2 mm de espessura.

Há também as ferramentas policristalinas, que são obtidas a partir da metalurgia do pó, usando-se monocristais de diamante sintético e CBN. A principal vantagem dos policristalinos é o aumento da tenacidade. Veja exemplos deles na Figura J, disponível no anexo.

Como exemplo de aplicação desses conceitos, pensemos em uma fábrica de motores de automóveis onde a usinagem do bloco de um motor diesel apresentou desgaste prematuro das ferramentas de corte. Na Figura 6.6, você pode ver a ilustração dessa peça antes da usinagem.

Figura 6.6 – Bloco de motor diesel fabricado em ferro fundido

Crédito: Vereshchagin Dmitry/Shutterstock

Após uma breve análise do processo, foi constatado que o material do bloco era um ferro fundido nodular da classe GGG50. A dureza foi constatada em 200 HB, sendo o bloco normalizado. A ferramenta utilizada era de metal duro da classe K40 de geometria positiva. O consumo de potência era relativamente baixo. A máquina utilizada não apresentava problemas de vibrações, e o sistema de fixação era bastante robusto.

Assim, o responsável decidiu trocar a ferramenta mais dura, da classe K10 com geometria neutra. A escolha foi baseada nas características do material da peça, que tem cavaco curto, e também na disponibilidade de potência da máquina. Uma ferramenta da classe K10 pode ser aplicada em condições de alta velocidade de corte e consumo de potência moderado, adequadas à ausência de vibrações e sistemas de fixação robustos.

O resultado observado foi o aumento da vida útil da ferramenta e a melhora do acabamento superficial da peça. Com o aumento da velocidade de corte, o tempo de usinagem foi reduzido. Como efeito colateral, foi observado o aumento da quantidade de calor gerado na operação e, por isso, foi necessário aumentar o volume de fluido refrigerante durante a usinagem.

■ Síntese

Neste capítulo, você conheceu os principais materiais utilizados na fabricação de ferramentas de corte. Você viu que a fabricação das ferramentas de corte ocorre principalmente com o uso do metal duro. Nessa comparação, é o material com maior tenacidade. Em aplicações nas quais se desejam velocidades de corte maiores, é possível aplicar as ferramentas de *cermet* ou cerâmica. A aplicação de ferramentas de CBN e diamantes é restrita a condições de corte não interrompido, baixas profundidades e altas velocidades de corte.

Se você for o profissional que vai decidir sobre as ferramentas de sua empresa, recomendamos que consulte os fabricantes de ferramentas e verifique quais são as opções disponíveis para executar a usinagem. Compare as características dos diferentes materiais, estabeleça um critério de escolha e avalie a relação custo × benefício.

Em resumo, com a leitura do texto, você pôde perceber que as ferramentas devem ser fabricadas com materiais que permitam a execução da usinagem de forma eficiente. Você conheceu algumas vantagens e desvantagens dos diferentes tipos de materiais utilizados na fabricação de ferramentas e também aprendeu como os fabricantes conseguem associar diferentes características dos materiais em uma mesma ferramenta.

■ Questões para revisão

1. Quais são as principais características desejadas em uma ferramenta de corte?
2. Por que as brocas helicoidais são geralmente fabricadas em HSS?
3. Quais são os principais componentes do metal duro?
4. Explique como ocorre a fabricação de ferramentas de metal duro.
5. Explique como o tamanho do grão do carboneto de tungstênio (VVC) influencia na tenacidade das ferramentas de metal duro.
6. Assinale quais das siglas a seguir correspondem a processos de cobertura de ferramentas de metal duro:
   ( ) PVD.
   ( ) AVD.
   ( ) CVD.
   ( ) PCP.
7. Indique qual é a principal função da camada de revestimento de óxido de alumínio (Al_2O_3) nas ferramentas de metal duro:
   a. Aumentar a dureza do metal duro de base.
   b. Aumentar a resistência ao desgaste térmico.
   c. Reduzir o coeficiente de atrito com o cavaco.
   d. Reduzir a dureza do metal duro de base.

8. Indique se as seguintes considerações sobre as ferramentas de metal duro são verdadeiras (V) ou falsas (F):

   ( ) Na usinagem de uma peça de aço SAE 1020, é recomendado usar uma ferramenta de metal duro do grupo M.

   ( ) Para o torneamento de um eixo, foi utilizada uma ferramenta classe P30; no entanto, constatou-se um desgaste prematuro da ferramenta. Para minimizar esse desgaste, seria adequada a utilização de uma ferramenta classe P10.

   ( ) Para a operação de torneamento de um eixo, foi utilizada uma ferramenta classe K10, no entanto, constatou-se uma tendência de lascamento e quebra do gume da ferramenta. Para minimizar esse problema, seria adequado recomendar a utilização de uma ferramenta classe K30.

   ( ) Em operações de corte interrompido, como o fresamento, não são recomendadas ferramentas da classe acima de P20, como P30 e P40, pois elas não suportariam o impacto constante na aresta de corte.

   ( ) Ferramentas mais duras permitem maiores velocidades de corte, e ferramentas mais tenazes suportam maiores avanços.

   ( ) Na usinagem de uma peça de ferro fundido cinzento, é recomendado usar uma ferramenta de metal duro do grupo K.

9. Indique se as seguintes considerações sobre revestimento aplicado em ferramentas de metal duro são verdadeiras (V) ou falsas (F):

   ( ) Ferramentas revestidas pelo processo CVD sofrem reações químicas do substrato com a camada de revestimento.

   ( ) O revestimento pelo processo PVD permite aplicar camadas de diamante policristalino na superfície das ferramentas de metal duro.

   ( ) Ferramentas com revestimento geralmente apresentam melhores características para usinagem do que as mesmas ferramentas sem o revestimento.

   ( ) Ferramentas de metal duro sem revestimento têm maior custo se comparado ao das mesmas ferramentas com revestimento.

■ Questões para reflexão

1. Como podemos definir qual é a característica mais importante de uma ferramenta: a dureza ou a tenacidade?

2. Por que as ferramentas de materiais ultraduros são recomendadas para aplicações em máquinas robustas, sem vibração?

■ **Para saber mais**

Documento *on-line* e *sites*

MITSUBISHI MATERIALS. Disponível em: <http://www.mitsubishicarbide.net>.Acesso em: 18 abr. 2016.

SANDVIK COROMANT. **Cutting Tool Materials**. Disponível em: <https://tu-academy.csod.com/content/tu-academy/publications/91/Files/h_cutting_tool_materials.pdf>. Acesso em: 18 abr. 2016.

WORKFER. Disponível em: <http://www.workfer.com.br>. Acesso em: 18 abr. 2016.

Livros

STEMMER, C. E. **Ferramentas de corte II**. 3. ed. Florianópolis: Ed. da UFSC, 2005.

Normas

ABNT – Associação Brasileira de Normas Técnicas. **NBR ISO 513**: classificação e aplicação de metais duros para a usinagem com arestas de corte definidas – designação dos grupos principais e grupos de aplicação. Rio de Janeiro, 2015.

_____. **NBR NM 122-1**: aços ferramentas. Rio de Janeiro, 2005.

7 Forças e potência de corte

Conteúdos do capítulo:
- *Forças nos processos de usinagem.*
- *Potência nos processos de usinagem.*
- *Formas de medição de força e potência na usinagem.*

Após o estudo deste capítulo, você será capaz de:
1. *identificar o conceito de força nos processos de usinagem;*
2. *relacionar força e potência de corte;*
3. *estimar a potência para os principais processos de usinagem;*
4. *identificar as formas de medir forças e torque nos processos de usinagem.*

Os materiais utilizados na construção de peças e componentes mecânicos são bastante resistentes e, portanto, é necessário usar ferramentas com geometria adequada para o corte. A usinagem ocorre somente quando a força aplicada pela ferramenta supera a resistência do material na região de corte. Portanto, podemos concluir que as ferramentas devem resistir ao corte do material da peça e aplicar forças de grande magnitude para efetuar a usinagem.

Neste capítulo, veremos como os pesquisadores conseguem estimar as forças aplicadas na usinagem e analisaremos as relações entre força, velocidade e potência de corte.

7.1 Forças e potência nos processos de usinagem

Pense numa forma bem simples de medir forças: a brincadeira do cabo de guerra. Nesse jogo, dois ou mais participantes puxam uma corda em sentidos opostos, conforme você pode observar na Figura 7.1.

Figura 7.1 – Brincadeira do cabo de guerra

Nessa brincadeira, o objetivo é deslocar o oponente em sua direção e sentido e, assim, podemos pensar que a aplicação de forças sempre ocorre aos pares. Ou seja, cada um puxa para um lado e vencerá quem fizer mais força. As forças nos processos de usinagem também sempre ocorrem aos pares. Enquanto o material oferece resistência, a ferramenta aplica força para efetuar o corte. Geralmente, essas forças devem ser consideradas em disposição tridimensional, como você pode ver na Figura 7.2.

Figura 7.2 – Operação de corte tridimensional

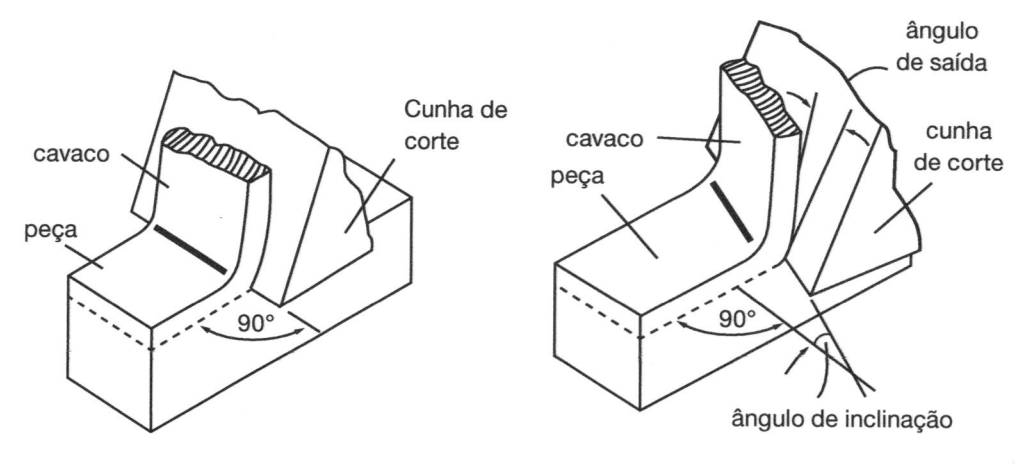

Fonte: Machado et al., 2009.

A cunha de corte aplica força no intuito de cortar o material e remover o cavaco. O material da peça resiste à penetração da cunha de corte, justamente no limite de sua resistência mecânica. É como ocorre em um cabo de guerra, só que, nesse caso, interessa que a ferramenta seja mais resistente.

Observe, na Figura 7.3, que a ferramenta remove um cavaco de largura b e espessura h. O produto da largura pela espessura representa a área da seção transversal do cavaco, e é preciso aplicar uma força F para realizar o corte.

Figura 7.3 – Força de corte em função da área

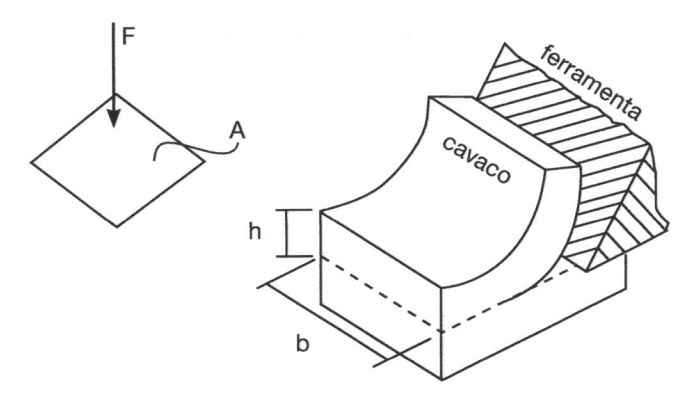

Fonte: CIMM, 2016c.

De forma simplificada, podemos considerar que a força é proporcional à característica de resistência do material e da área de aplicação.

$$F_{corte} = K_c \times A \quad \text{Equação 1}$$

$$A = b \times h \quad \text{Equação 2}$$

Em que:

F_{corte} = força de corte (N);

K_c = coeficiente da força específica de corte (N/mm²);

A = área da seção transversal do cavaco (mm²);

b = largura do cavaco (mm);

h = espessura do cavaco (mm).

O coeficiente da força específica de corte relaciona a força necessária para remover um cavaco com área de seção transversal de 1 mm². O valor é tabelado e você pode encontrá-lo nos catálogos de fabricantes de materiais para construção mecânica (CIMM, 2016c). Os parâmetros de cavaco, largura e espessura são determinados no planejamento de processos.

Essa é a forma mais simplificada e generalizada para estimativa da força de corte. Para isso, é necessário conhecer a resistência do material e as condições de usinagem. Variações nas condições geométricas do corte podem produzir variação nas dimensões do cavaco e, dessa forma, variar a força necessária. Assim, para cada processo de usinagem, a equação do cálculo da força de corte sofre ajustes em função de características geométricas entre peça, ferramenta e cavaco.

Para exemplificar essa questão, a seguir faremos a apresentação resumida das principais equações para o cálculo da força e da potência de corte.

Na Figura 7.4, você pode observar a ilustração de uma broca furando uma peça fixada em um torno mecânico e de outra broca furando uma peça em uma furadeira. O movimento de corte é aplicado pelo movimento de rotação relativo entre a peça e a broca, não importando qual das duas está girando.

Figura 7.4 – Movimento de corte no processo de furação

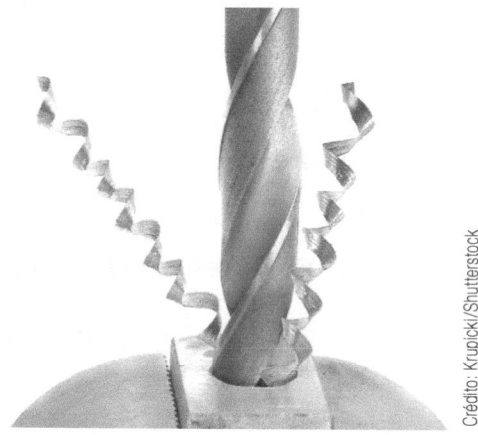

Considere que, à medida que a broca penetra na peça, a peça reage ao movimento de corte, oferecendo resistência. Aqui também é como se fosse um cabo de guerra, no qual somente interessa que a broca seja mais forte que o material usinado.

Veja, na Figura 7.5, uma ilustração da ação das forças sobre uma broca.

Figura 7.5 – Forças aplicadas em uma broca

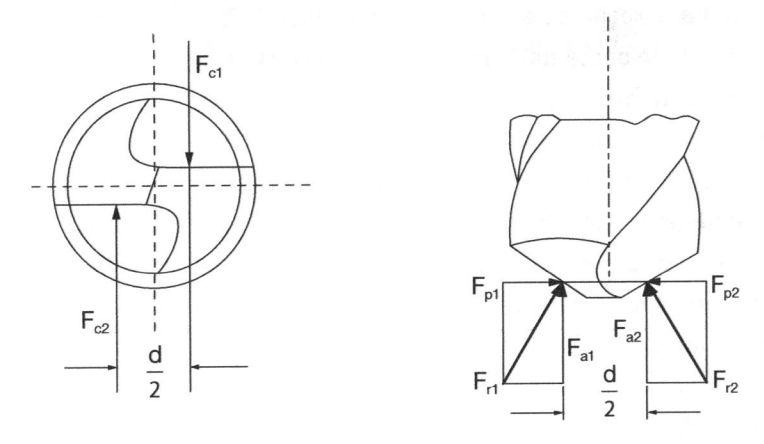

Fonte: Adaptado de Fischer et. al, 2011.

Na **região das arestas de corte**, ocorre um binário de forças em decorrência da ação da ferramenta e da resistência do material da peça. Na **região da alma da broca**, como a geometria da ponta não forma uma cunha, o material da peça oferece resistência ao esmagamento. Na **região do diâmetro externo da broca**, as guias exerce uma força de atrito com a superfície do furo. Essas são as três principais forças aplicadas na broca no processo de furação.

Para o cálculo da força e da potência de corte no processo de furação, os fabricantes de brocas recomendam as seguintes equações:

$$F_{fur} = \frac{\emptyset \times f_n \times K_c \times sen\theta}{4} \quad \text{Equação 3}$$

$$P_{fur} = \frac{Q \times K_c}{60\,000 \times \eta} \quad \text{Equação 4}$$

$$Q = \frac{V_f \times A_t}{1\,000} \quad \text{Equação 5}$$

$$V_f = f_n \times N \quad \text{Equação 6}$$

$$N = \frac{1\,000 \times V_c}{\emptyset \times \pi} \quad \text{Equação 7}$$

$$A_t = \frac{\pi \times \emptyset^2}{4} \quad \text{Equação 8}$$

Em que:

F_{fur} = força na direção de avanço para furação (N);
P_{fur} = potência de corte na furação com broca (kW);
Ø = diâmetro da broca (mm);
f_n = avanço (mm/rot);
K_c = coeficiente da força específica de corte (N/mm²);
θ = ângulo de entrada (°);
Q = taxa de remoção de cavacos (mm³/min);
η = rendimento da furadeira (%);
V_f = velocidade de avanço (mm/min);
N = número de rotações por minuto (rpm);;
V_c = velocidade de corte (m/min)
A_t = área da seção transversal da broca (mm²);
π = 3,14159265...

No torneamento, geralmente a ferramenta é monocortante e a peça gira em torno do próprio eixo. Observe, na Figura 7.6, que a força de corte principal ocorre na direção da velocidade de corte.

Figura 7.6 – Forças aplicadas em uma ferramenta de torno

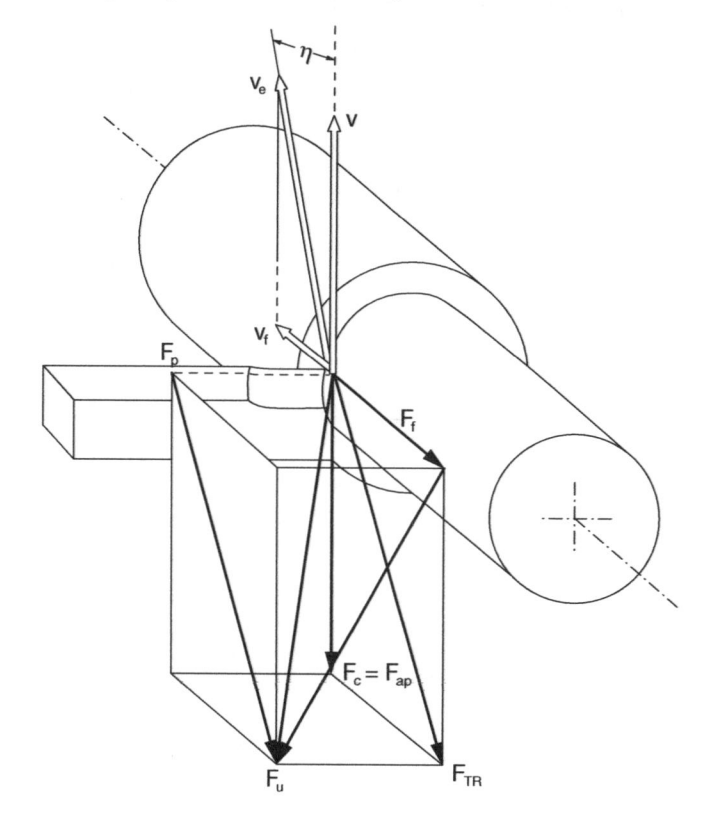

Fonte: Machado et al., 2009, p. 78.

Para o cálculo da força e da potência de corte no torneamento, os fabricantes de ferramentas recomendam as seguintes equações:

$$F_{tor} = a_p \times f_n \times K_c \quad \text{Equação 9}$$

$$P_{tor} = \frac{a_p \times f_n \times V_c \times K_c}{60\,000 \times \eta} \quad \text{Equação 10}$$

Em que:

F_{tor} = força de corte no torneamento (N);
P_{tor} = potência de corte no torneamento (kW);
a_p = profundidade de corte (mm);
f_n = avanço (mm/rot);
V_c = velocidade de corte (m/min);
K_c = coeficiente da força específica de corte (N/mm²);
η = rendimento do torno (%).

No fresamento, geralmente a ferramenta é multicortante e gira em torno do próprio eixo. A força de corte principal ocorre na direção da velocidade de corte, conforme a Figura 7.7.

Figura 7.7 – Forças aplicadas em uma fresa

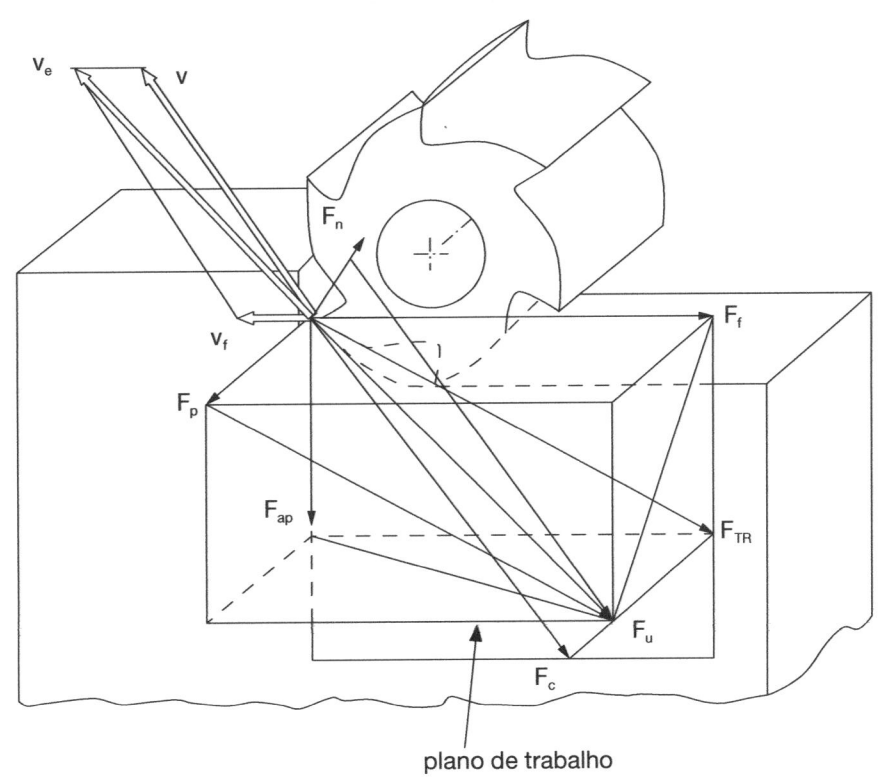

Fonte: Machado et al., 2009, p. 78.

Para cálculo da potência de corte e torque no fresamento, os fabricantes de ferramentas recomendam as seguintes equações:

$$P_{fres} = \frac{a_p \times a_e \times V_f \times K_c}{60 \times 10^{-6} \times \eta} \quad \text{Equação 11}$$

$$V_f = f_z \times z \quad \text{Equação 12}$$

$$M_{fres} = \frac{P_{fres} \times 30 \times 10^8}{N \times \pi} \quad \text{Equação 13}$$

Em que:

P_{fres} = potência de corte no fresamento (kW);

a_p = profundidade de corte (mm);

a_e = largura de corte (mm);

V_f = velocidade de avanço (mm/min);

K_c = coeficiente da força específica de corte (N/mm²;)

η = rendimento da fresadora (%);

f_z = avanço por aresta ou avanço por dente (mm/dente);

N = número de rotações por minuto (rpm);

z = número de arestas de corte ou números de dentes;

M_{fres} = torque para fresamento (N × m);

π = 3,14159265...

7.2 Formas de medir experimentalmente as forças de corte

Analisando as equações da seção anterior, você pode notar que o cálculo da potência de corte é sempre efetuado em função de um coeficiente que depende do material e também do rendimento da máquina.

Portanto, o cálculo da potência de corte por meio das equações analíticas resulta em um valor estimado. A estimativa oferece um valor calculado que deve ser bastante próximo do valor real da potência consumida no processo de usinagem. Mesmo assim, esse valor será sempre aproximado, porque os fatores de rendimento das máquinas podem variar de operação para operação.

Valores mais precisos somente podem ser determinados por meio da medida da força e da velocidade diretamente na operação de usinagem.

Para se medirem forças de corte ortogonais, utiliza-se o **dinamômetro**, ilustrado na Figura 7.8.

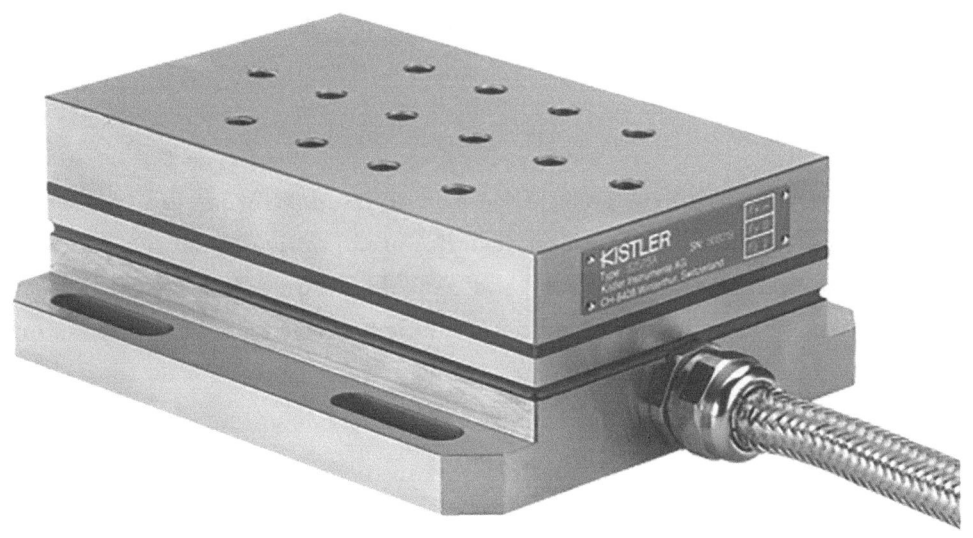

Figura 7.8 – Dinamômetro de placa

Fonte: Kistler, 2016.

O dinamômetro, geralmente utilizado em operações de fresamento e torneamento, permite medir as componentes da força de corte em três direções ortogonais.

Para medir o torque, utiliza-se o dinamômetro de torção, ilustrado na Figura 7.9.

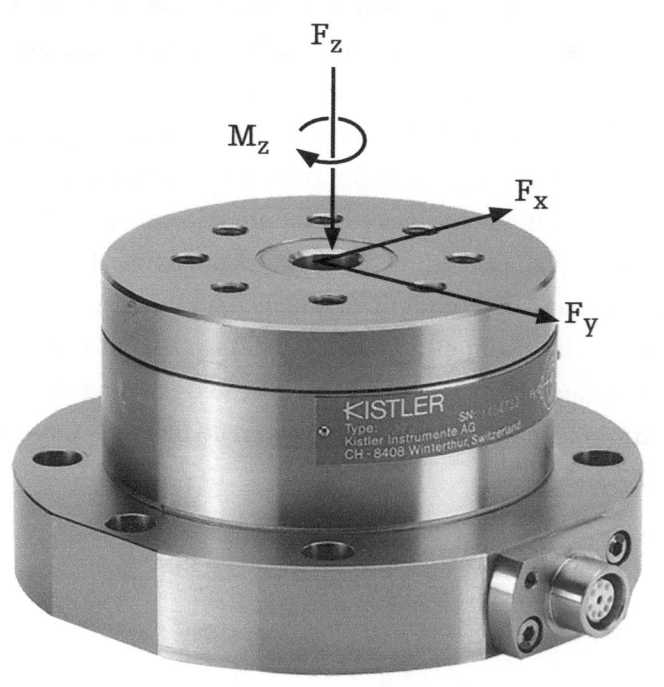

Figura 7.9 – Dinamômetro para medição de torção

Fonte: Kistler, 2016.

Esse aparelho também possibilita a medição das forças em três direções ortogonais e permite medir o momento de torção aplicado pela ferramenta no processo de corte. É utilizado nos processos de fresamento e furação.

Para a estimativa do consumo de potência por medição, utilizam-se, principalmente, dois métodos:

- Método 1: consiste em observar o indicador de potência nas máquinas;
- Método 2: consiste em medir a corrente elétrica consumida pelo motor principal da máquina.

Para cada valor de rpm há um limite de potência disponível na máquina.

Na Figura 7.10, você pode ver um indicador de potência de uma máquina com comando numérico computadorizado (CNC).

Figura 7.10 – Indicador de potência consumida

Centur 40

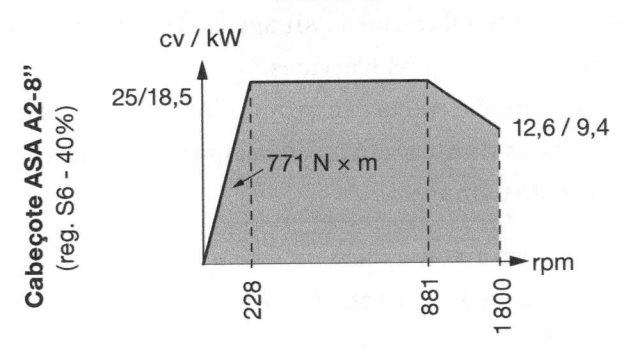

(gráfico cv/kW × rpm: Cabeçote ASA A2-8" (reg. S6 - 40%), 25/18,5, 771 N × m, 12,6/9,4, 228, 881, 1800)

Fonte: Romi, 2016.

A medição da corrente elétrica é um método simples para estimativa do consumo de potência. Para isso, pode-se utilizar um alicate amperímetro similar ao da Figura 7.11.

Figura 7.11 – Medição de corrente com alicate amperímetro

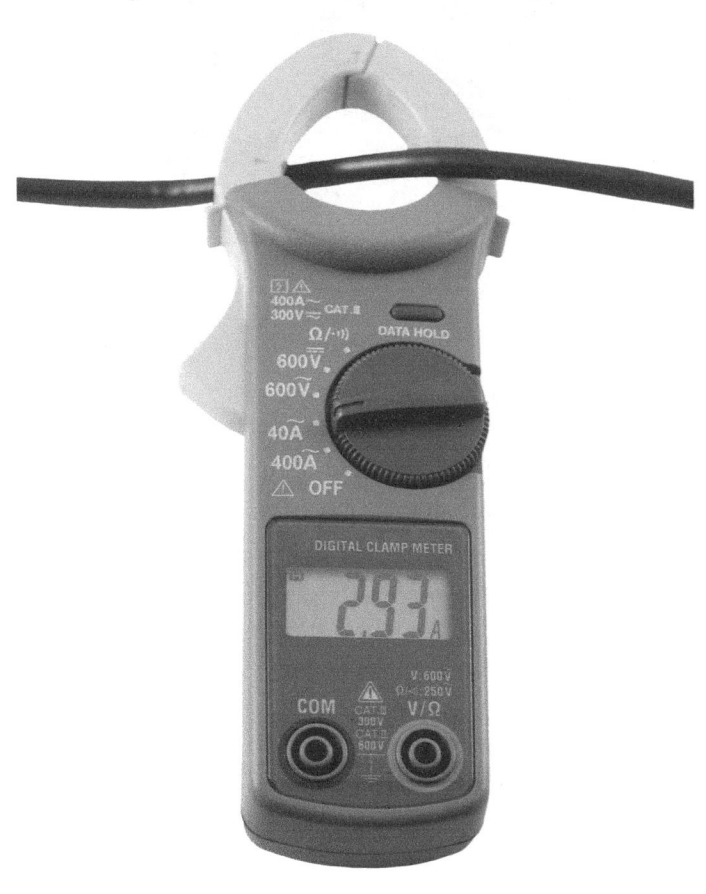

Crédito: D-Stocker/Shutterstock

A pinça do alicate amperímetro é alçada em volta do cabo elétrico que aciona o motor da máquina. O processo de usinagem é iniciado. Dessa forma, é possível medir a corrente consumida durante a usinagem. É muito importante usar luvas e ficar atento para evitar choques elétricos.

De modo geral, a potência de corte é proporcional à corrente consumida pelo motor. É uma maneira bastante simples de comparar o consumo de potência em diferentes operações de usinagem.

Estudo de caso

Vários fabricantes de ferramentas fazem estimativas numéricas das forças de corte para possibilitar o melhor projeto de máquinas e ferramentas. A Figura 7.12 mostra um exemplo de operação de torneamento. A profundidade de corte estabelecida no processo é a_p = 13 mm e o avanço é f_n = 0,62 mm/rot.

Figura 7.12 – Parâmetros de processo para cálculo da força de corte

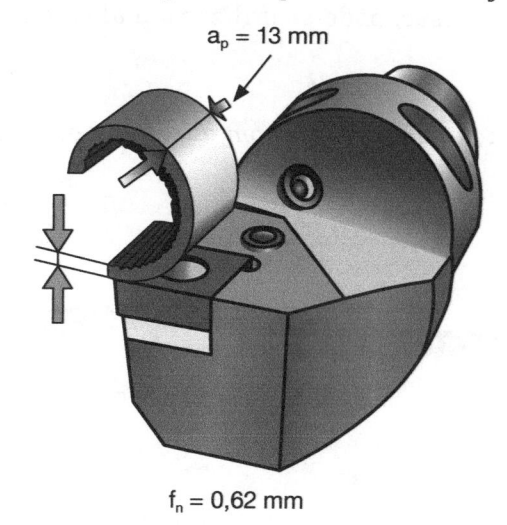

a_p = 13 mm

f_n = 0,62 mm

Fonte: Adaptado de Sandvik Coromant, 2016h.

Considere o material da peça como sendo um aço ao carbono de baixa liga com 180 HB de dureza. Consultando uma tabela de materiais de construção mecânica, teremos Kc = 2 100 N/mm².

Aplicando a equação de cálculo para força de corte no torneamento, teremos:

$F_{tor} = a_p \times f_n \times K_c$

$F_{tor} = 13 \times 0,62 \times 2\,100$

$F_{tor} = 16\,926$ N

Isso significa que a aresta de corte da ferramenta vai suportar uma força equivalente ao peso de um carro de passeio, conforme ilustrado na Figura 7.13.

Figura 7.13 – Estimativa de força na aresta de corte da ferramenta

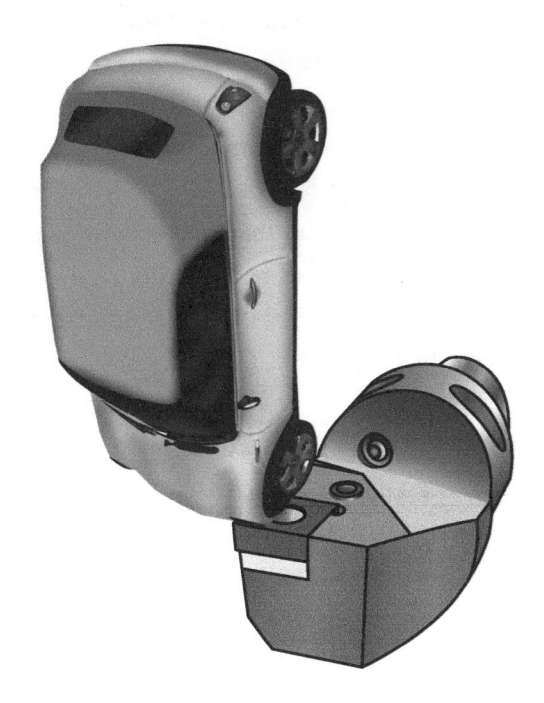

Fonte: Adaptado de Sandvik Coromant, 2016h

Agora, para calcular a potência necessária para efetuar esse movimento, vamos considerar uma velocidade de corte de $V_c = 120$ m/min em uma máquina que trabalhe com rendimento de $\eta = 80\%$. Aplicando a equação de cálculo para potência de corte no torneamento, teremos:

$$P_{tor} = \frac{a_p \times f_n \times V_c \times K_c}{60\,000 \times \eta}$$

$$P_{tor} = \frac{13 \times 0,62 \times 120 \times 2\,100}{60\,000 \times 0,8}$$

$$P_{tor} = 42 \text{ kW}$$

Ou seja, precisaremos de um torno com motor de potência de 42 kW para a usinagem de uma peça nessas condições específicas. Devemos lembrar, contudo, que essa é uma estimativa e que, para conferir o consumo de potência, precisaremos fazer medições de força, velocidade ou corrente elétrica consumida durante o processo de usinagem.

Agora, pense conosco: o torno do nosso estudo de caso deve ser capaz de suportar uma força equivalente ao peso de um automóvel sobre a ponta de corte da ferramenta. Com base nos conceitos de usinagem que estamos desenvolvendo, você acha que essa força tem valor elevado? Como podemos saber se a máquina vai ou não vai suportar o esforço de corte?

Nesse contexto, é importante pensar o sistema mecânico de maneira integral. Não basta apenas que a ferramenta suporte os esforços de corte. É necessário que a máquina tenha a potência e a rigidez exigidas para manter o processo. Outro fator importante que temos de considerar é o sistema de fixação da peça e da ferramenta, que tem de manter suas respectivas partes na posição adequada durante o processo de usinagem. Em termos de usinagem, uma força equivalente ao peso de um carro é razoavelmente elevada para se aplicar sobre a aresta da ferramenta. Quando as operações de usinagem exigem bastante potência, a máquina deve ser fixada no piso da fábrica para evitar vibrações e suportar o esforço de corte. O engenheiro vai utilizar as fórmulas de cálculo para fazer uma estimativa desses valores e, dessa forma, assegurar que a máquina vai ter a capacidade de suportar o esforço de corte ou, então, ajustar os parâmetros do processo de usinagem para reduzir o esforço de corte a um patamar que seja suportado pela máquina que vai realizar o trabalho.

■ Síntese

Neste capítulo, você identificou o conceito de força aplicado nos processos de usinagem. Aprendeu também que a ferramenta aplica força para cortar o material da peça e que o material da peça, por sua vez, oferece resistência ao corte. Você também pôde conhecer alguns instrumentos para medição de força e torque de usinagem, além de estudar as equações recomendadas pelos fabricantes para estimativa de força e potência de corte nos principais processos de usinagem. Por fim, você analisou um caso em que uma ferramenta de torneamento pode suportar forças comparadas ao peso de um carro de passeio.

■ Questões para revisão

1. Por que é importante estimar as forças de corte dos processos de usinagem?
2. Explique o que é coeficiente de força específica de corte.
3. Quais são os principais equipamentos utilizados para medir diretamente a força de corte?

4. Calcule a força e a potência de corte estimadas para a furação de uma peça de aço carbono com $K_c = 1\,800$ N/mm², considerando as seguintes condições: diâmetro da broca de 12 mm, velocidade de corte de 25 m/min, avanço de 0,12 mm/rot, ângulo de entrada de 60°, em uma furadeira com 80% de rendimento. Depois, indique a alternativa correta:

   a. $F_{fur} = 560$ N; $P_{fur} = 0{,}17$ kW.
   b. $F_{fur} = 280$ N; $P_{fur} = 0{,}34$ kW.
   c. $F_{fur} = 560$ N; $P_{fur} = 0{,}34$ kW.
   d. $F_{fur} = 280$ N; $P_{fur} = 3{,}4$ kW.

5. Calcule a força e a potência de corte estimadas para torneamento, considerando as seguintes condições: profundidade de corte de 5 mm, avanço de 0,25 mm/rot, em um aço carbono com coeficiente de força específica de corte de 2 200 N/mm², e velocidade de corte de 100 m/min. Considere, também, que o torno em questão tem rendimento de 85%. Depois, marque a alternativa correta:

   a. $F_{tor} = 2\,750$ N; $P_{tor} = 5{,}4$ kW.
   b. $F_{tor} = 275$ N; $P_{tor} = 0{,}54$ kW.
   c. $F_{tor} = 27\,500$ N; $P_{tor} = 5{,}4$ kW.
   d. $F_{tor} = 2\,750$ N; $P_{tor} = 54$ kW.

6. Indique se as seguintes considerações sobre força e potência nos processos de usinagem são verdadeiras (V) ou falsas (F):

   ( ) A força em uma aresta de corte de uma ferramenta pode chegar a valores que superam o peso de um carro de passeio.

   ( ) Recomenda-se que as operações de usinagem sejam sempre executadas no limite da máquina, utilizando-se 100% da potência disponível.

   ( ) Para medir a força de corte em um processo de furação, pode-se utilizar um dinamômetro axial que também faça o controle do torque exercido pela máquina na broca.

   ( ) A força de corte depende apenas da geometria da ferramenta, não importando o material de construção da peça.

   ( ) Em máquinas em que não exista o indicador de potência consumida, uma forma prática de comparar diferentes condições de usinagem é medir a corrente consumida durante a operação.

■ Questões para reflexão

1. É possível reduzir a potência consumida apenas aplicando fluidos lubrificantes na região de corte?

2. Por que o cálculo da força e da potência de corte pelas equações dos fabricantes de ferramentas fornece apenas valores estimados? Como você faria para melhorar essa estimativa?

■ Para saber mais

Livro

TRENT, E. M.; WRIGHT, P. K. **Metal Cutting**. Boston: Butterworth-Heinemann, 2000.

Norma

ABNT – Associação Brasileira de Normas Técnicas. **NBR 12545**: conceitos da técnica de usinagem – forças, energia, trabalho e potências – terminologia. Rio de Janeiro, 1991.

Site

KISTLER. Disponível em: <http://www.kistler.com>. Acesso em: 18 abr. 2016.

8 Desgaste e avarias de ferramentas

Conteúdos do capítulo:
- *Desgaste das ferramentas de usinagem.*
- *Fenômenos associados ao desgaste das ferramentas de corte.*
- *Avarias nas ferramentas de corte.*
- *Conceitos e testes para avaliação da usinabilidade.*

Após o estudo deste capítulo, você será capaz de:
1. *identificar os principais tipos de desgaste das ferramentas de usinagem;*
2. *relacionar o tipo de desgaste com a geometria da ponta de corte;*
3. *identificar fenômenos associados ao desgaste;*
4. *entender as diferenças entre desgaste e avarias;*
5. *compreender o conceito de falha catastrófica da ferramenta;*
6. *compreender o conceito de usinabilidade;*
7. *reconhecer os testes para avaliação de usinabilidade.*

A execução dos processos de usinagem promove o desgaste das ferramentas de corte. Isso acontece em razão de uma série de fenômenos físicos e químicos. Ainda que a ferramenta seja muito dura e o material da peça muito macio, ao longo do processo de usinagem, a ferramenta vai sofrer desgaste na aresta de corte. A evolução do desgaste pode resultar em perda da capacidade de corte ou até mesmo em quebra da ferramenta.

Neste capítulo, analisaremos os principais mecanismos de desgaste das ferramentas de usinagem. Veremos como é a ocorrência de cada tipo de desgaste em função da velocidade e da temperatura de corte. Além disso, examinaremos o conceito de usinabilidade dos materiais.

8.1 Mecanismos de desgaste

Durante a usinagem, a ferramenta está submetida a aplicações de força e temperatura, além do atrito gerado pela passagem do cavaco. Assim, a continuidade do corte promove o desgaste da ferramenta. Veja um exemplo na Figura 8.1.

Figura 8.1 – Ferramenta de torneamento em operação

O desgaste está relacionado com a perda progressiva da capacidade de corte da ferramenta. Ele pode ser observado diretamente na ponta de corte. Veja na Figura 8.2 uma ilustração clássica das principais áreas de desgaste.

Figura 8.2 – Principais áreas de desgaste de uma ferramenta de corte

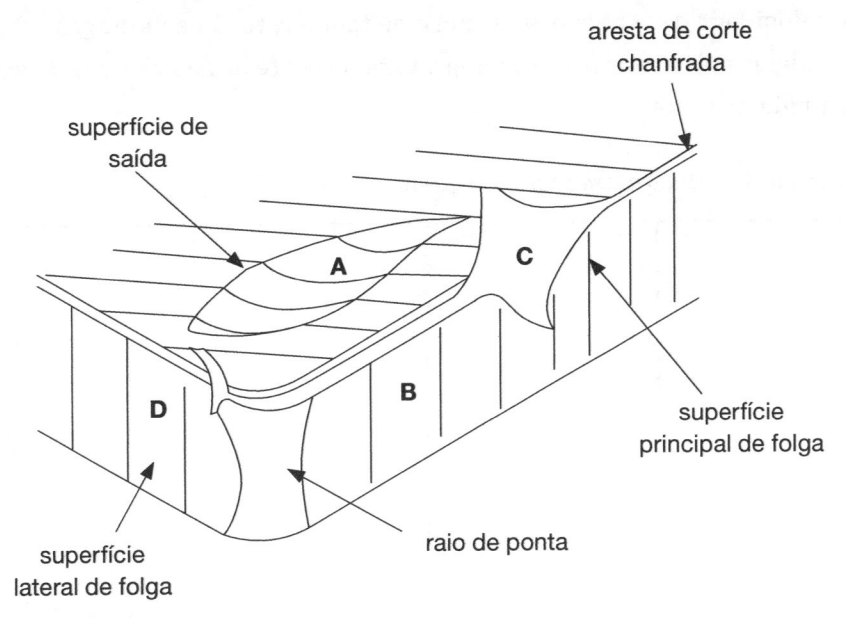

Fonte: Adaptado de Machado et al., 2009, p. 247.

Na imagem, temos:

A = desgaste de cratera;

B = desgaste de flanco;

C e D = desgaste de entalhe.

O desgaste de cratera ocorre principalmente pela ação do escorregamento do cavaco sobre a superfície de saída da ferramenta. Nessa região, partículas da peça são arrastadas durante a passagem do cavaco, gerando atrito. Quanto maior for o atrito, maior será o desgaste, provocando a perda de material da superfície de saída e enfraquecendo a ferramenta.

O desgaste de flanco ocorre na aresta de corte da ferramenta. Ele também é resultado do atrito e da deformação plástica do material da ferramenta decorrente das altas tensões de compressão e das altas temperaturas que acontecem durante a usinagem (Machado et. al, 2009). Se o limite de resistência do material da ferramenta for ultrapassado, ocorrerá a quebra da aresta de corte.

O desgaste de entalhe ocorre principalmente em virtude da variação da dureza do material da peça, sobretudo na camada superficial. Outra possibilidade é a ocorrência do corte descontínuo, ou corte interrompido, no qual a aresta de corte recebe sucessivos golpes do material da peça.

Na Figura 8.3, você pode ver os principais mecanismos de desgaste em função da velocidade de corte ou em função da temperatura de usinagem. De forma geral, podemos observar que a temperatura de corte aumenta quando aumenta a velocidade de corte.

Figura 8.3 – Mecanismos de desgaste

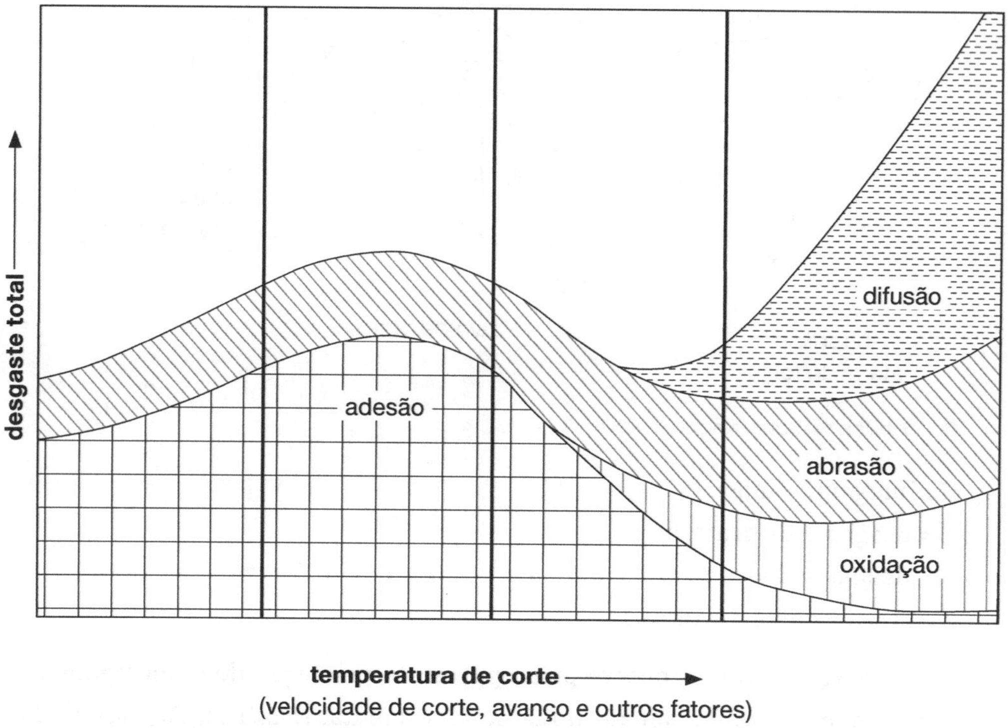

Fonte: Adaptado de Machado et al., 2009, p. 251.

Podemos perceber que a soma de todos os tipos de desgaste resulta no desgaste total observado na ferramenta. Para baixas velocidades, os principais mecanismos de desgaste são adesão e abrasão. A partir de velocidades intermediárias, o fenômeno da adesão é reduzido e aparecem os fenômenos de oxidação e difusão. O fenômeno da abrasão ocorre em todas as velocidades e contribui para o desgaste total da ferramenta.

A evolução do desgaste de uma ferramenta é não linear. No início do corte, o desgaste é acentuado, como se a cunha da ferramenta estivesse se ajustando às condições de processo. Depois, segue-se uma etapa de desgaste constante em relação ao tempo de usinagem. No final, o desgaste volta a ser acentuado em razão do aumento da força e da temperatura decorrente do que ocorreu nas etapas anteriores.

Os engenheiros devem controlar o desgaste para maximizar o rendimento do processo e tratar de substituir a ferramenta antes da quebra. Os parâmetros para medição são descritos na norma ISO 3685 (ISO, 1993), de acordo com a Figura 8.4.

Figura 8.4 – Parâmetros utilizados para medir o desgaste

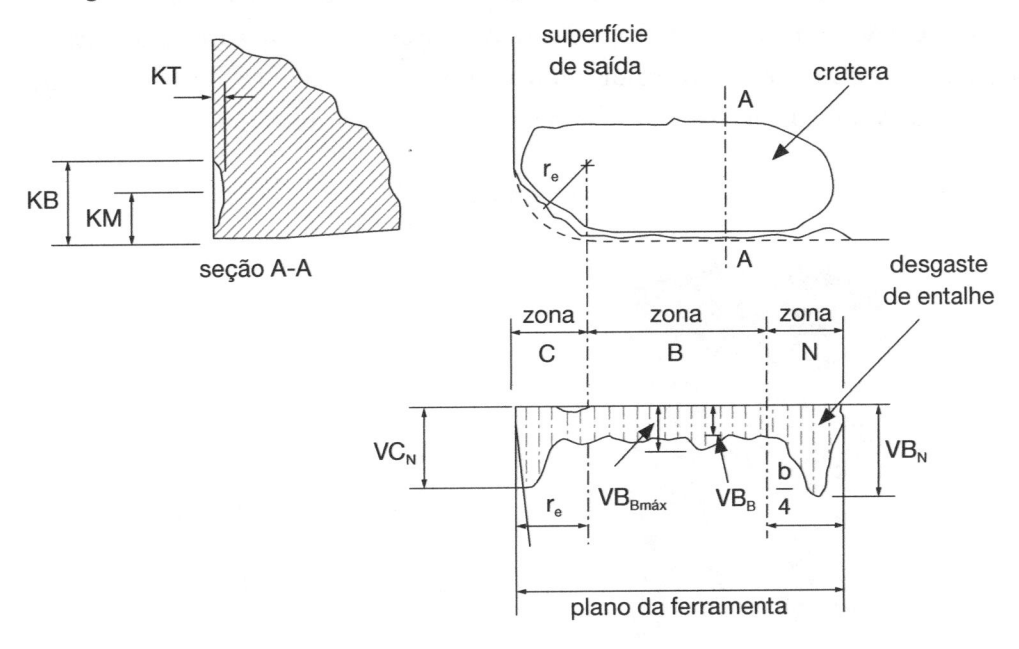

Fonte: Adaptado de Machado et al., 2009, p. 248.

Na imagem, temos:

KT = profundidade de cratera;

VB_B = desgaste de flanco médio;

$VB_{Bmáx}$ = desgaste de flanco máximo;

V_{BN} = desgaste de entalhe.

A norma ISO 3685 (ISO, 1993) estabelece os critérios para determinação do fim da vida útil de ferramentas de aço rápido, metal duro e cerâmica nas operações de desbaste, como:

KT = 0,06 + 0,3 f

VB_B = 0,3 mm

$VB_{Bmáx}$ = 0,6 mm

V_{BN} = 1 mm

No cálculo da profundidade de cratera, o fator *f* é o avanço de corte em mm/rot. Quando um ou mais parâmetros de controle ultrapassam o limite, é recomendada a substituição da ferramenta, pois a aresta de corte está na iminência de uma quebra.

Na indústria, é comum que se utilizem as ferramentas de corte enquanto as peças produzidas apresentarem qualidade satisfatória, dentro da faixa de acabamento, mesmo que as ferramentas estejam desgastadas. Utilizar uma aresta de corte além do limite admitido para desgaste, porém, aumenta a força necessária para a usinagem e gera mais calor, o que pode resultar em quebra da ferramenta.

É possível medir o desgaste com o uso de uma **lupa**, ilustrada na Figura 8.5.

Figura 8.5 – Lupa com escala de medição

Ao observar a ponta da ferramenta com o auxílio da lupa, basta sobrepor a escala de medição para determinar as dimensões do desgaste.

Também é possível remover a ferramenta da máquina e observar o desgaste com o auxílio de um microscópio de bancada. O problema desse método é que é preciso interromper o processo de usinagem para medir o desgaste da ferramenta de corte.

Algumas máquinas para usinagem têm dispositivos incorporados para medição e monitoramento do desgaste durante o processo. Isso facilita o trabalho do operador. É possível, por exemplo, controlar o comprimento da ferramenta. O processo é interrompido e a ferramenta é substituída quando o desgaste atinge o limite indicado para a operação.

O desgaste das ferramentas de corte pode ser monitorado, ainda, de forma indireta, por meio da **medição da peça usinada**. Ferramentas com desgaste produzem peças com acabamento superficial inferior ao produzido por ferramentas novas. Portanto, quando se verifica redução do grau de acabamento da superfície usinada, pode-se associar esse efeito ao desgaste da ferramenta de corte.

Também é possível controlar as dimensões da peça. Ferramentas desgastadas podem produzir peças com dimensões diferentes das produzidas por ferramentas novas. Desse modo, quando se verifica variação nas dimensões da peça usinada, mais uma vez, pode-se associar o efeito ao desgaste da ferramenta de corte.

8.2 Tipos de desgaste das ferramentas de corte

O desgaste das ferramentas de corte é um efeito natural do processo de usinagem, associado à pressão do cavaco sobre a superfície de saída, ao atrito e às variações de temperatura. Como consequência, a capacidade de corte é reduzida.

A avaria ocorre quando o limite de desgaste é ultrapassado, ou seja, a ferramenta perde sua capacidade de corte completamente.

Na Figura 8.6, podemos ver os principais tipos de desgaste observados nas ferramentas de usinagem.

Figura 8.6 – Principais tipos de desgaste e avarias

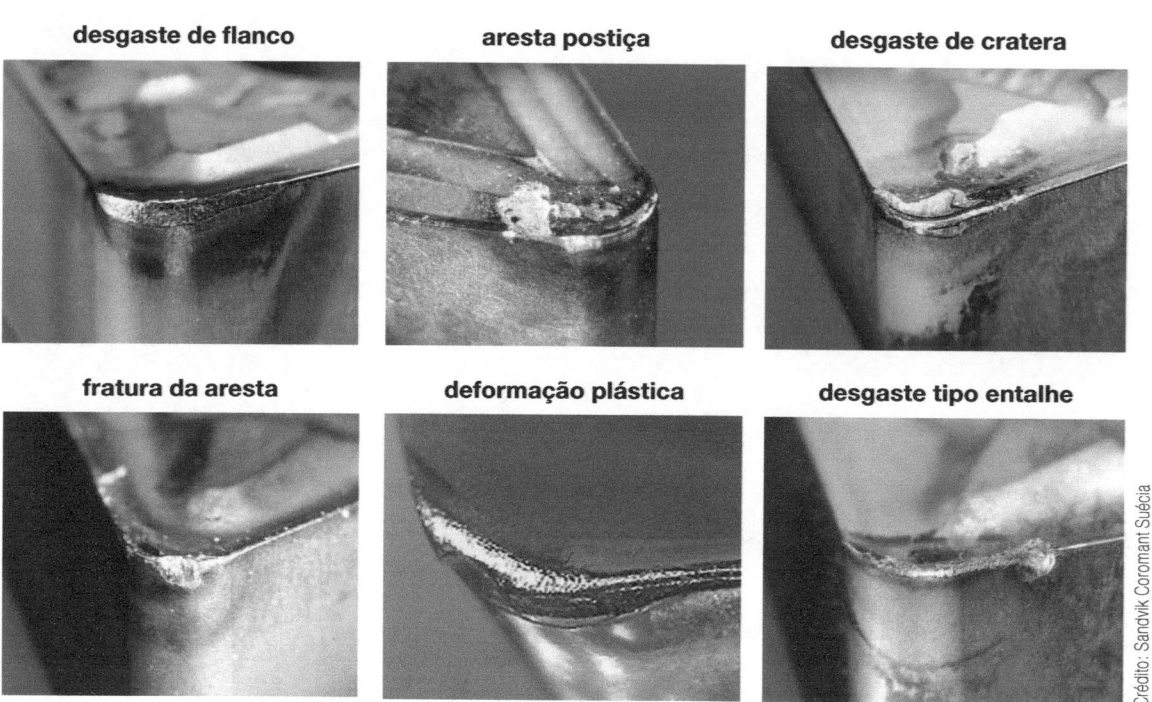

desgaste de flanco	aresta postiça	desgaste de cratera
fratura da aresta	deformação plástica	desgaste tipo entalhe

Crédito: Sandvik Coromant Suécia
Cedidas pela Sandvik Coromant no Brasil

Podemos assim definir esses tipos de desgastes:

- **Desgaste de flanco**: ocorre principalmente em razão da velocidade de corte muito elevada e da baixa resistência ao desgaste da ferramenta.
- **Aresta postiça de corte (APC)**: ocorre em razão da baixa velocidade de corte ou de condições inadequadas de lubrificação durante a usinagem.
- **Desgaste de cratera**: é associado a altas temperaturas de corte.
- **Fratura da aresta**: ocorre quando a aresta de corte é danificada pela ação do cavaco.
- **Deformação plástica**: é devida às altas pressões que o material da peça exerce sobre a ferramenta durante o corte.
- **Desgaste de entalhe**: é observado na usinagem de materiais com camadas superficiais endurecidas.

8.3 Falhas das ferramentas de corte

Um conceito muito comum utilizado nas indústrias de usinagem é o de **falha catastrófica da ferramenta de corte**. Isso acontece quando a ferramenta perde completamente suas funções. Veja, na Figura 8.7, uma ferramenta com a ponta quebrada.

Figura 8.7 – Falha catastrófica da ferramenta

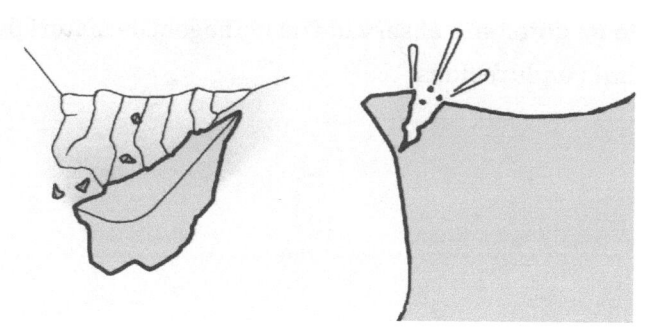

Quebra

Essa quebra é considerada uma falha catastrófica e pode ser resultado da evolução não controlada de um desgaste ou de variações repentinas na operação. Geralmente, a falha catastrófica ocorre sem aviso prévio e resulta na interrupção da produção. Nesses casos, o operador tem de parar a máquina e fazer a troca da ferramenta.

Outros tipos de avarias também podem resultar em quebra da ferramenta. Veja, na Figura 8.8, mais dois tipos de avarias nas ferramentas.

Figura 8.8 – Falhas das ferramentas de corte

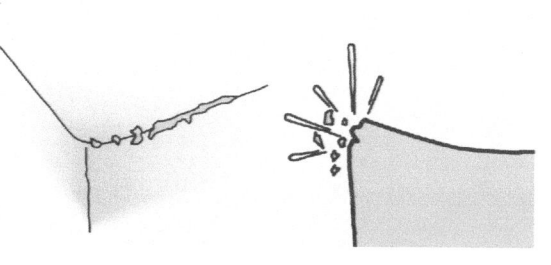

Lascamento na aresta   **Fissuras térmicas**

Por conta da possibilidade de essas falhas aparecerem, o operador de produção deve estar atento ao processo de usinagem e a suas ferramentas. Qualquer ruído anormal pode representar a ocorrência de uma avaria e deve ser monitorado. Quando surgirem evidências de desgaste além do limite estabelecido ou avarias na aresta de corte, o operador deve programar a troca da ferramenta. Assim, ele evitará a interrupção prolongada da produção.

8.4 Usinabilidade

A usinabilidade é um conceito que está relacionado às condições de usinagem de um determinado componente (Ferraresi, 1970). Não se trata de uma característica do material da peça apenas, mas do conjunto de condições que permitem que a usinagem seja conduzida de modo satisfatório.

É possível melhorar a usinabilidade de certo item trocando o material da ferramenta, por exemplo. Em certas condições, algumas ferramentas têm melhor rendimento que outras. Na Figura K, disponível no anexo deste livro, você pode ver a distribuição de temperaturas no cavaco e na aresta de corte para diferentes materiais.

Os materiais da peça são classificados da seguinte forma:

- ISO P – aço carbono;
- ISO M – aços inoxidáveis;
- ISO K – ferros fundidos;
- ISO N – materiais não ferrosos;
- ISO S – titânio e HRSA (ligas resistentes ao calor);
- ISO H – aços endurecidos

Perceba que, para cada tipo de material da peça, ocorre uma distribuição de temperaturas característica. Nesse contexto, a associação de três fatores principais permite a melhor usinabilidade. São eles:

1. classificar o material da peça em termos de dureza, resistência e de sua composição metalúrgica;
2. escolher a melhor geometria para a aresta de corte;
3. escolher o material adequado para a ferramenta.

Outros fatores complementares incluem velocidade de corte, força e potência, condições de fixação da peça e da ferramenta, tratamentos térmicos e inclusões metalúrgicas no material da peça.

A usinabilidade é um conceito comparativo e, por isso, não possui uma definição direta, como classes ou números. Ela pode ser determinada, por exemplo, comparando-se o desgaste na aresta de corte em duas condições distintas. Nesse aspecto, um aço carbono é mais fácil de cortar se for comparado à usinagem de um aço inoxidável austenítico. Ou seja, os aços carbono, geralmente, têm melhor usinabilidade se forem comparados aos aços inoxidáveis.

A maioria das avaliações de usinabilidade para um determinado material é feita usando-se testes práticos comparativos. Os resultados são determinados com relação a outro teste, em outro tipo de material, sob aproximadamente as mesmas condições. Nos testes, a usinabilidade é determinada em relação à resposta de um ou mais fatores de controle, tais como:

- a microestrutura resultante na peça;
- o desgaste observado na ferramenta;
- o consumo de potência pela máquina-ferramenta;
- as condições de estabilidade, ruído e vida útil da ferramenta.

Dessa forma, podemos dizer que, sob determinadas condições, um material tem melhor usinabilidade do que outro material. Veja também, no Gráfico 8.1, a variação do desgaste da ferramenta em função do tempo de corte.

Gráfico 8.1 – Desgaste da ferramenta em função do tempo

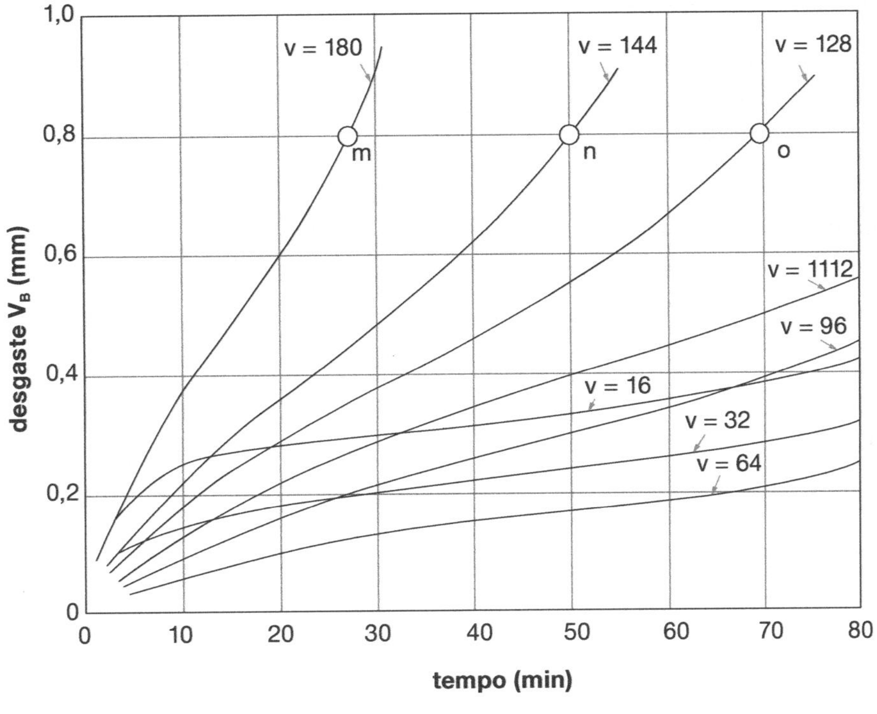

Fonte: Machado et al., 2009, p. 268.

Percebemos que, para cada velocidade de corte, o material é usinado de forma diferente. Nesse sentido, o tempo que a ferramenta leva para atingir um certo nível de desgaste é correspondente.

Uma das formas práticas para controlar o desgaste de ferramentas de corte é pelo tempo de usinagem. Quando uma operação de usinagem atinge o rendimento desejado, a aplicação da ferramenta pode ser considerada estável. A vida útil da ferramenta é bem determinada e cada aresta de corte vai cortar aproximadamente o mesmo tempo até que o desgaste atinja o limite. Ou seja, é possível saber quanto tempo a ferramenta deve cortar normalmente antes de atingir o limite de desgaste.

Nesse caso, a troca da ferramenta pode ser programada sem a interrupção da produção. Para isso, basta contar, por exemplo, o número de peças produzidas.

Com essa técnica o operador consegue obter o melhor rendimento e fazer a substituição da ferramenta antes da quebra. Exceto para os casos em que ocorra a falha catastrófica, esse tipo de controle é bastante eficiente para a gestão de ferramentas de corte na produção.

■ Síntese

Neste capítulo, você conheceu os principais tipos de desgaste das ferramentas de usinagem e aprendeu como observar e como mensurar o desgaste. Pôde perceber que o desgaste é um efeito indissociável das ferramentas de corte nos processos de usinagem e identificou os fenômenos associados.

Com a leitura deste capítulo, você ainda pôde perceber a importância de monitorar o desgaste para evitar avarias e falhas das ferramentas, entendendo que uma falha catastrófica interrompe a produção e pode causar danos em peças, máquinas e ferramentas. Por fim, você estudou o conceito de usinabilidade.

■ Questões para revisão

1. Quais são os principais tipos de desgaste nas ferramentas de usinagem?
2. Quais são os principais fenômenos físicos de desgaste?
3. Como se pode minimizar o desgaste por cratera?

4. Indique se as seguintes considerações sobre desgaste de ferramentas são verdadeiras (V) ou falsas (F):
   ( ) O fenômeno de desgaste por abrasão deve ocorrer em todas as operações de usinagem por corte com ferramentas de geometria definida, independentemente da velocidade desse corte.
   ( ) O fenômeno do desgaste por oxidação deve ser mais acentuado nas menores velocidades de corte na usinagem de peças de aço carbono nas operações de torneamento.
   ( ) Para mensurar o desgaste, pode-se utilizar uma lupa com escala para ampliar o efeito do desgaste.
   ( ) Para reduzir o desgaste do tipo cratera, pode-se fazer a aplicação de óleos de corte, que têm a finalidade de reduzir o atrito do cavaco com a superfície de saída da ferramenta.
   ( ) O quebra-cavacos das ferramentas de corte não promove a redução do desgaste da ferramenta; ao contrário, o quebra-cavacos acentua o desgaste das ferramentas de corte.
   ( ) Para reduzir o desgaste por difusão, é recomendada a utilização de ferramentas de corte com camadas de revestimento de nitreto de titânio.

5. Considere a ferramenta da Figura 8.2, apresentada no início do capítulo e reproduzida novamente a seguir. Depois, analise as afirmativas que seguem.

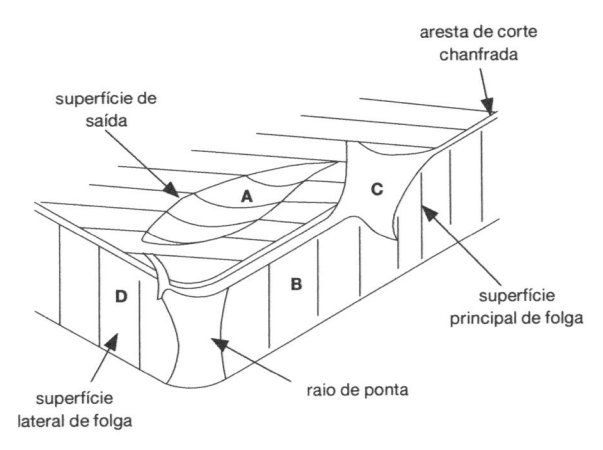

   I. O desgaste de cratera ocorre sobre a superfície de saída da ferramenta, indicada na figura pela letra A.
   II. O desgaste da ferramenta evolui gradativamente até a quebra da ponta de corte. As ferramentas devem ser utilizadas até o seu limite e devem ser trocadas apenas depois de uma quebra.
   III. O desgaste de flanco inicia na aresta de corte, que é a região indicada na figura pela letra B.

Assinale a alternativa correta:
a. Apenas a afirmativa I está correta.
b. Apenas a afirmativa II está correta.
c. Apenas as afirmativas I e III estão corretas.
d. Apenas as afirmativas II e III estão corretas.
e. Todas as afirmativas estão corretas.

6. Analise as afirmativas a seguir e marque a alternativa correta:
   I. O desgaste por abrasão ocorre quando o material da ferramenta é removido ou deslocado da sua superfície pela ação de partículas duras, que podem estar soltas entre a peça e a ferramenta.
   II. O desgaste de cratera pode ser reduzido principalmente com a redução da velocidade de corte.
   III. O desgaste da ferramenta implica o aumento da força de corte na região da formação do cavaco. A aplicação de fluidos lubrificantes e refrigerantes reduz a força de corte e auxilia no controle do desgaste da ferramenta.

   Assinale a alternativa correta:
   a. Apenas a afirmativa I está correta.
   b. Apenas a afirmativa II está correta.
   c. Apenas as afirmativas I e III estão corretas.
   d. Apenas as afirmativas II e III estão corretas.
   e. Todas as afirmativas estão corretas.

■ Questões para reflexão

1. Existe alguma forma de reduzir o desgaste das ferramentas de corte com o aumento da temperatura de usinagem?
2. Explique como a usinabilidade pode ser determinada em função do desgaste da ferramenta.

■ **Para saber mais**

Normas

ISO – International Organization for Standardization. **ISO 3685**: Tool-Life Testing with Single-Point Turning Tools. Geneva, 1993.

_____. **ISO 8688-1**: Tool Life Testing in Milling – Part 1: Face Miling. Geneva, 1989a.

_____. **ISO 8688-2**: Tool Life Testing in Milling – Part 2: End Miling. Geneva, 1989b.

Sites

MITUNOX. **Lupas de medição graduada**. Disponível em: <http://www.mitunox.com.br/produtos/lupas-de-medicao-graduada.html>. Acesso em: 18 abr. 2016.

RENISHAW. Disponível em: <http://www.renishaw.com>. Acesso em: 18 abr. 2016.

9 Integridade das superfícies usinadas

Conteúdos do capítulo:
- *Alterações superficiais produzidas por usinagem.*
- *Rugosidade superficial.*
- *Alterações subsuperficiais.*

Após o estudo deste capítulo, você será capaz de:
1. *compreender a classificação das alterações superficiais produzidas por usinagem;*
2. *reconhecer os parâmetros de rugosidade superficial;*
3. *calcular a rugosidade teórica dos processos de usinagem;*
4. *identificar diferentes tipos de alterações subsuperficiais.*

Os processos de fabricação modificam a geometria e as dimensões das peças usinadas com a aplicação de ferramentas de corte. Todo processo desse tipo vai produzir, portanto, alterações nas superfícies das peças pela ação da ferramenta.

Neste capítulo, analisaremos como os processos de usinagem influenciam na qualidade das peças usinadas. Veremos que o conceito de integridade superficial engloba a textura da superfície, suas variações geométricas e variações em camadas subjacentes.

9.1 Variações dimensionais e geométricas geradas por processos de usinagem

De forma bastante geral, as tensões de origem mecânica e térmica são as principais responsáveis pelas variações dimensionais e geométricas observadas nos componentes fabricados por usinagem. A Figura 9.1 ilustra uma ferramenta de torno efetuando a usinagem de um furo.

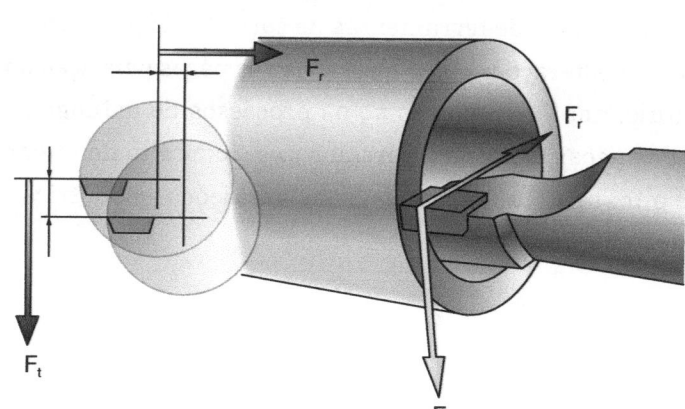

Figura 9.1 – Torneamento interno

Fonte: Adaptado de Sandvik Coromant, 2015.

Nesse caso, você pode observar duas direções de forças: uma no sentido tangencial e outra no sentido radial. Essas forças de corte provocam o deslocamento da ponta da ferramenta, causando variação dimensional na peça usinada.

Outro exemplo, que você pode ver na Figura 9.2, é o efeito da variação dimensional de um furo produzido com broca em uma operação de furação. Dependendo do tipo da broca, dos materiais da peça e da broca e das condições de usinagem, o furo resultante deverá estar entre um diâmetro mínimo e um diâmetro máximo.

Figura 9.2 – Variação dimensional de um furo produzido por uma broca

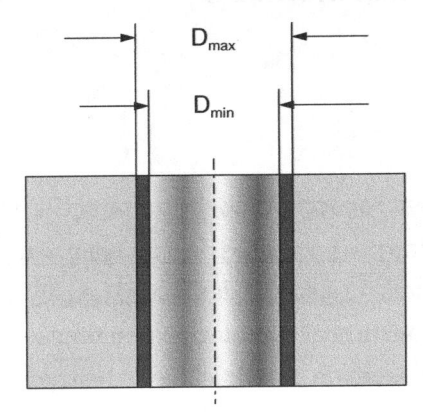

Fonte: Adaptado de Sandvik Coromant, 2016.

Portanto, podemos perceber que os processos de usinagem podem gerar desvios dimensionais na superfície da peça. Mais adiante, veremos que a usinagem também pode causar alterações nas camadas de material abaixo da superfície usinada.

9.2 Alterações superficiais

Os **desvios superficiais macrogeométricos** são alterações amplas que podem ser causadas por forças originadas nos processos de usinagem, variações na temperatura de corte ou tensões resultantes do sistema de fixação da peça na máquina (Machado et al., 2009). Esses desvios podem ser estabelecidos em função de elementos geométricos isolados, por exemplo, o desvio de cilindricidade, ilustrado na Figura 9.3.

Figura 9.3 – Desvio de cilindricidade

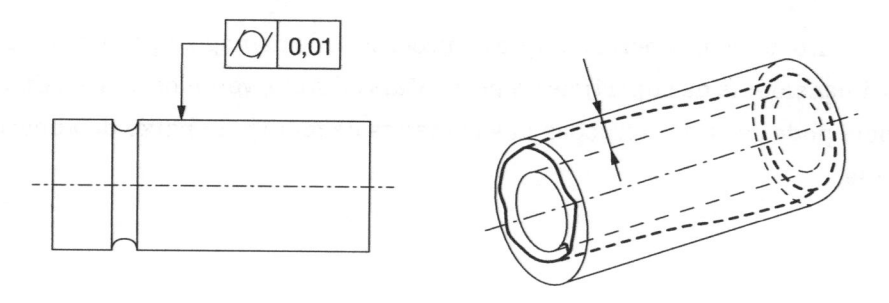

Fonte: Adaptado de ABNT, 1997.

A geometria final do componente usinado, representada pela linha tracejada, deve ficar entre dois cilindros concêntricos distantes, com variação no raio igual à tolerância estabelecida no projeto e representada no desenho.

Também é possível estabelecer medidas de referência em relação a dois ou mais elementos geométricos associados. Podemos ver outro exemplo de desvio de forma na Figura 9.4, o desvio de batimento, que ocorre quando duas superfícies cilíndricas ficam afastadas de uma determinada linha de centro um valor maior que a tolerância especificada no desenho.

Figura 9.4 – Desvios de batimento

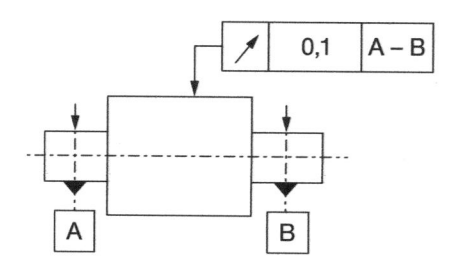

Fonte: Adaptado de ABNT, 1997.

Nesse caso, o batimento permitido da superfície indicada em relação às superfícies A e B é de 0,1 mm.

Para medir os desvios macrogeométricos, normalmente é utilizado um **relógio comparador**, ilustrado na Figura 9.5, para indicar a variação dimensional em uma ou mais dimensões.

Figura 9.5 – Medição de uma superfície cilíndrica com um relógio comparador

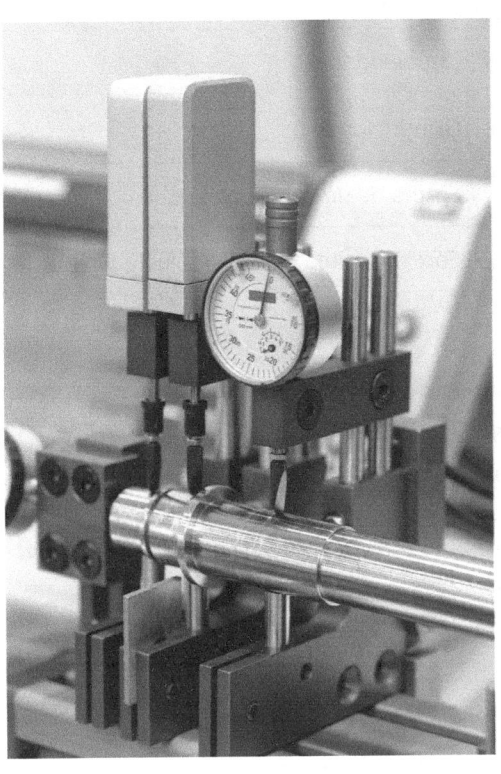

Para esse tipo de desvio, deve-se apoiar a peça em um bloco de desempeno. Um dispositivo de medição permite que se localize a ponta de um relógio comparador sobre a superfície da peça. Em seguida, é preciso girar a peça e observar a variação indicada no relógio. Essa variação não pode ultrapassar o valor da tolerância indicado no desenho técnico da peça.

Se o relógio comparador indicar um valor superior ao indicado pela tolerância, a peça não atende ao requisito de integridade superficial e, portanto, não apresenta qualidade para montagem. Assim como o desvio de cilindricidade e o batimento, existe uma série de outros desvios geométricos que podem ocasionar falha na integridade superficial do componente usinado.

Veja, no Quadro 9.1, a simbologia utilizada para especificar as tolerâncias de forma para elementos isolados. Isso pode ser encontrado nas normas técnicas NBR 6409 (ABNT, 1997), NBR 14646 (ABNT, 2001a) e NBR ISO 2768-2 (ABNT, 2001b).

Quadro 9.1 – Desvios de forma

Características afetadas pelas tolerâncias		
FORMA para elementos isolados	Retilineidade	—
	Planeza	▱
	Circularidade	○
	Cilindricidade	⌭
	Forma de uma linha qualquer	⌒
	Forma de uma superfície qualquer	⌓

Fonte: Adaptado de ABNT, 1997.

Também podem existir os **desvios superficiais microgeométricos**, compostos de irregularidades mais finas, chamadas de *rugosidade*. Podemos observar, na Figura 9.6, uma representação da rugosidade superficial de uma peça usinada.

Figura 9.6 – Representação da rugosidade superficial

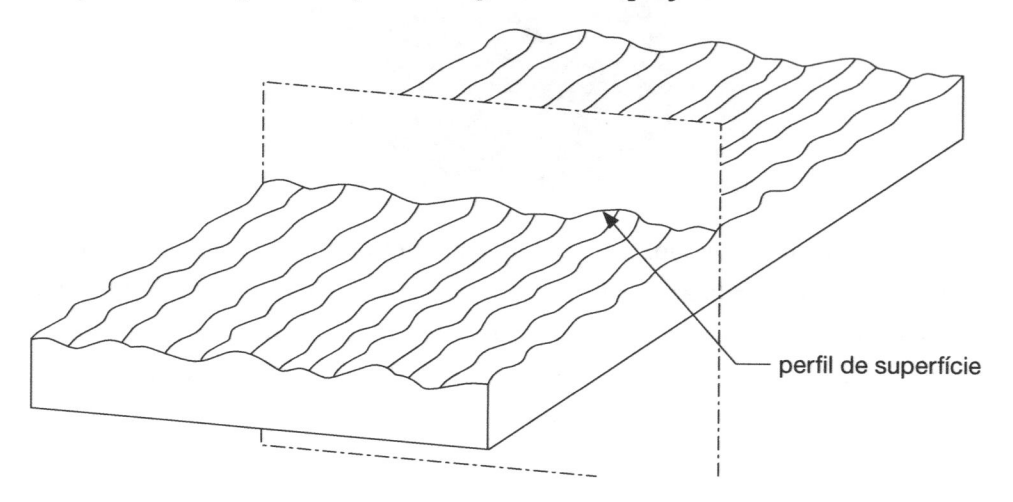

Fonte: Adaptado de ABNT, 2002.

A rugosidade é composta por pequenas alterações que são causadas pela ação da ferramenta durante o processo de corte do material da peça. Essas alterações podem ser resultantes do avanço de corte, da geometria da ponta da ferramenta, do arrasto do cavaco sobre a superfície da peça, do desgaste da ponta da ferramenta e, em alguns casos, de efeitos decorrentes da formação da aresta postiça de corte (APC).

De modo geral, podemos dizer que a rugosidade determina, de forma quantitativa, o quanto uma superfície é lisa. Quanto mais lisa for a superfície, menor será a rugosidade superficial.

Em alguns casos, por exemplo, em mancais de rolamento, a superfície deve ser bem lisa, e a rugosidade superficial deve ser bem pequena. Em outros casos, por exemplo, em cilindros de motores a combustão, a superfície deve ser mais rugosa para que o óleo permaneça na superfície, criando uma camada lubrificante. Podemos considerar que a rugosidade associada à qualidade é um parâmetro relativo à função do componente mecânico. Ou seja, a rugosidade é um parâmetro de qualidade superficial.

A rugosidade é indicada no desenho técnico mecânico por um símbolo padronizado, como podemos ver na Figura 9.7.

Figura 9.7 – Indicação da rugosidade superficial

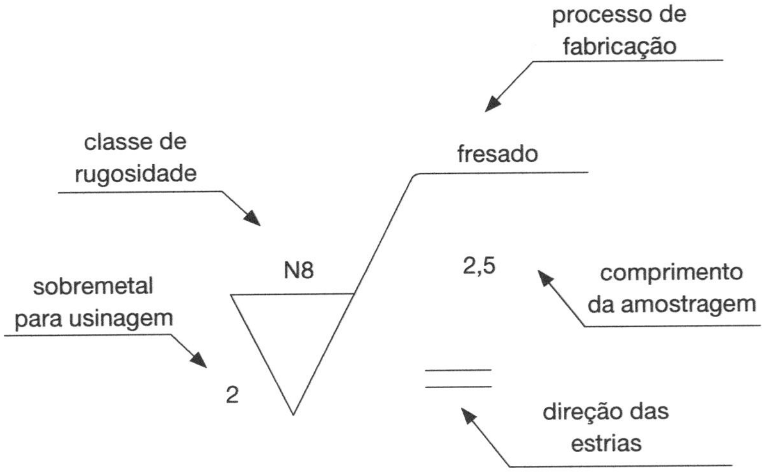

Fonte: Adaptado de ABNT, 2002.

É possível indicar o processo de fabricação, o sobremetal para usinagem, a direção das estrias, a classe da rugosidade e o comprimento da amostragem. Para saber mais sobre os parâmetros de rugosidade, consulte a norma NBR ISO 4287 (ABNT, 2002).

Para medir a rugosidade obtida nos processos de usinagem, é preciso aplicar um instrumento chamado **rugosímetro**, ilustrado na Figura 9.8.

Figura 9.8 – Rugosímetro portátil

Nesse tipo de instrumento, uma fina ponta percorre a superfície a ser medida e uma unidade eletrônica monitora o movimento da ponta. Em seguida, pode-se fazer a leitura direta do valor da rugosidade no painel digital do instrumento.

Os dois tipos de rugosidade mais comuns na indústria são associados aos parâmetros R_a e R_t, ilustrados na Figura 9.9.

Figura 9.9 – Parâmetros de rugosidade

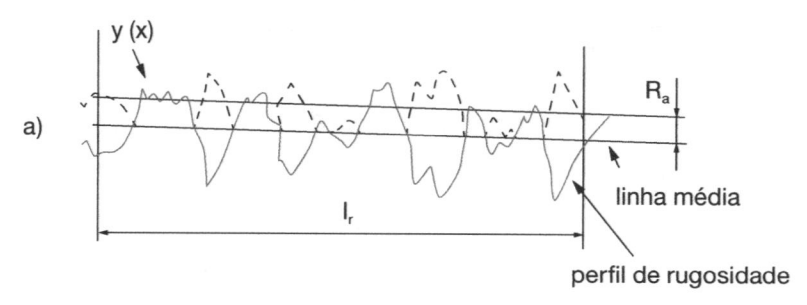

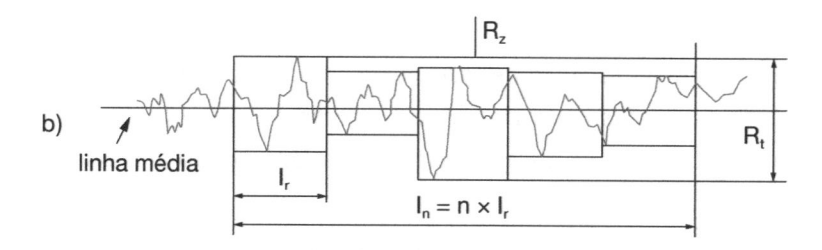

Fonte: Machado et al., 2009, p. 281.

O fator R_a representa a média aritmética dos valores absolutos das ordenadas no comprimento de amostragem. O parâmetro R_t é a distância do valor do mais alto pico até o mais profundo vale do perfil no comprimento de amostragem.

A **rugosidade superficial** pode ser calculada de acordo com o processo de fabricação (Machado et al., 2009). Veja, na Figura 9.10, uma representação do perfil teórico de rugosidade no torneamento.

Figura 9.10 – Perfil teórico de rugosidade no torneamento

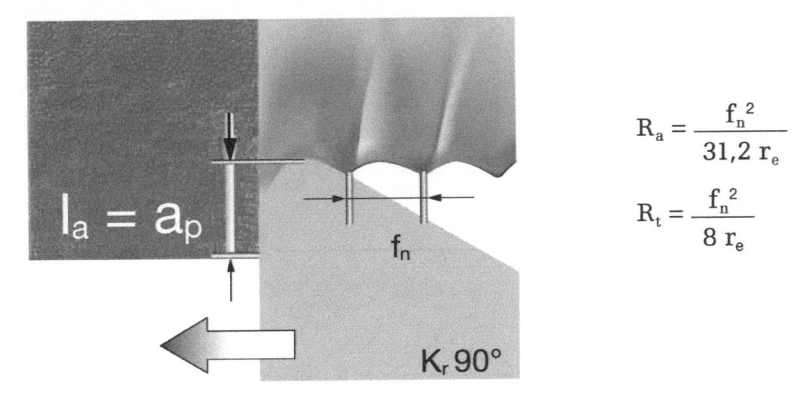

$$R_a = \frac{f_n^2}{31,2\, r_e}$$

$$R_t = \frac{f_n^2}{8\, r_e}$$

Fonte: Sandvik Coromant, 2015.

Nesse cálculo, para o torneamento, é preciso consider que o avanço (f_n) é menor que o raio (r_e) da ponta da ferramenta. Repare que, para o torneamento, a profundidade de corte (a_p) não exerce influência na rugosidade superficial.

Para o processo de fresamento, o cálculo da rugosidade teórica é diferente. Veja, na Figura 9.11, uma ilustração do perfil teórico de rugosidade gerada no **fresamento tangencial**.

Figura 9.11 – Perfil teórico de rugosidade no fresamento tangencial

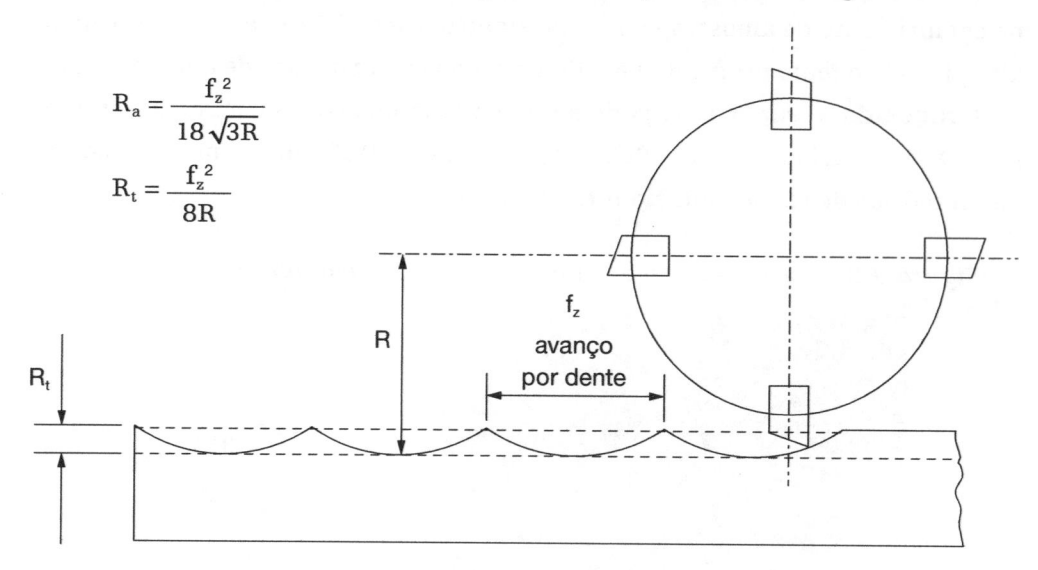

$$R_a = \frac{f_z^2}{18\sqrt{3R}}$$

$$R_t = \frac{f_z^2}{8R}$$

Fonte: Machado et al., 2009, p. 285.

A rugosidade é dependente do avanço por dente (f_z) e do raio (R) da fresa. A profundidade de corte é alinhada com o eixo de rotação da ferramenta e novamente não exerce influência na rugosidade da superfície fresada.

Outra operação muito comum é o **fresamento frontal**. Veja, na Figura 9.12, uma ilustração dessa operação e as fórmulas de cálculo para as rugosidades teóricas.

Figura 9.12 – Perfil teórico de rugosidade no fresamento frontal

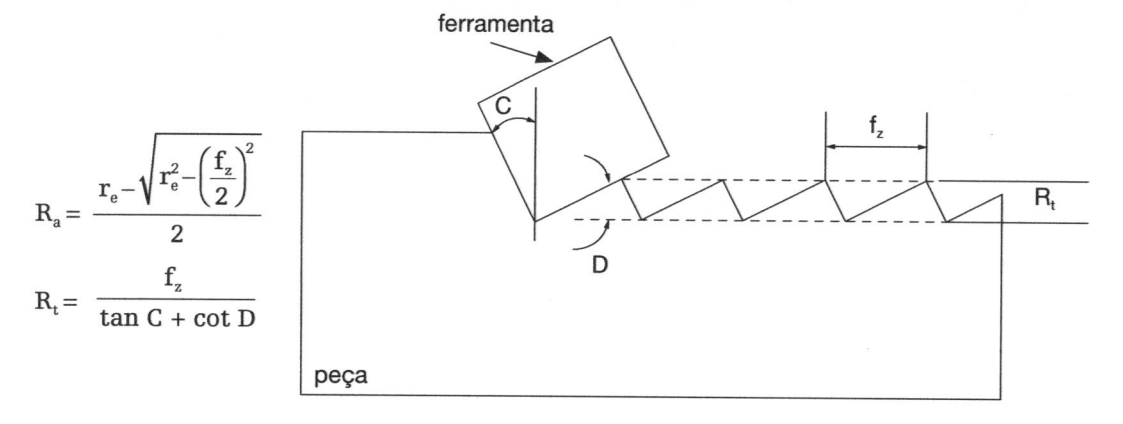

$$R_a = \frac{r_e - \sqrt{r_e^2 - \left(\frac{f_z}{2}\right)^2}}{2}$$

$$R_t = \frac{f_z}{\tan C + \cot D}$$

Fonte: Machado et al., 2009, p. 286.

Nesse caso mais complexo, a rugosidade depende do ângulo de posição (C) e também do ângulo de ataque (D). A profundidade de corte está orientada na mesma direção do parâmetro R_t e exerce influência na rugosidade.

Entretanto, em todos os casos, é necessário levar em conta que os cálculos são teóricos. Na prática, fatores como instabilidade da peça e da ferramenta e vibrações na operação de usinagem podem alterar o valor da rugosidade superficial produzida.

De modo geral, as ferramentas devem trabalhar com o mínimo de balanço. O acabamento superficial melhora quando a ponta da ferramenta tem um raio maior que o avanço de corte. Quando a ferramenta é nova, ocorre pouco contato entre as superfícies, não se formando APC e mantendo-se o nível de vibrações pequeno. Assim, a rugosidade é formada basicamente pelas marcas de avanço da ferramenta deixadas na superfície usinada. Consiste, portanto, em uma relação mais geométrica.

Quando a ferramenta sofre algum tipo de desgaste, a rugosidade é mais influenciada pelos parâmetros de usinagem, pela rigidez da máquina e da ferramenta. Em geral, a rugosidade é reduzida quando:

- a ferramenta e a peça estão posicionadas corretamente;
- o material da peça é mais homogêneo e com poucas impurezas;
- a aresta de corte não tem desgaste ou trincas nem APC.

Além disso, a máquina ferramenta é importante, pois deve ser suficientemente rígida e ter a potência necessária para a execução das operações de usinagem sem dificuldades. Deve, também, ter movimentos precisos e componentes bem alinhados e com pouca folga. Tudo isso favorece a obtenção de superfícies com bom acabamento superficial.

Como exemplo de aplicação, consideremos uma peça produzida por fresamento frontal que estava apresentando acabamento inadequado na superfície usinada. Os parâmetros de avanço e os parâmetros geométricos da ferramenta foram verificados e estavam corretos. Mesmo assim, o acabamento superficial não estava adequado.

O responsável pelo processo fez uma análise minuciosa e constatou que a fresa estava sendo fixada com grande balanço, conforme a Figura 9.13.

Figura 9.13 – Vibração de uma fresa em balanço

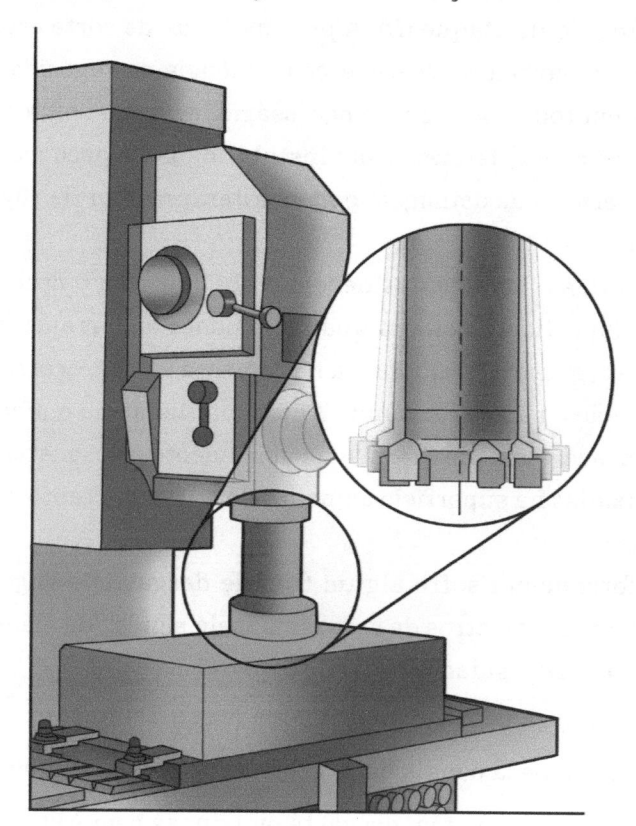

Fonte: Sandvik Coromant, 2015.

A usinagem em balanço provoca vibrações que são transferidas para a peça e acabam por resultar na redução do acabamento superficial.

Veja a solução proposta na Figura 9.14

Figura 9.14 – Vibração de uma fresa em balanço

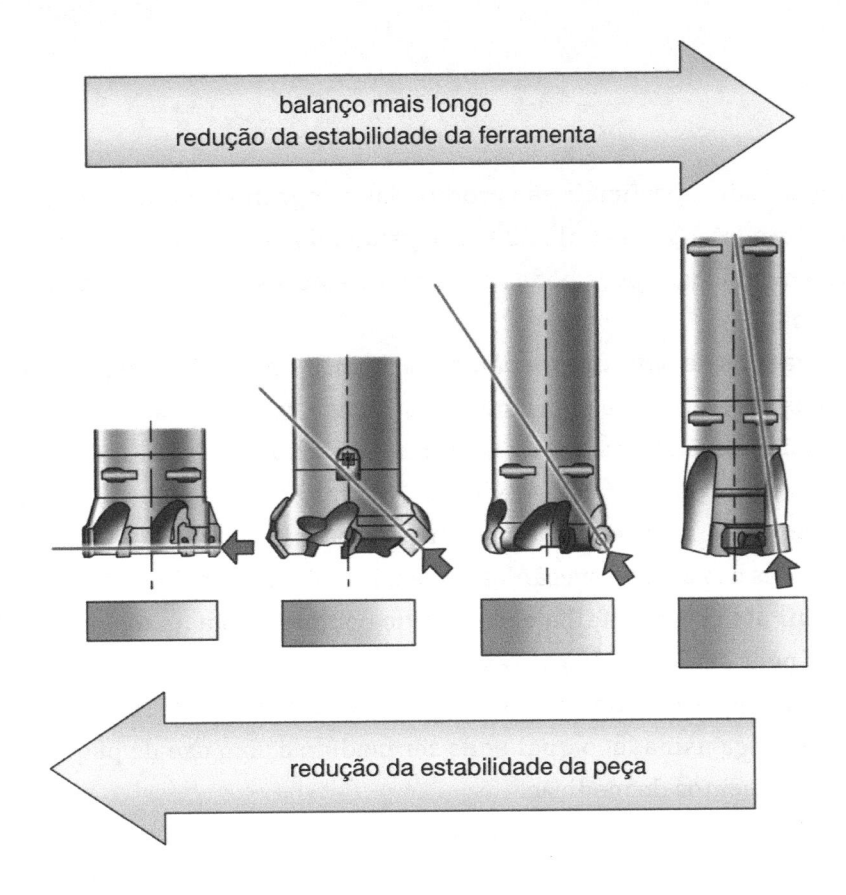

**balanço mais longo
redução da estabilidade da ferramenta**

redução da estabilidade da peça

Fonte: Sandvik Coromant, 2016j.

A solução, nesse caso, não estava na mudança do material da ferramenta nem no ajuste das condições de corte. Bastou reduzir o comprimento total da ferramenta para diminuir o balanço e aumentar a estabilidade da operação e, dessa forma, melhorar o acabamento e manter a integridade da superfície usinada.

9.3 Alterações subsuperficiais

As alterações subsuperficiais são produzidas por grandes gradientes de tensão e temperatura (Machado et al., 2009). Dependendo dos valores de tensão e temperatura envolvidos, a peça pode sofrer modificações de natureza mecânica ou metalúrgica.

As **alterações de natureza mecânica** incluem deformação plástica, formação de rebarbas, alterações de microdureza, trincas e tensões residuais. A maioria desses fenômenos resulta em irregularidades dimensionais, que podem ser observadas a olho nu ou com o auxílio de instrumentos simples de medição.

Por exemplo, a ruptura de componentes mecânicos por fadiga pode iniciar com alterações de natureza mecânica: uma trinca formada pelo excesso de tensão pode evoluir até chegar à falha completa do componente usinado. A ocorrência de trincas pode ser avaliada pela execução do ensaio de líquido penetrante.

Outro exemplo é o acúmulo de tensões residuais, que pode resultar no empenamento da peça usinada, o qual pode ser medido com o uso de paquímetros e outros instrumentos de medição.

As **alterações de natureza metalúrgica** acontecem principalmente quando a usinagem ocorre em altas temperaturas, que atingem o patamar de transformação de fases do material da peça. Se o calor não for dissipado de forma adequada, ele acabará direcionado para promover a mudança da estrutura do material. Também pode ocorrer a recristalização em virtude da deformação plástica e do aquecimento.

Por exemplo, a usinagem de uma peça de aço com alto teor de carbono pode gerar alterações de natureza metalúrgica. Isso pode ser observado quando a peça é muito aquecida durante a usinagem e, logo em seguida, resfriada rapidamente. Se o aquecimento for suficiente para mudar a estrutura de fases do material, o resfriamento rápido pode promover a têmpera da peça, aumentando sua dureza no final do processo.

Para avaliar as alterações metalúrgicas que ocorrem nos processos de usinagem, é possível fazer a medição de dureza e a análise metalográfica. Em alguns casos, é preciso remover um corpo de prova para ensaios destrutivos. A realização de ensaios de tração exige preparação da amostra e, por isso, é necessário cortar um pedaço da peça para análise. Também é possível aplicar outros ensaios mais complexos, como raios-X e espectroscopia.

Neste ponto, podemos ver que a tecnologia de materiais é diretamente relacionada aos processos de fabricação por usinagem. Que tal aproveitar a oportunidade para rever seus conhecimentos sobre tecnologia de materiais?

■ Síntese

Neste capítulo, você conheceu a classificação das alterações superficiais resultantes dos processos de usinagem. Estudou também os parâmetros de rugosidade R_a e R_t e viu como calcular os valores teóricos e como medir os valores práticos. Com o auxílio do texto, você pôde identificar alguns tipos diferentes de alterações subsuperficiais e recebeu algumas dicas de como obter superfícies de boa qualidade.

■ Questões para revisão

1. Quais são os principais tipos de alterações superficiais resultantes dos processos de usinagem?

2. Como se faz para medir a rugosidade com o auxílio de um rugosímetro?

3. Calcule os valores de rugosidade R_a e R_t esperados para o torneamento de uma peça de aço carbono com uma ferramenta de raio de ponta de 0,8 mm, com profundidade de corte de 2,5 mm e avanço de 0,25 mm/rot. Considere o ângulo de ataque a 90°. Em seguida, assinale a alternativa correta:

    a. R_a = 2,5 µm; R_t = 0,98 µm.
    b. R_a = 2,5 µm; R_t = 9,8 µm.
    c. R_a = 0,25 µm; R_t = 9,8 µm.
    d. R_a = 0,25 µm; R_t = 0,98 µm.

4. Calcule os valores das rugosidades R_a e R_t esperado para fresamento frontal de uma peça de alumínio com uma ferramenta de raio de ponta de 0,4 mm e avanço por dente de 0,2 mm/dente. Considera o ângulo de posição e o ângulo de ataque = 15°. Em seguida, assinale a aternativa correta:

    a. R_a = 6,4 µm; R_t = 5 µm.
    b. R_a = 0,64 µm; R_t = 5 µm.
    c. R_a = 6,4 µm; R_t = 50 µm.
    d. R_a = 0,64 µm; R_t = 50 µm.

5. Indique se as seguintes considerações sobre integridade superficial são verdadeiras (V) ou falsas (F):

    (   ) O melhor parâmetro para controle da rugosidade nas operações de torneamento é a rugosidade R_t.
    (   ) Furos produzidos com broca helicoidal geralmente apresentam desvios de forma.

( ) Nas equações de cálculo teórico para a rugosidade prevista no processo de torneamento, o valor da profundidade de corte tem papel fundamental, pois influencia no cálculo do valor de R_a.

( ) O aquecimento gerado nos processos de fabricação pode resultar em desvios de empenamento em superfícies planas.

( ) Uma das formas de controlar o desvio de forma é a utilização de micrômetros para medir a planicidade da peça.

( ) É possível medir vários desvios de forma diretamente na máquina antes de soltar a peça da máquina. Isso garante a qualidade da peça antes do término da operação.

( ) Peças de aço inoxidável não sofrem desvio de forma decorrentes calor gerado no processo de usinagem porque esse tipo de material não sofre aquecimento.

( ) As alterações subsuperficiais podem ocorrer quando a temperatura da peça extrapola o patamar de transformação de fases do material da peça.

( ) Uma das formas de reduzir os desvios de forma provocados pelo aquecimento da peça é a utilização de fluidos refrigerantes para resfriamento da peça, do cavaco e da ferramenta durante a usinagem.

( ) Em operações que exijam grandes remoções de material, é recomendada a execução de operações de desbaste e acabamento, a fim de reduzir os riscos de ocorrência de desvios de forma nas peças usinadas.

■ Questões para reflexão

1. É possível usinar uma superfície com baixo valor de R_a e alto valor de R_t? Justifique sua resposta.

2. Por que não faz sentido medir a rugosidade R_a em furos executados em peças de aço carbono com brocas helicoidais de aço rápido?

■ **Para saber mais**

Documento *on-line*
MITUTOYO. **Medição de forma**. Disponível em: <http://www.mitutoyo.com.br/site/produtos/pdf/rugosimetros/SJ410.pdf>. Acesso em: 18 abr. 2016.

Normas
ABNT – Associação Brasileira de Normas Técnicas. **NBR 14646**: tolerâncias geométricas – requisitos de máximo e requisitos de mínimo material. Rio de Janeiro, 2001a.

____. **NBR 6409**: tolerâncias geométricas – tolerâncias de forma, orientação, posição e batimento – generalidades, símbolos, definições e indicações em desenho. Rio de Janeiro, 1997.

____. **NBR ISO 2768-1**: tolerâncias gerais – Parte 2: Tolerâncias para dimensões lineares e angulares sem indicação de tolerância individual. Rio de Janeiro, 2001b.

____. **NBR ISO 4287**: especificações geométricas do produto (GPS) – rugosidade: método do perfil – termos, definições e parâmetros da rugosidade. Rio de Janeiro, 2002.

10 Fluidos – lubrificação e refrigeração

Conteúdos do capítulo:
- *Fluidos lubrificantes e refrigerantes.*
- *Funções dos fluidos de corte.*
- *Técnicas de aplicação de fluidos de corte.*

Após o estudo deste capítulo, você será capaz de:
1. *identificar os principais tipos de fluidos lubrificantes e refrigerantes;*
2. *reconhecer as características e funções dos fluidos de corte;*
3. *identificar aplicações para cada tipo de fluido de corte;*
4. *compreender as técnicas de aplicação de lubrificantes e refrigerantes.*

Durante a ação da ferramenta na usinagem do material, é possível notar a ocorrência de dois fenômenos muito importantes: atrito e aquecimento. O fenômeno do atrito é causado principalmente pelo escorregamento do cavaco sobre a superfície da ferramenta. O aquecimento é uma forma de dissipação do atrito e outros tipos de transformação de energia que ocorrem durante a formação do cavaco.

Neste capítulo, veremos como reduzir o atrito e como retirar o calor gerado nos processos de usinagem por meio da aplicação de fluidos de corte. Analisaremos também as funções da refrigeração e da lubrificação aplicadas nas operações de fabricação.

10.1 Fluidos

Todo processo de usinagem por ferramentas de corte gera calor. À medida que o calor aumenta, a vida útil da ferramenta é reduzida. A aplicação desse calor também pode gerar alterações na peça. Por isso, nos processos de fabricação em ambiente industrial, é muito comum a aplicação de fluidos para refrigerar o corte. Na Figura 10.1, você pode observar uma broca sendo lubrificada com fluido de corte no método de jorro de alto volume.

Figura 10.1 – Aplicação de fluido refrigerante por jorro

A aplicação da velocidade de corte faz a broca girar em torno de seu próprio eixo, e a penetração da aresta de corte no material da peça gera atrito e calor. Nesse caso, o fluido de corte tem a função principal de retirar o calor gerado na região de corte e, dessa forma, proteger a aresta da broca.

Mas você deve estar se perguntando: O que acontece com esse fluido? Ele é descartado? Como manter o grande volume necessário para a refrigeração?

O fluido é mantido em um tanque de refrigeração, que fica localizado abaixo da peça a ser usinada. Uma bomba hidráulica envia o fluido até a região de corte por meio de uma tubulação. Após retirar o calor do processo, o fluido cai por uma calha que o leva novamente para o reservatório onde está a bomba. É importante mencionar que o fluido de corte é reutilizado várias vezes, enquanto mantiver as características desejadas para o processo de fabricação.

Veja, na Figura 10.2, a execução de uma engrenagem com lubrificação a óleo. Esse tipo de operação emprega baixas velocidades de corte e altos torques para sua execução. O fluido vai exercer a função principal na lubrificação da ferramenta e da peça durante a usinagem, favorecendo o deslizamento do cavaco. A aplicação é feita diretamente na região de corte.

Figura 10.2 – Aplicação de fluido lubrificante por jorro

Em ambos os casos, é importante considerar o tipo da aplicação, o volume de produção, a relação custo-benefício, a necessidade de refrigeração ou lubrificação e, também, a forma de descarte do fluido após sua utilização, conforme veremos a seguir.

10.2 Funções dos fluidos de corte

As principais funções dos fluidos de corte podem ser destacadas como **lubrificação** e **refrigeração**. As funções complementares incluem **remoção do cavaco da região do corte** e **proteção de máquinas, peças e ferramentas contra a oxidação** (CIMM, 2016c).

Para baixas velocidades de corte, recomenda-se a aplicação de fluidos com alta capacidade lubrificante. Deve-se dar preferência a essa função quando há necessidade de reduzir o atrito e a área de contato entre a ferramenta e o cavaco. Nesse caso, o calor gerado no processo é menor, em razão das baixas velocidades, e a refrigeração perde sua importância. Ou seja, a aplicação deve permitir a formação de um filme com resistência ao cisalhamento menor que a resistência do material da peça.

Veja, na Figura 10.3, um exemplo de aplicação de fluido de corte em uma operação de corte por serra.

Figura 10.3 – Aplicação de fluido na operação de corte

De maneira geral, para altas velocidades de corte, recomenda-se a aplicação de fluidos com alta capacidade de refrigeração. Nesses casos, a preferência deve ser dada aos casos em que sejam geradas altas quantidades de calor no processo, afinal, o calor pode prejudicar a superfície da peça e reduzir a vida útil da ferramenta. Além disso, cavacos quentes podem gerar acidentes, e peças quentes podem ser difíceis de manusear. Na Figura 10.4, você poderá ver a aplicação de um fluido sintético em uma operação de retífica cilíndrica.

Figura 10.4 – Aplicação de fluido na operação de retífica cilíndrica

A grande quantidade de fluido e sua alta capacidade refrigerante dissipam o calor intenso gerado em função da alta velocidade de corte. Isso impede deformações geométricas de empenamento na peça e transformações subsuperficiais no material usinado. A principal função do fluido nessa aplicação é a refrigeração.

Em alguns casos, as funções complementares podem assumir o papel principal na aplicação de fluidos de corte, como na execução de furos profundos. Veja um exemplo disso na Figura 10.5, em que se veem duas brocas com canais internos para lubrificação.

Figura 10.5 – Brocas com canal interno de lubrificação

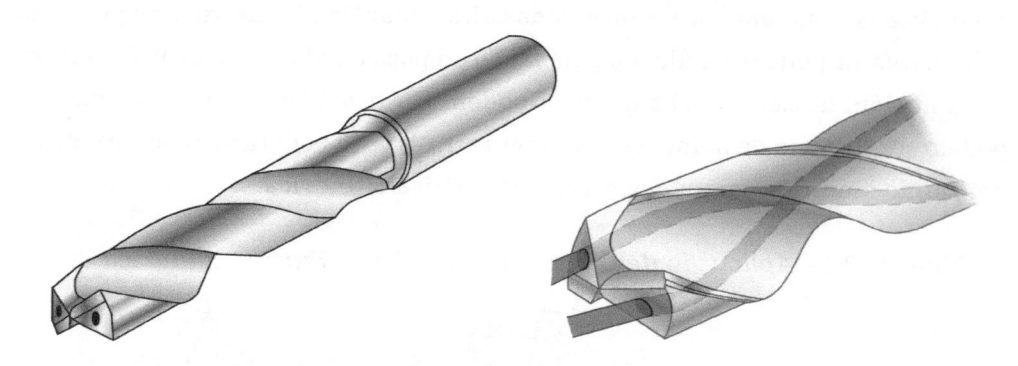

Fonte: Sanvik Coromant, 2015.

Nos casos como o da imagem, o fluido de corte é injetado em alta pressão pelos canais até a ponta da ferramenta. Durante a furação, o cavaco é arrastado pelo fluido para fora do furo. Perceba que, nessa situação crítica, uma broca sem o canal interno poderia manter o cavaco dentro do furo durante a usinagem, aumentando o atrito e o torque necessário para a execução da operação. Se o cavaco não for removido, o atrito pode aumentar progressivamente e resultar até em quebra da ferramenta. O fluido assume, nesse caso, a função principal de remover o cavaco da região de corte.

10.3 Classificação dos fluidos de corte

Os líquidos são mais amplamente utilizados nas operações de usinagem. Os fluidos sólidos e gasosos têm sua aplicação restrita por dois motivos principais: algumas vezes são economicamente inviáveis e outras vezes exigem muitos cuidados na aplicação.

Uma classificação geral agrupa os fluidos de corte líquidos em três categorias: óleos, emulsões e soluções (CIMM, 2016c).

1. Os **óleos** podem ser vegetais ou minerais.

    a. Os **óleos vegetais integrais** estão caindo em desuso porque degradam facilmente e sua aplicação é inviável em razão do alto custo. Atualmente, são empregados como aditivos nos fluidos minerais para melhorar a função de lubrificação.

    b. Os **óleos minerais** são derivados do petróleo, com base parafínica, o que resulta em excelentes funções lubrificantes e ótima resistência à oxidação. São óleos de alta viscosidade, baixa condutividade térmica e baixo calor específico, o que os torna ineficientes na função de refrigeração.

2. Podemos classificar as **emulsões** em fluidos emulsionáveis e emulsões semissintéticas.

    a. Os **fluidos emulsionáveis** também são aqueles que conhecemos equivocadamente por *óleos solúveis*. Na verdade, o óleo desse fluido não é solúvel. Os fluidos emulsionáneis são líquidos compostos de duas fases: uma de óleos minerais e outra de água, numa proporção entre 1:10 e 1:100, dependendo da aplicação. Ou seja, os fluidos emulsionáveis são misturas de óleo e água com pequena proporção de óleo e maior parte de água, com uma coloração esbranquiçada. Para garantir a uniformidade desse composto, é preciso acrescentar agentes surfactantes e emulsificantes. A estabilidade gerada por esses aditivos produz glóbulos de óleo extremamente pequenos, o que confere o aspecto translúcido ao fluido. A mistura é tão homogênea e os glóbulos de óleo são tão pequenos que parece que os óleos são solúveis. Sua principal função é retirar o calor e promover a refrigeração, em decorrência da grande capacidade térmica da água, e, ao mesmo tempo, promover a lubrificação pela inserção dos glóbulos de óleo na interface da ferramenta com o cavaco.

b. Já as **emulsões semissintéticas** apresentam entre 5% e 50% de óleo mineral no fluido, além de aditivos e outros compostos químicos que, de fato, são solúveis em água e formam moléculas distintas. Uma grande quantidade de elementos emulsificantes resulta em um líquido mais homogêneo e transparente. Oferecem menor risco à saúde humana, quando comparados com os fluidos emulsionáveis.

3. As **soluções** também são conhecidas como **fluidos sintéticos** e são compostas de apenas uma fase, em que o óleo é completamente dissolvido na água. Não contêm óleos minerais. São compostas por sais, aditivos e outros elementos adicionados à água. Têm função principal de retirar o calor e promover a refrigeração, além de atuar como agentes biocidas e oferecer propriedades anticorrosivas.

No Quadro 10.1, você pode ver um resumo das principais características dos fluidos de corte.

Quadro 10.1 – Propriedades dos fluidos de corte

Propriedades do fluido de corte	Soluções	Emulsões	Óleos
Poder lubrificante	baixo	intermediário	alto
Poder refrigerante	alto	intermediário	baixo
Velocidade de corte (v_c)	alta	alta	baixa
Admite aditivo EP	sim	sim	sim
Suscetível à infecção bacteriana*	não	sim	sim
Propriedades anticorrosivas**	fracas	fracas	boas
* Manutenção do fluido e uso correto de bactericidas amenizam o problema. ** Fluidos de corte solúveis corretamente formulados e mantidos protegem adequadamente; porém, problemas de corrosão com fluidos solúveis em geral são conhecidos.			

Fonte: CIMM, 2016c.

O uso de aditivos de extrema pressão (EP) tem a função de criar uma interface entre a ferramenta e o cavaco para reduzir o desgaste por atrito. Somente as soluções não são suscetíveis à infecção por bactérias, porque não contêm óleos de origem animal ou mineral, apenas óleos sintéticos. Por fim, devemos observar que apenas os óleos têm alto poder lubrificante e boas propriedades anticorrosivas, porque não utilizam água em sua constituição.

10.4 Tratamento e descarte dos fluidos de corte

O fluido perde suas propriedades com o uso, em decorrência da contaminação com o ambiente da usinagem, pela submissão à variação da temperatura e a outros fenômenos físicos e químicos. Uma forma bastante prática de mensurar a concentração de óleo nos fluidos de corte é a utilização de um **refratômetro**, ilustrado na Figura 10.6.

Figura 10.6 – Refratômetro

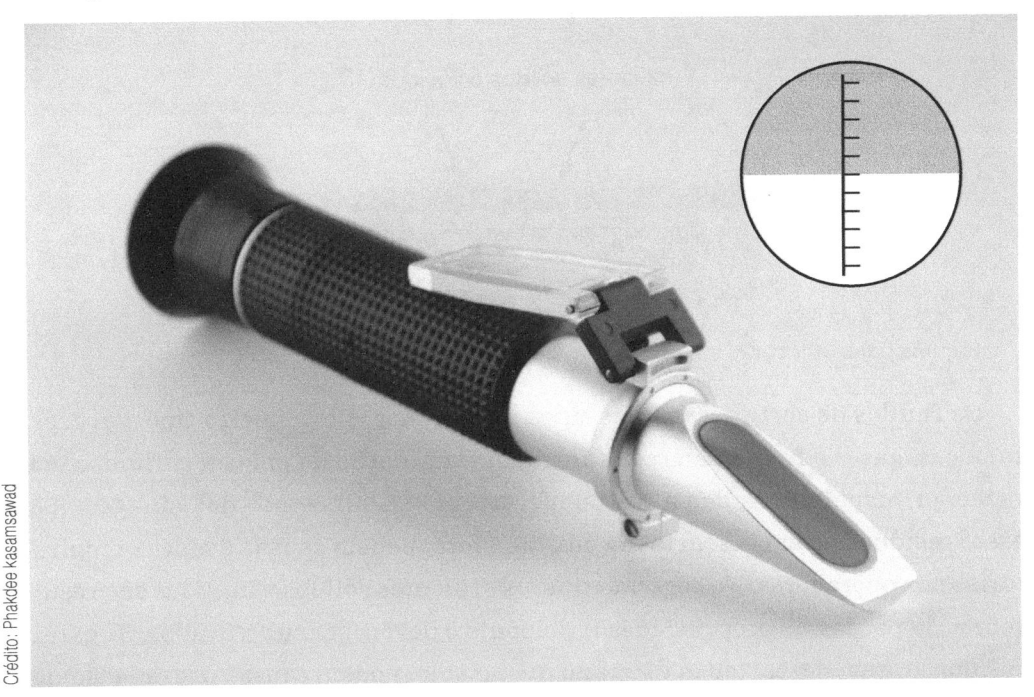

Esse instrumento simples permite o ajuste da concentração por meio da adição de óleo ou água, conforme a necessidade. Para prolongar a utilização dos fluidos de corte, é preciso ajustar a proporção da mistura, acrescentando-se água quando houver muito óleo.

Na Figura 10.7, podemos ver as principais relações do fluido com o ambiente de usinagem.

Figura 10.7 – Emissão de resíduos de fluidos de corte

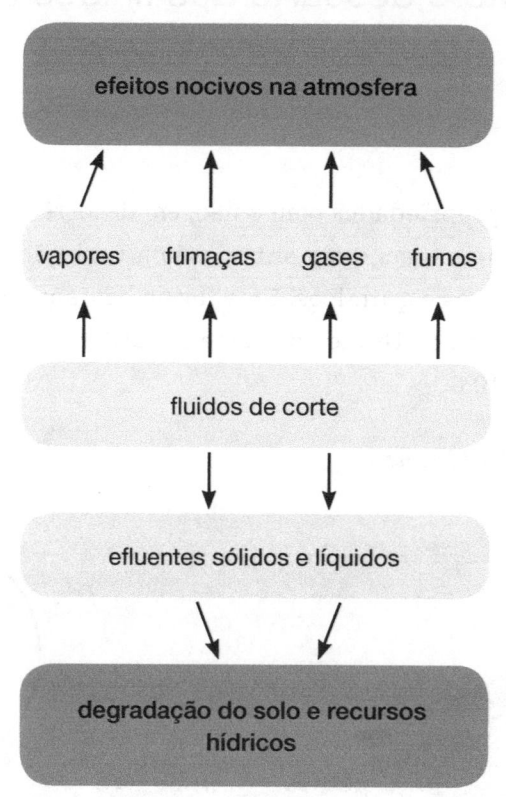

```
                    ┌─────────────────────────────────┐
                    │  efeitos nocivos na atmosfera   │
                    └─────────────────────────────────┘
                         ↑      ↑      ↑      ↑
                    ┌─────────────────────────────────┐
                    │ vapores  fumaças  gases  fumos  │
                    └─────────────────────────────────┘
                         ↑      ↑      ↑      ↑
                    ┌─────────────────────────────────┐
                    │        fluidos de corte          │
                    └─────────────────────────────────┘
                                ↓      ↓
                    ┌─────────────────────────────────┐
                    │    efluentes sólidos e líquidos  │
                    └─────────────────────────────────┘
                                ↓      ↓
                    ┌─────────────────────────────────┐
                    │  degradação do solo e recursos  │
                    │            hídricos              │
                    └─────────────────────────────────┘
```

Fonte: Adaptado de CIMM, 2016c.

Os fluidos de corte geram dois tipos de resíduos. No primeiro tipo, vapores, fumaças, gases e fumos são resultantes da evaporação de parte dos fluidos em razão, principalmente, das altas temperaturas dos processos de usinagem. Se esses resíduos forem descartados na atmosfera, podem causar doenças respiratórias nos operadores. No segundo tipo, os efluentes sólidos e líquidos são resultantes da perda das propriedades funcionais e devem ser substituídos. Se esses resíduos forem descartados diretamente no solo, podem causar degradação do solo e dos recursos hídricos.

Não existe ainda um fluido de corte universal, que atenda a todas as condições de usinagem. As aplicações devem ser orientadas por uma ou outra característica mais necessária ao processo de usinagem específico. Assim, podemos concordar que os fluidos devem ser utilizados na menor quantidade possível. Quando não houver alternativa para redução do uso, a aplicação deve ser controlada com sistemas de exaustão e captação de gases e com o posterior tratamento dos efluentes sólidos e líquidos.

Sob o ponto de vista ambiental, a melhor técnica de usinagem é aquela que prevê a não utilização de fluidos de corte. Essa técnica é conhecida como *usinagem a seco*. Ela dispensa o investimento em sistemas de bombeamento, captura e tratamento dos resíduos líquidos.

Outra técnica de aplicação com mínima quantidade de lubrificantes (MQL) tem avançado de forma bastante significativa nos processos de usinagem. Nesse sistema, uma bomba goteja um óleo integral, que é aspergido sobre a peça por um sopro pneumático. Veja, na Figura 10.8, um exemplo de aplicação de um sistema MQL.

Figura 10.8 – Aplicação de sistema MQL

No sistema em questão, o óleo é soprado em alta velocidade e penetra melhor na interface entre o cavaco e a ferramenta. O óleo é bastante fino e consegue atingir os locais que a água dos processos de jorro em baixa pressão não alcança. Além disso, o volume de óleo empregado é muito pequeno, da ordem de 10 ml/h a 200 ml/h. O óleo permanece sobre a superfície usinada da peça, formando uma camada protetora contra a oxidação do meio ambiente.

Obviamente, também há problemas nesse sistema. Os principais estão associados à necessidade de máquinas especiais para conter os cavacos, que são removidos em alta velocidade, e ao elevado nível de ruído, devido à pressão de ar empregada.

■ Síntese

Neste capítulo, você conheceu os principais fluidos de corte empregados nas operações de usinagem. Você pôde perceber que existe uma classificação geral dos fluidos de corte e que cada uma vai exercer funções específicas. Algumas funções são mais importantes que outras, dependendo da aplicação. Você viu como o uso dos fluidos de corte interage com o ambiente de usinagem e como tratar seus resíduos. Por fim, um exemplo ilustrou a aplicação da quantidade mínima de lubrificante, em uma situação em que os pesquisadores buscaram otimizar a aplicação dos fluidos de corte.

■ Questões para revisão

1. Assinale V para verdadeiro e F para falso em relação às funções dos fluidos de corte:
   ( ) Colaboram na limpeza da máquina.
   ( ) Facilitam a remoção do cavaco da área de corte da ferramenta.
   ( ) Realizam a lubrificação da ferramenta.
   ( ) Produzem a contaminação da peça.
   ( ) Produzem a oxidação do cavaco.

2. Explique o que é um fluido emulsionável. Indique quais são as proporções de óleo e água mais comuns nesse tipo de fluido de corte.

3. Por que os óleos integrais têm melhores propriedades anticorrosivas quando comparados a emulsões e soluções?

4. Explique o que significa a sigla MQL e apresente as limitações da aplicação desse sistema.

5. Indique se as seguintes considerações sobre a aplicação dos fluidos de corte são verdadeiras (V) ou falsas (F):
   ( ) O sistema de aplicação de fluidos por jorro consiste em um reservatório de fluido com uma bomba hidráulica, uma tubulação que transporta o fluido até a região de corte, válvulas para controle de fluxo e calhas para captação do fluido utilizado e redirecionamento para o reservatório.
   ( ) O sistema de aplicação de fluidos pelo método de pulverização com MQL consiste em uma unidade misturadora e pressurizadora e um bico de restrição que direciona o jato do fluido.

( ) O método MQL consome mais óleo de corte que o método de lubrificação por jorro, porque naquele método o fluido não é reaproveitado.

( ) A principal dificuldade de aplicação dos fluidos de corte é a manutenção simultânea das capacidades de lubrificação e refrigeração da peça, porque isso exige a atenção redobrada do operador da máquina.

6. Observe a figura a seguir, que ilustra a produção de uma peça pelo processo de retificação. Avalie as afirmações apresentadas na sequência.

Operação de retificação com fluido de corte

I. Os fluidos de corte também são chamados de *fluidos lubrirrefrigerantes*, pois realizam a função de lubrificação e refrigeração durante a usinagem. Uma de suas funções é retirar o cavaco da região de corte.

II. Nas operações com altas velocidades de corte, uma das principais funções dos fluidos de corte é promover a refrigeração do cavaco, da peça e da ferramenta.

III. A aplicação dos fluidos de corte pode ser realizada por diferentes métodos, tais como jorro por baixa pressão, sistemas de alta pressão e sistemas de pulverização com ar comprimido.

Assinale a alternativa correta:

a. Apenas a afirmativa I está correta.
b. Apenas a afirmativa III está correta.
c. Apenas as afirmativas I e II estão corretas.
d. Apenas as afirmativas I e III estão corretas.
e. Todas as afirmativas estão corretas.

■ Questões para reflexão

1. A usinagem a seco pode ser realizada em todas as operações? Justifique sua resposta.

2. O que deve ser feito com a água utilizada em emulsões e soluções de corte depois que esses fluidos perdem suas propriedades funcionais?

■ Para saber mais

Sites

BLASERSWISSLUBE DO BRASIL. Disponível em: <http://www.blaser.com/index.cfm?type=start&land=br&sprache=f>. Acesso em: 18 abr. 2016.

CIMM. **Material didático**: usinagem. Disponível em: <http://www.cimm.com.br/portal/material_didatico/3251#.VyJh8_krKM8>. Acesso em: 18 abr. 2016.

HDX OIL. Disponível em: <http://hdxoil.com.br/>. Acesso em: 18 abr. 2016.

11 Comando numérico computadorizado (CNC)

Conteúdos do capítulo:
- *Princípio de funcionamento do comando numérico computadorizado (CNC).*
- *Programação do CNC.*

Após o estudo deste capítulo, você será capaz de:
1. *compreender o princípio de funcionamento do CNC;*
2. *relacionar as operações de usinagem com uma sequência de programação;*
3. *reconhecer o código G de programação CNC;*
4. *entender a forma de programação com o uso de programas* Computer Aided Design/Computer Aided Manufacturing *(CAD/CAM).*

Sabemos que as operações de fabricação ocorrem com a aplicação de máquinas e ferramentas para a produção de peças. Algumas máquinas podem ser controladas manualmente por um operador do processo; outras, com o auxílio de computadores.

Neste capítulo, trataremos do comando numérico computadorizado (CNC), que é um equipamento que comanda as máquinas com o auxílio de computadores. Veremos que a aplicação desse tipo de equipamento facilita o controle e a execução das operações de usinagem. Analisaremos, ainda, as características dos processos e máquinas controladas por CNC, bem como as principais formas de programação CNC.

11.1 As máquinas do processo de usinagem

O mesmo processo de usinagem pode ser comandado manualmente por um operador de máquina, ou com o auxílio de um comando numérico computadorizado (CNC). Veja, na Figura 11.1, uma ilustração de um torno mecânico universal. Podemos chamar essa máquina de *torno convencional*, porque seu comando é manual.

Figura 11.1 – Torno mecânico universal

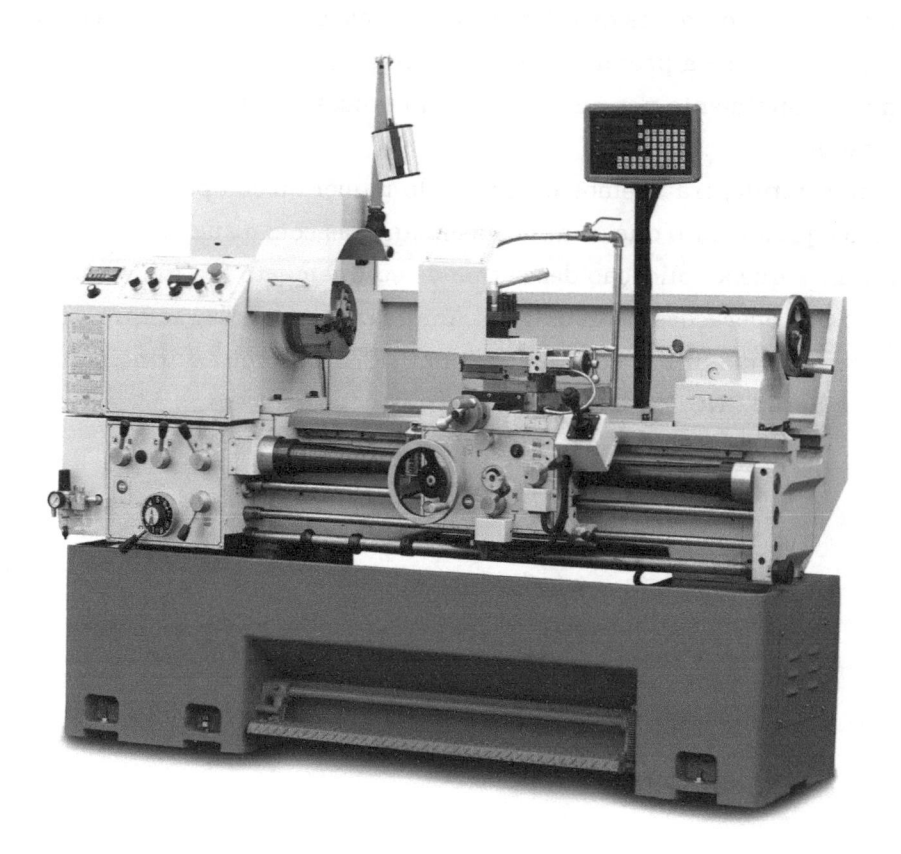

Nas máquinas convencionais, o operador tem um papel fundamental: comandar manualmente a máquina por meio do acionamento de alavancas e botões. Normalmente, o controle das operações é feito de modo manual. O operador regula e aciona a máquina, controlando a execução do processo por meio da observação. Quando a máquina atinge o final de uma operação, o operador modifica e prepara a máquina e comanda a execução de uma nova operação.

Agora, veja, na Figura 11.2, uma ilustração de um torno mecânico com CNC. Nesse tipo de máquina, o programador estabelece a sequência de fabricação por meio de um programa CNC.

Figura 11.2 – Torno mecânico com CNC

Nas máquinas com CNC, o preparador da máquina ativa o programa, faz a montagem das ferramentas e da peça e testa a execução da primeira peça. A máquina CNC efetua a usinagem de forma automática na sequência programada. Por fim, o operador efetua a produção do lote de peças, trocando o material para cada nova peça, fazendo pequenos ajustes e controlando a qualidade do produto.

Dessa forma, podemos notar que máquinas equipadas com CNC utilizam um programa que transmite instruções eletrônicas ao equipamento de produção para regular suas funções e fazer sua operação. A facilidade de mudança no programa é que faz do CNC uma tecnologia flexível e apropriada para a produção de baixo e médio volume. Podemos considerar que é muito mais fácil escrever novos programas do que modificar o equipamento de produção. Isso, aliás, faz com que as máquinas CNC executem processos de fabricação de forma automatizada.

Apesar de serem controladas de forma diferente, tanto as máquinas convencionais quanto as máquinas CNC servem para fazer o mesmo tipo de produto. Com isso, podemos compreender que a fabricação de peças por usinagem deve seguir os mesmos parâmetros de execução do processo. Ou seja, temos as mesmas ferramentas, velocidades de corte, avanços e profundidades, independentemente da forma de comando, convencional ou CNC.

No entanto, as máquinas convencionais exigem menor investimento inicial quando comparadas às máquinas CNC (Groover, 2011), até mesmo pelas ferramentas utilizadas. Além disso, podemos pensar que o uso eficiente das máquinas convencionais é condicionado principalmente à experiência do operador e da equipe de planejamento de processos. Isso possibilita maior flexibilidade nas operações feitas com máquinas convencionais.

Podemos pensar que as máquinas CNC exigem maior investimento inicial quando comparadas com máquinas convencionais, pois o uso eficiente das máquinas CNC depende principalmente do programador e da equipe de planejamento de processos. Porém, o investimento maior é compensado em função das vantagens do processo: produção de peças com menor tempo de fabricação, melhor controle da qualidade do produto e aumento da produtividade.

De fato, o CNC representa um dos maiores desenvolvimentos para a automação de máquinas para usinagem, compondo um processo dinâmico de fabricação de peças. Atualmente, em virtude do avanço da tecnologia da informação, podemos afirmar, até mesmo, que qualquer processo de fabricação pode ser implementado com esse tipo de máquina. Nesses casos, quanto maior for o tamanho do lote de fabricação, tanto mais fácil será obter o retorno do investimento.

Mais adiante, neste capítulo, veremos que as formas de programação CNC estão evoluindo para a integração de sistemas computacionais e facilitando o trabalho dos programadores e o controle da manufatura.

11.2 Princípio de funcionamento do CNC

Para que possamos compreender o princípio de funcionamento do CNC e aprofundar os conhecimentos sobre ele, primeiramente é necessário conhecer sua definição. O CNC é um equipamento eletrônico dotado de entrada própria, capaz de receber informações, realizar uma compilação delas e transmiti-las em forma de comando para uma máquina. Essa máquina executa as operações na sequência programada, sem a intervenção do operador (Groover, 2011).

Como a definição é longa, fica mais fácil entendê-la com o auxílio da Figura 11.3. Observe também o passo a passo organizado na sequência, com a explicação da imagem.

Figura 11.3 – Diagrama do princípio de funcionamento do CNC

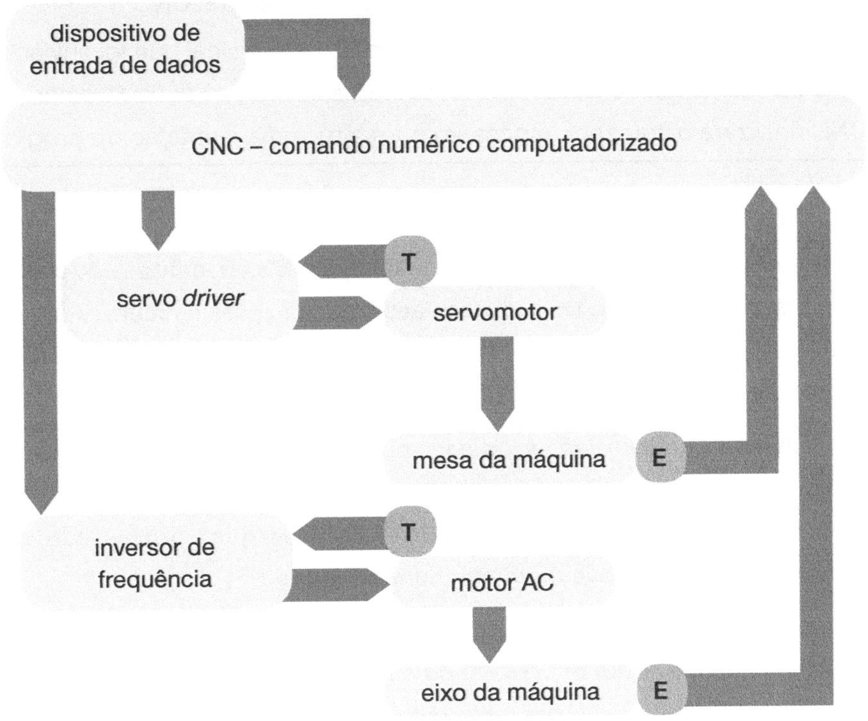

Fonte: Adaptado de Groover, 2011, p. 133.

Na imagem, temos:
T = tacômetro
E = *encoder*

1. As informações do processo (tipo de ferramenta, sequência de operações, velocidades, posicionamentos etc.) são organizadas em um arquivo chamado *programa CNC*.

2. O programa é introduzido no CNC por um dispositivo de entrada de dados (que pode ser um teclado, uma entrada USB, um leitor de CD etc.).

3. O CNC recebe e compila essas informações e traduz em forma de sinal eletrônico para um inversor de frequência ou para um servo *driver*.

4. O sinal é enviado para o inversor de frequência, que aciona o motor, ou então, o sinal é enviado para o servo *driver*, que aciona o servomotor.

5. Cada motor transforma o sinal de acionamento em um movimento mecânico. No caso do eixo da máquina, o motor gera um movimento de rotação; no caso da mesa da máquina, o servomotor gera um deslocamento.

6. Em cada elemento acionado, vai acoplado um sensor de movimento. Na Figura 11.3, a letra *T* representa um **tacômetro**, que serve para monitorar a velocidade. A letra *E* representa um *encoder*, que serve para monitorar o deslocamento.

7. O sensor de movimento envia um sinal de resposta para o CNC.

8. O CNC recebe a resposta do sensor e compara com o sinal que foi enviado para fazer o acionamento. Se a resposta for coerente com a instrução de acionamento, o CNC finalizará o comando e passará para a próxima instrução do programa.

Podemos resumir o funcionamento do CNC da seguinte forma:

- Recebe, compila e transmite as informações. Os elementos são acionados, inclusive a máquina. Os sensores acoplados nesses elementos acionados enviam o sinal de resposta para o CNC. Quando o CNC compara e certifica que a instrução foi executada, é constituído o comando.

- O comando é denominado *numérico* porque toda instrução de acionamento é composta de um valor (por exemplo, a velocidade de rotação de 500 rpm). O comando é denominado *computadorizado* porque é processado em uma unidade independente da máquina comandada.

- O operador não intervém na máquina durante a usinagem. Isso porque o controle da máquina ocorre em circuito fechado – o CNC dispara ordens de acionamento e somente passa para a próxima instrução quando recebe o sinal de resposta do elemento acionado. Esse é o **princípio de funcionamento do CNC**.

11.3 Formas do programação do CNC

Basicamente, existem duas formas de programação do CNC: uma **forma manual** e uma **forma assistida por computadores**. Em ambas, o que possibilita o comando da máquina é justamente o programa CNC, não importando se ele foi gerado de forma manual ou de forma assistida.

A principal vantagem da programação manual do CNC é a possibilidade de aplicar funções matemáticas para a geração de trajetórias mais complexas e a desnecessidade de um computador para a programação, o que resulta em menores custos. Já a principal vantagem da programação assistida por computador do CNC é a facilidade em gerar trajetórias de ferramentas para a construção de superfícies complexas. Esse trabalho é mais facilmente executado com o uso de um computador.

Na forma manual, o programador escreve manualmente uma série de códigos, que correspondem à sequência das operações de fabricação. Cada código corresponde a uma informação do processo. Por exemplo, no programa CNC há um código associado ao número de rotações por minuto e outro código associado ao sentido de giro (horário ou anti-horário). Assim, para se fazer a programação do CNC manual, o programador deve especificar esses dois códigos para ligar a rotação da ferramenta. Isso será feito com cada instrução de movimento e cada parâmetro do processo de fabricação. O conjunto dessas informações vai constituir o **programa CNC**.

A programação manual do CNC é baseada na norma ISO 6983 (ISO, 1982), sendo que cada função da máquina é associada a um código específico. Também conhecida como **código G**, essa norma estabelece um relacionamento de texto entre os códigos de comando e as funções da máquina. Veja um exemplo de programação no código G na Figura 11.4.

Figura 11.4 – Exemplo de programa CNC – Código G

Peça 1 – Furação
Lista de ferramentas
T1 – Broca de centro Ø3,15 mm
N = 1500 rpm   F = 140 mm/min

T5 – Broca helicoidal Ø10 mm
N = 720 rpm   F = 75 mm/min

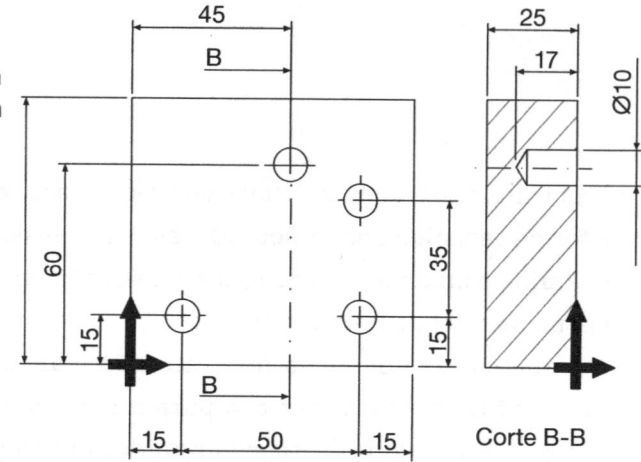

%0001	; BROCA HELICOIDAL DIAM. 10MM
; PROGRAMA PARA FURACAO	N170 T5 D5 M6
N10 G21 G40 G90 G94	N180 G97 S720 M3
N20 G00 G54 X200 Y200 Z150 M9	N190 G00 X15 Y15 Z2
; BROCA DE CENTRO DIAM. 3,15MM	N200 G01 Z-17 F75 M8
N30 T1 D1 M6	N210 G00 Z2
N40 G97 S1500 M3	N220 G00 X65 Y15
N50 G00 X15 Y15 Z2	N230 G01 Z-17
N60 G01 Z-3 F140 M8	N240 G00 Z2
N70 G00 Z2	N250 G00 X65 Y50
N80 G00 X65 Y15	N260 G01 Z-17
N90 G01 Z-3	N270 G00 Z2
N100 G00 Z2	N280 G00 X45 Y60
N110 G00 X65 Y50	N290 G01 Z-17
N120 G01 Z-3	N300 G00 Z2
N130 G00 Z2	N310 X200 Y200 Z150 M9
N140 G00 X45 Y60	N320 M30
N150 G01 Z-3	; FIM DO PROGRAMA
N160 G00 Z150 M9	

Na forma assistida, o programador utiliza um programa de computador para auxiliar o trabalho. Esse programa gera, de maneira automática, uma série de códigos, que correspondem à sequência de operações de fabricação. Ele também é conhecido como **programa CAD/CAM *(Computer Aided Design/Computer Aided Manufacturing)***. Por meio de interfaces gráficas, o programador faz intervenções em um modelo matemático que representa a geometria da peça. O programa CAD/CAM oferece uma simulação do processo de fabricação, na qual é possível visualizar a sequência de operações na tela do computador, como no exemplo da Figura 11.5.

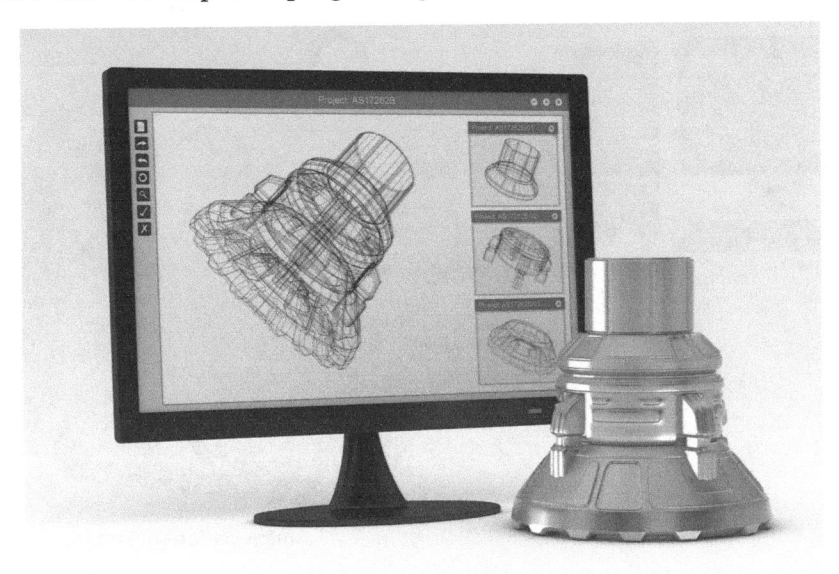

Figura 11.5 – Exemplo de programação do CNC com CAD/CAM

A programação assistida por computador é baseada na norma ISO 14649 (ISO, 2003), que contém informações necessárias para a descrição da tarefa a ser executada na máquina CNC, bem como a especificação das ferramentas, as condições tecnológicas de execução e as informações sobre as formas geométricas do produto. Essa nova forma de programação, também chamada de **STEP – NC**, propõe uma interface de integração entre o CAM e o CNC.

Os programas CAD/CAM são ferramentas computacionais de auxílio para a programação do CNC. Nesse tipo de programa, uma interface gráfica permite a escolha de elementos geométricos, a aplicação de operações e parâmetros de fabricação, além da simulação da usinagem no ambiente virtual (Groover, 2011). Dessa forma, é possível visualizar a sequência de operações programadas com o auxílio de uma interface gráfica. Depois de feitos todos os ajustes, realiza-se uma operação de pós-processamento e o programa CAD/CAM transforma a simulação em um programa CNC.

Depois que a programação e a simulação são concluídas, o programa CAD/CAM gera um arquivo de dados com o código G de maneira automática. É esse arquivo que contém as informações necessárias para estabelecer a sequência de fabricação.

Em seguida, o arquivo com o código G é transferido para a máquina CNC, conforme podemos ver na Figura 11.6.

Figura 11.6 – Transferência de dados para o CNC

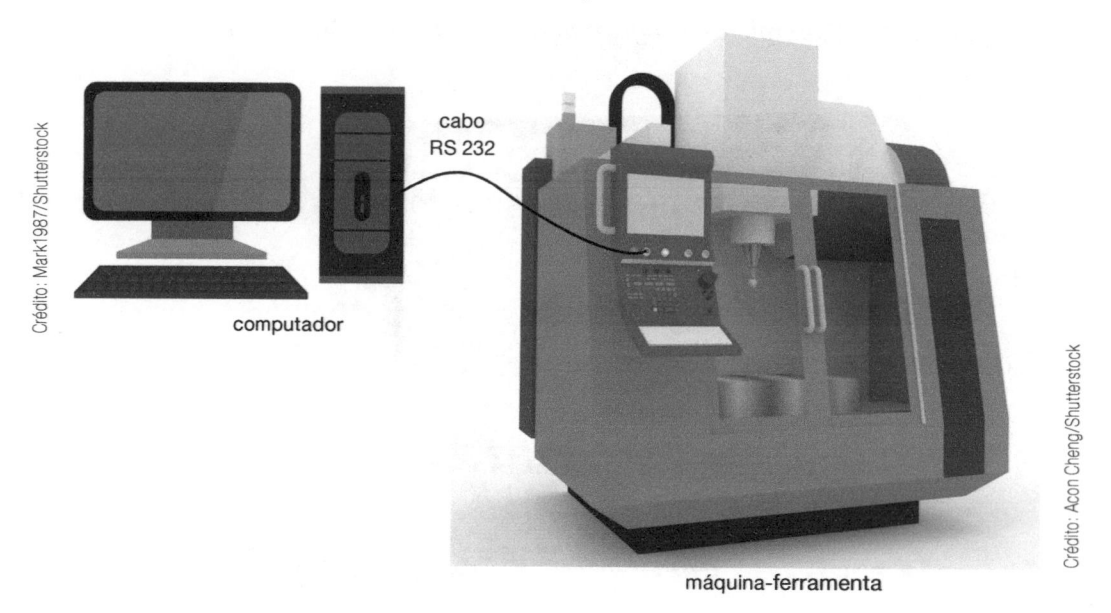

Depois de receber o código G, a máquina CNC é preparada e executa as operações na sequência programada. Durante a usinagem, não é necessária a intervenção do operador da máquina no processo de fabricação.

Nesse caso, não importa como a programação é feita, se de forma manual ou automática. O que efetivamente importa para o CNC é o arquivo com o código G, que contém a sequência programada.

11.4 Sistemas de referência

Para programar uma máquina CNC, é preciso estabelecer sistemas de referência nos quais possam ser descritas posições relativas entre as ferramentas de fabricação e as peças a serem fabricadas.

A referência da máquina também pode ser chamada de *ponto zero-máquina*, e sua posição é definida pelo fabricante. A referência da peça pode ser chamada de *ponto zero-peça*, e sua posição é escolhida pelo programador CNC.

O ponto zero-peça é a origem do sistema de coordenadas da peça, que é definido pelo programador e servirá como referência para a usinagem e a programação. A partir desse ponto é que serão programados os caminhos, os posicionamentos das ferramentas e todas as funções de usinagem. Partindo daí, a mudança do sistema de referência é feita no programa e ajustada pelo operador da máquina. Nesse sistema, a distância entre os pontos zero-máquina e zero-peça é determinada diretamente na máquina pelo operador. Existe uma área no painel de comando na qual o operador informa a posição do zero-peça.

O ponto zero-máquina e o ponto zero-peça estão ilustrados na Figura 11.7. São esses pontos que permitem ao CNC identificar a posição relativa da peça na mesa da máquina.

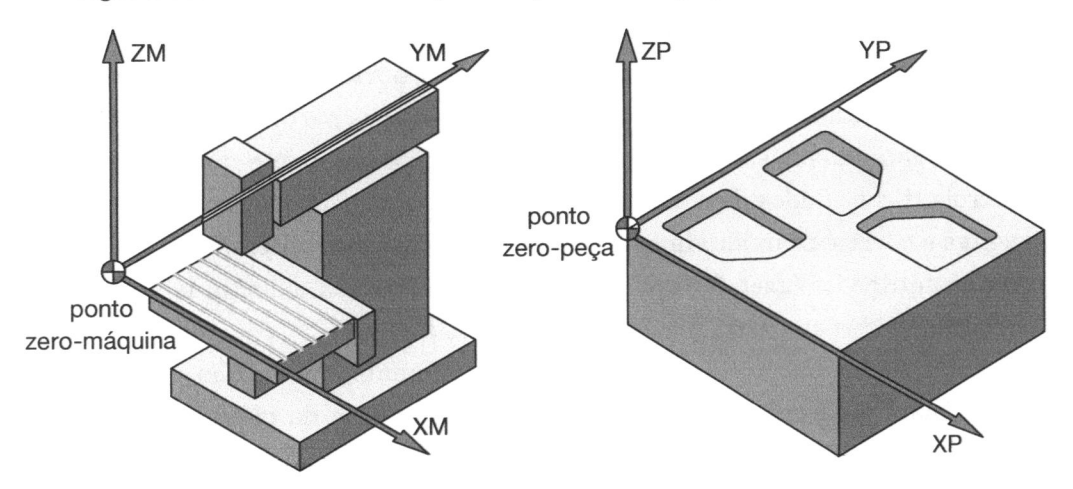

Figura 11.7 – Ponto zero-máquina e ponto zero-peça

Fonte: Adaptado de Siemens, 2010, p. 27, 157.

Nos processos de usinagem executados em máquinas controladas por CNC, é comum o uso de ferramentas de corte de geometria definida, sendo que a montagem destas deve ocorrer fora da máquina, no intuito de reduzir o tempo de preparação e aumentar o tempo de produção. Para as ferramentas, também é aplicado um sistema de referência, chamado *ponto zero-ferramenta*, a partir do qual são medidas as dimensões das ferramentas, conforme podemos observar na Figura 11.8.

Figura 11.8 – Ponto zero-ferramenta

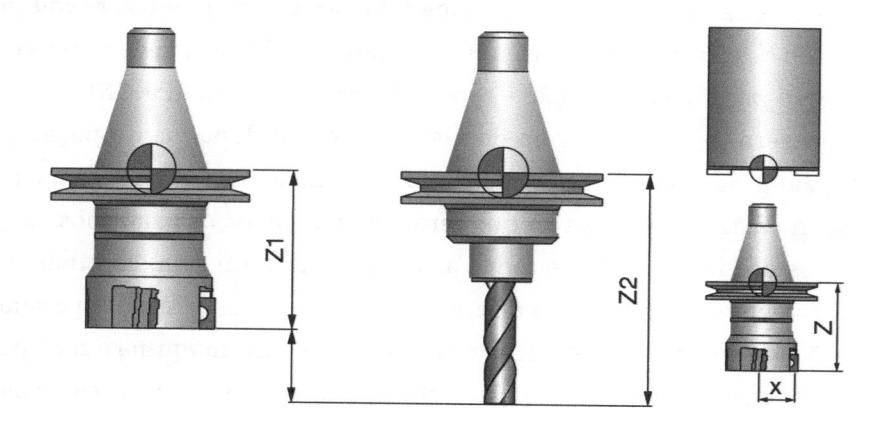

Fonte: Elaborado com base em Siemens, 2010.

Os valores dimensionais das ferramentas são de extrema importância para o processo de usinagem CNC, pois é baseado nessas informações que o comando da máquina irá calcular a trajetória da ponta da ferramenta, de forma a produzir corretamente a peça usinada.

Geralmente, o ponto zero-ferramenta é localizado no eixo que contém a ferramenta, próximo da entrada do alojamento do cone porta-ferramenta. Esse ponto é fixo, normalizado e coincide com o ponto localizado na parte maior do diâmetro do cone, quando ele está montado. Durante o processamento do programa, o controle tira os dados de correção necessários da página de correção de ferramentas e corrige individualmente, para cada ferramenta diferente, o percurso que a máquina irá fazer. Com duas ferramentas distintas, a máquina executará percursos diferentes para produzir peças iguais.

Esses dados são tratados pelo CNC, geralmente, como uma tabela que fica armazenada em uma área específica da memória da máquina. Veja, na Figura 11.9, uma ilustração das dimensões importantes para o comando numérico computadorizado.

Figura 11.9 – Ponto zero-ferramenta

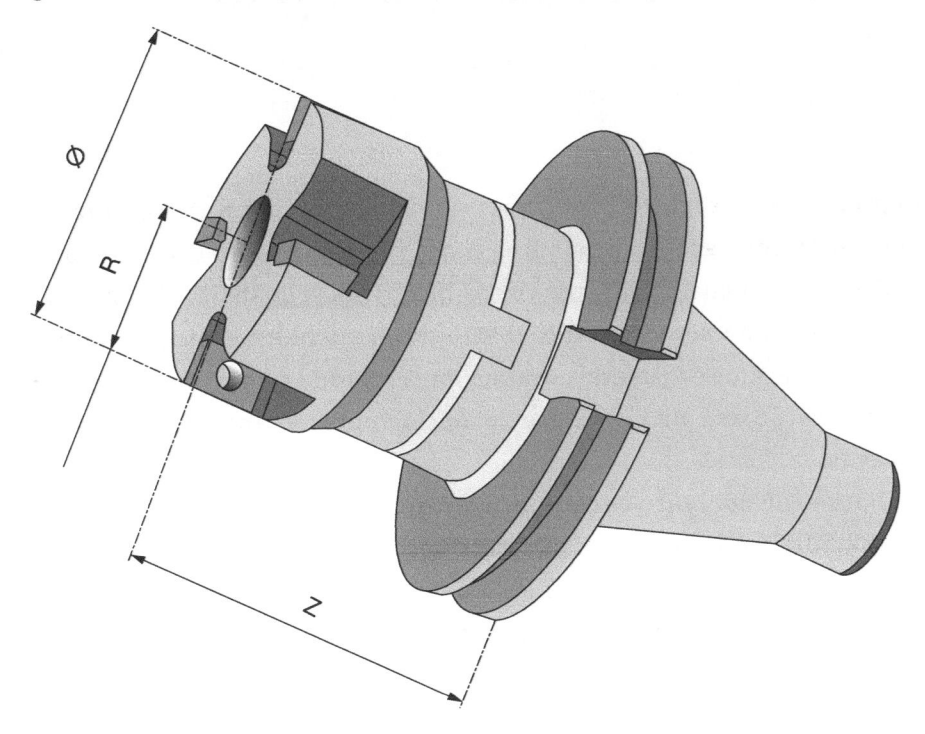

Fonte: Elaborado com base em Siemens, 2010.

O comprimento da ferramenta, medido desde o assentamento no eixo-árvore da máquina até a aresta de corte, é associado a um valor no endereço Z, e o raio ou diâmetro é associado ao endereço X. O operador CNC pode fazer ajustes à medida que as ferramentas forem desgastando, de forma a garantir a qualidade da peça produzida.

Para a usinagem, os dados de ferramentas mais comuns para o processo CNC são: seu diâmetro (Ø), seu raio (R) e seu comprimento (Z), além de um número que a identifique no programa CNC.

11.5 Código G de programação do CNC

O programa CNC é dividido em frases ou blocos, cada um representando um conjunto de informações suficientes para que a máquina CNC execute uma operação determinada. Para numerar os blocos em sequência, utiliza-se a letra *N* seguida de um número (N1, N05, N347 etc.). Cada bloco é, ainda, dividido em código (palavra), que é formado por uma letra seguida de um número, sendo que cada combinação tem um significado próprio, representando uma determinada informação.

Embora cada conjunto comando/máquina CNC tenha características que lhe são peculiares, existe uma quantidade considerável de operações que são comuns a quase todas as máquinas. Dessa forma, apresentamos a seguir os códigos mais comuns com seus respectivos significados, de acordo com a norma ISO 6983 (ISO, 1982).

Funções gerais e funções auxiliares – Programação ISO 6983

% ou O	Número do programa;
N	Número de bloco;
X, Y, Z	Coordenadas cartesianas;
A, B, C	Eixos de rotação;
I, J, K	Parâmetros de interpolação circular;
R	Valor do raio/Plano de retorno;
P, Q, R, D	Parâmetros dos ciclos;
T	Estabelece o número da ferramenta;
D/H	Estabelece o número do corretor da ferramenta;
S	Valor da rotação da máquina (G96 – S em (m/min) G97 – S em (rpm));
F	Valor do avanço da máquina (G94 – F em (m/min) G95 – F em (mm/rot));
G	Códigos G – Funções modais (modo de funcionamento da máquina);
M	Funções de máquina (acionam a máquina).

Códigos G – Programação ISO 6983

G00/G0	Interpolação linear em avanço em rápido;
G01/G1	Interpolação linear com avanço programado;
G02/G2	Interpolação circular no sentido horário;
G03/G3	Interpolação circular no sentido anti-horário;
G04/G4	Tempo de espera, permite uma parada num tempo programado;
G17	Define o plano de trabalho XY (valor-padrão);
G18	Define o plano de trabalho XZ;
G19	Define o plano de trabalho YZ;
G20/G70	Medidas em polegadas;
G21/G71	Medidas em milímetros;
G40	Cancela compensação do raio da ferramenta;
G41	Compensação do raio da ferramenta à esquerda da trajetória;
G42	Compensação do raio da ferramenta à direita da trajetória;
G53	Cancelamento do ponto zero-peça – ativa o ponto zero-máquina;
G54	1º Ponto zero-peça;
G55	2º Ponto zero-peça;
G56	3º Ponto zero-peça;
G59	Deslocamento de origem aditivo externo;
G60	Parada precisa;
G64	Deslocamento contínuo;
G80	Cancelamento de ciclo fixo;
G81	Ciclo de furação simples;
G83	Ciclo de furação tipo pica-pau;
G84	Ciclo de roscamento com macho;
G85	Ciclo de alargamento;
G86	Ciclo de mandrilamento;
G90	Coordenadas absolutas;
G91	Coordenadas incrementais;
G92	Limite de rotações/Deslocamento adicional;
G94	O avanço é programado em mm/min;
G95	O avanço em mm/rot;
G96	A rotação é programada em m/min;
G97	A rotação em RPM.

Códigos M – Programação ISO 6983

M00/M0	Parada programada;
M01/M1	Parada condicional;
M03/M3	Liga a rotação no sentido horário;
M04/M4	Liga a rotação no sentido anti-horário;
M05/M5	Desliga a rotação;
M06/M6	Troca a ferramenta automaticamente;
M08/M8	Liga refrigeração;
M09/M9	Desliga refrigeração;
M17/M99	Fim de sub-rotina;
M19	Parada orientada do fuso;
M30	Fim de programa;
M98	Chamada de sub-rotina.

Fonte: Adaptado de ISO, 1982.

Há, também, as **coordenadas cartesianas**, ou seja, para cada direção do movimento, é possível programar valores numéricos para os deslocamentos. Trata-se da base da programação do CNC.

Por exemplo, com o comando X20.0, obtém-se a coordenada pela qual a máquina vai ser programada para mover a ferramenta na direção X até atingir 20 mm. O mesmo é válido para os outros eixos de coordenadas cartesianas: X, Y, Z.

Entretanto, para comandar a máquina CNC, é necessária uma função que determine o modo de deslocamento. Nesse tipo de comando, cada código G vai executar uma função específica na máquina, sendo que as principais funções são as relativas ao controle de movimentos. Trata-se das funções que vão promover a usinagem, conforme veremos a seguir.

- **Interpolação linear com avanço rápido – comando G0**: a ferramenta vai se aproximar da posição programada com a máxima velocidade de deslocamento da máquina, fazendo movimentos lineares. O comando G0 é utilizado quando não ocorre a usinagem durante o deslocamento. Veja o exemplo na Figura 11.10.

Figura 11.10 – Interpolação linear com avanço rápido – G0

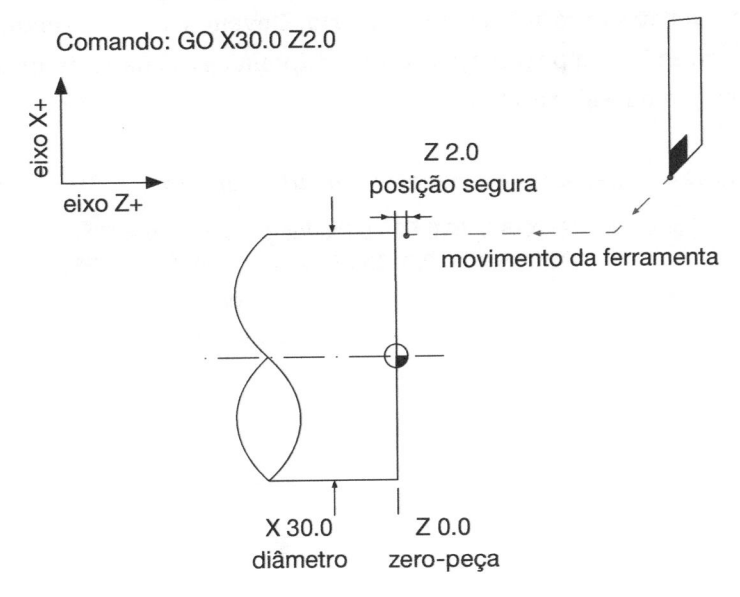

Comando: G0 X30.0 Z2.0

Fonte: Adaptado de ISO, 1982.

- **Interpolação linear com avanço programado – comando G1**: a ferramenta vai executar a usinagem de um ponto a outro, na velocidade programada sob endereço *F*. Veja o exemplo na Figura 11.11.

Figura 11.11 – Interpolação linear com avanço programado

Comando: G1 X27.0 Z0.0 F0.25 (atinge o ponto P1)
G1 X27.0 Z-25.0 (atinge o ponto P2)
G1 X40.0 Z-50.0 (atinge o ponto P3)

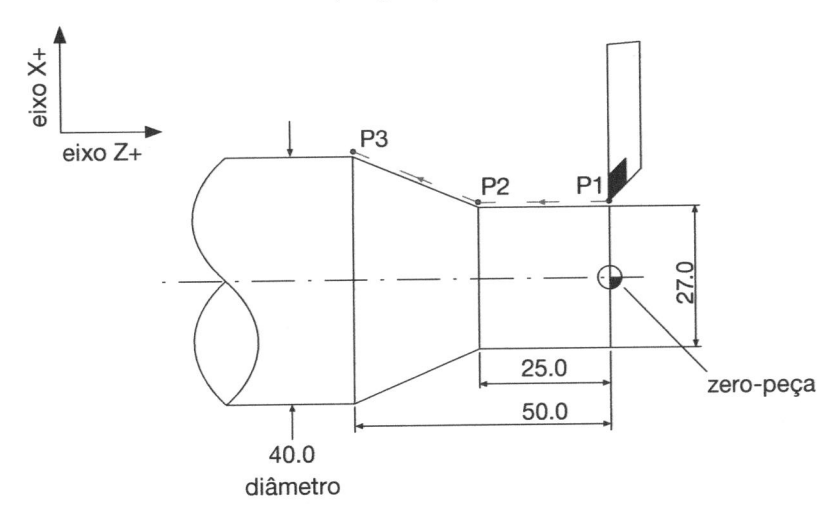

Fonte: Adaptado de ISO, 1982.

- **Interpolação circular no sentido horário – comando G2**: a ferramenta vai descrever um arco no sentido horário. Devem ser programados o ponto final do arco e os parâmetros que indiquem o raio da trajetória. Observe o exemplo na Figura 11.12.

Figura 11.12 – Interpolação circular sentido horário

Comando: G1 X18.0 Z0.0 F0.25 (atinge o ponto inicial PI)
G2 X35.0 Z-20.0 I30 K5 (atinge o ponto final PF)

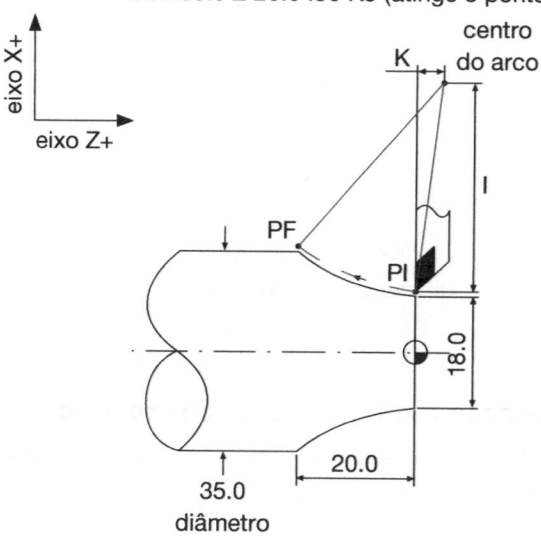

Fonte: Adaptado de ISO, 1982.

- **Interpolação circular no sentido anti-horário – comando G3**: a ferramenta vai descrever um arco no sentido anti-horário. Devem ser programados o ponto final do arco e os parâmetros que indiquem o raio da trajetória. Observe o exemplo na Figura 11.13.

Figura 11.13 – Interpolação circular sentido anti-horário

Comando: G1 X15.0 Z0.0 F0.25 (atinge o ponto inicial PI)
G3 X35.0 Z-20.0 I-30 K22 (atinge o ponto final PF)

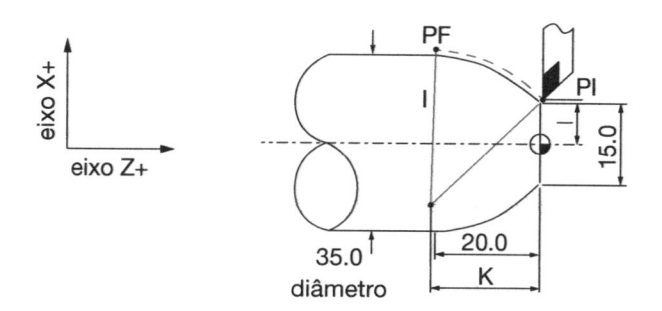

Fonte: Adaptado de ISO, 1982.

O CNC também é capaz de compensar as dimensões das ferramentas durante a usinagem. No comprimento das ferramentas, basta fazer a chamada do código referente à ferramenta. No diâmetro ou no raio das ferramentas, é necessário fazer a compensação do raio de corte, conforme a Figura 11.14.

Figura 11.14 – Compensação do raio de corte da ferramenta

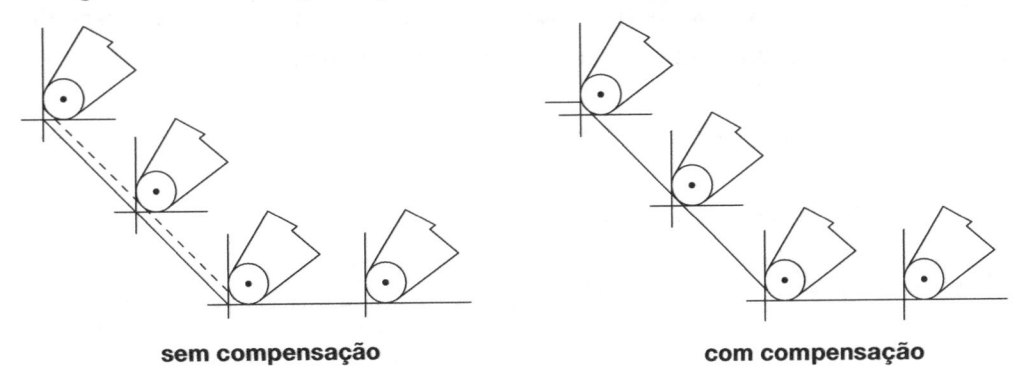

sem compensação   **com compensação**

Fonte: Adaptado de ISO, 1982

Na **programação sem compensação**, o programa não vai considerar o raio de ponta da ferramenta. Na **programação com compensação**, a trajetória vai considerar o raio de ponta da ferramenta.

Dependendo do lado da ferramenta e da direção do movimento, é necessário programar a compensação do raio de corte por meio das funções **G41** e **G42**, conforme o exemplo da Figura 11.15.

Figura 11.15 – Comandos G41 e G42 no torneamento

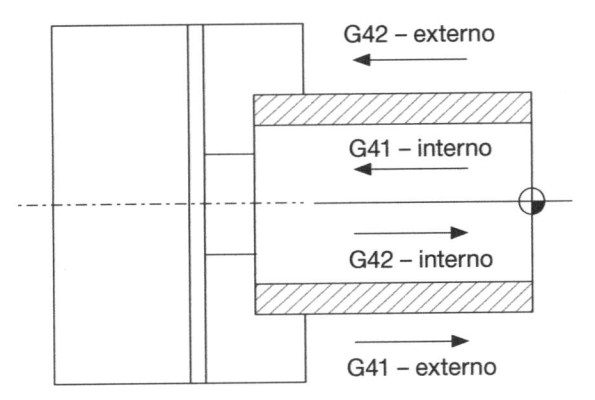

G42 – externo
G41 – interno
G42 – interno
G41 – externo

Fonte: Adaptado de ISO, 1982.

O código de programação **G40** serve para cancelar a compensação do raio de corte. Ele deve ser utilizado para os movimentos de aproximação e afastamento da ferramenta, os movimentos de furação e outros tipos de operações nos quais o centro de giro da ferramenta seja coincidente com o eixo de deslocamento necessário para a usinagem da peça.

Estudo de caso

A seguir, apresentaremos alguns exemplos de programas CNC com o desenho das peças correspondentes e as ferramentas de usinagem.

Exemplo 1 – Desenho: CNC3003

Tabela 11.1 – Ferramentas do Exemplo 1

Material: Aço SAE1045 Ø65 × 110 mm					
T	Descrição	Operação	Vc (m/min)	f (mm/rot)	a.máx (mm)
1	PCLNL2525	Faceamento Desbaste do perfil da peça	150 180	0,25 0,3	2 2,5
7	SVLBL2020	Acabamento externo	200	0,1	1
9	151.21-5 mm	Usinagem do canal e chanfros	120	0,08	NA

Obs.: O lado do Ø65 está com a face e o diâmetro prontos. Basta tornear o outro lado da peça. Todos os chanfros da peça são em 45 graus.

Figura 11.16 – Desenho do Exemplo 1

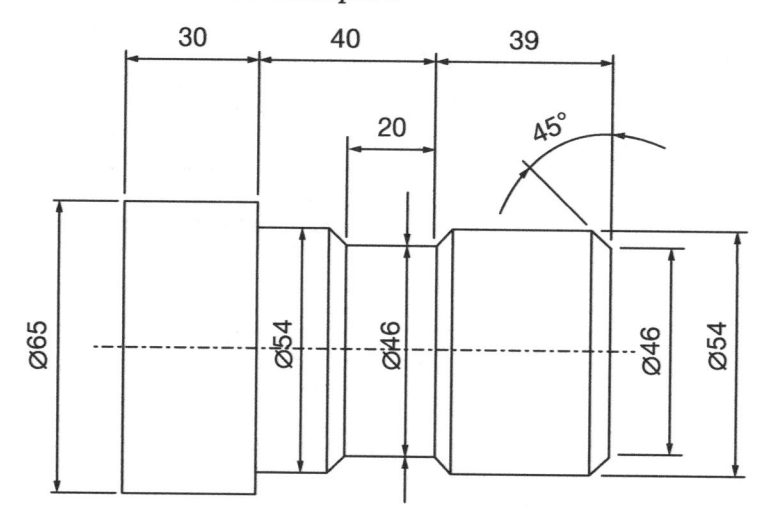

```
%3003
N10 G21 G40 G90 G95
N20 G0 G54 X200 Z150 M9
; FERR. FACEAR/ DESBASTAR
N30 T1 M6 D1
N40 G96 S150 M4
N50 G00 X66 Z1 M8
N60 G01 X66 Z0 F0.25
N70 G01 X-1 Z0
; DESBASTE EXTERNO
N80 G96 S180 M4
N90 G00 X60 Z2
N100 G01 X60 Z-78.9 F0.3
N110 G00 X65 Z2
N120 G00 X55 Z2
N130 G01 X55 Z-78.9
N140 G00 X60 Z2
N150 G00 X50 Z2
N160 G01 X50 Z0
N170 G01 X55 Z-2.5
N180 G00 X52 Z2
N190 G00 X47 Z2
N200 G01 X47 Z0
N210 G01 X55 Z-4
N220 G00 X200 Z150 M9
; ACABAMENTO
N230 T7 M6 D1
N240 G96 S200 M4
N250 G00 X48 Z2 M8
N260 G01 G42 X46 Z0 F0.1
N270 G01 X54 Z-4
N280 G01 X54 Z-79
N290 G01 X66 Z-79
N300 G00 G40 X200 Z150 M9
; DESBASTE CANAL
N310 T9 M6 D1
N320 G96 S120 M4
N330 G00 X56 Z-44 M8
N340 G01 X46 Z-44 F0.08
N350 G00 X56 Z-44
N360 G00 X56 Z-49
N370 G01 X46 Z-49
N380 G00 X56 Z-49
N390 G00 X56 Z-54
N400 G01 X46 Z-54
N410 G00 X56 Z-54
N420 G00 X56 Z-59
N430 G01 X46 Z-59
N440 G00 X56 Z-59
; ACABAMENTO CANAL
; FLANCO ESQUERDO
; CORRETOR D1
N450 D1
N460 G00 X56 Z-63
N470 G01 G41 X54 Z-63
N480 G01 X46 Z-59
N490 G00 G40 X56 Z-59
; ACAMABENTO CANAL
; FLANCO DIREITO
; CORRETOR D2
N500 D2
N510 G00 X56 Z-35
N520 G01 G42 X54 Z-35
N530 G01 X46 Z-39
N540 G00 G40 X56 Z-39
N550 G00 X200 Z150 M9
N560 M30
```

Exemplo 2 – Problema desafio – Desenho: CNC3022

A usinagem de uma peça em uma empresa estava apresentando muitos problemas de qualidade. Em algumas peças, os furos ficavam fora de posição, dificultando a montagem no conjunto mecânico. Em outras peças, o acabamento de algumas superfícies ficava fora do padrão de qualidade e causava retrabalho.

Após a análise do problema, feita por um engenheiro da produção, a melhor opção foi transferir a furação para uma máquina CNC. Você poderá ver o desenho da peça e as informações tecnológicas sobre o processo.

Após escolher as ferramentas a serem utilizadas e determinar os parâmetros de usinagem, o programador fez a escolha da localização para o ponto zero-peça. Na Figura 11.17, podemos observar que a escolha do ponto zero-peça foi feita na face superior da peça, no lado inferior esquerdo. É deste ponto que vão ser consideradas todas as referências de posicionamento das ferramentas no programa CNC.

Figura 11.17 – Ilustração da peça do Exemplo 2

Desenho: CNC3022 – Material: Alumínio Al 70-10 – Dimensões: #30 × 80 × 120 mm

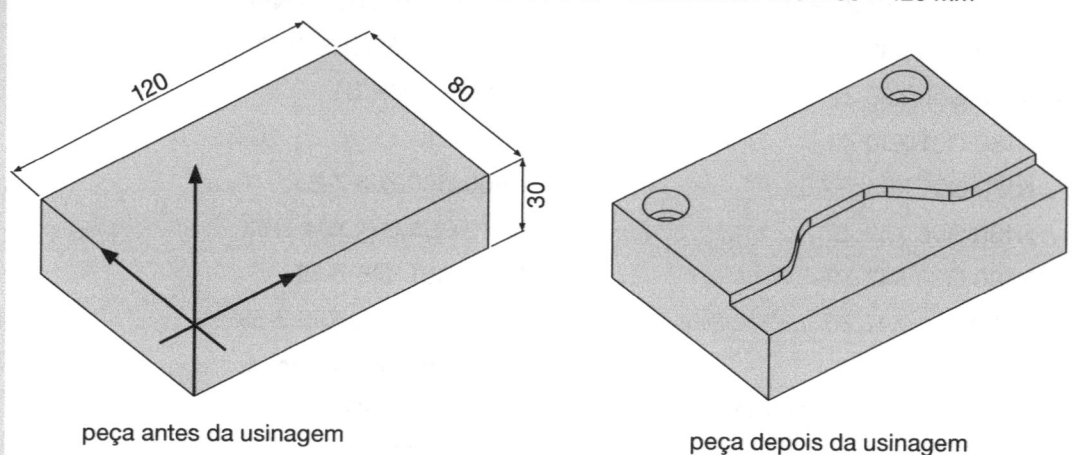

peça antes da usinagem

peça depois da usinagem

Tabela 11.2 – Lista de ferramentas e dados de corte do Exemplo 2

T	Descrição da ferramenta	N (rpm)	F (mm/min)
1	Broca de centro Ø3,15 × 60 graus	2100	200
6	Broca helicoidal Ø9 mm	860	90
12	Rebaixador reto Ø15 mm	420	40
27	Fresa de topo de 2 cortes Ø20 mm (para desbaste)	380	35
30	Fresa de topo de 4 cortes Ø15 mm (para acabamento)	400	50

Na Figura 11.18, podemos ver o desenho técnico da peça CNC3022. O desenho contém todas as dimensões necessárias para fazer a programação CNC.

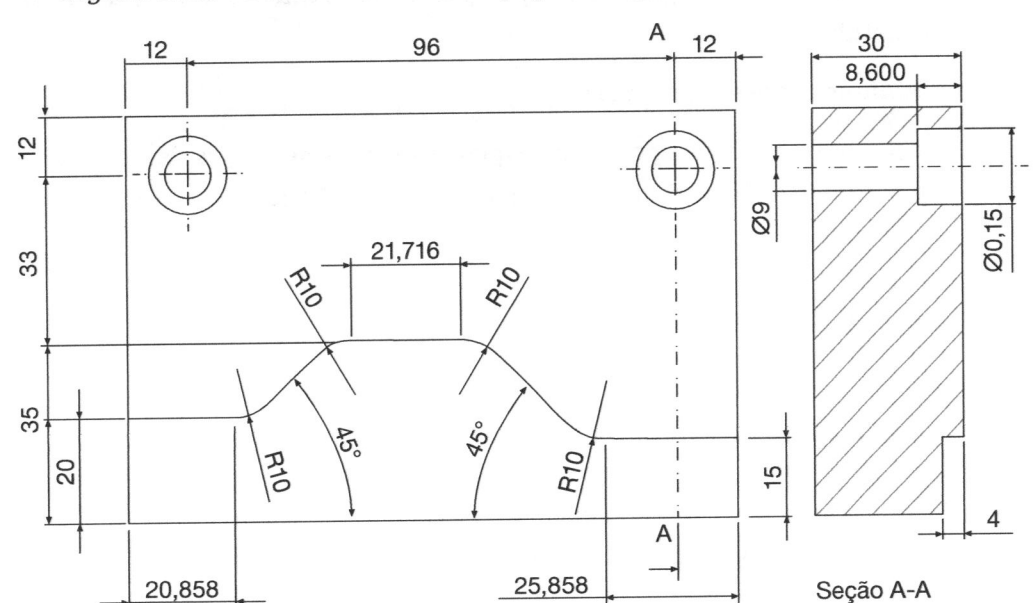

Figura 11.18 – Desenho técnico de peça a ser fabricada com CNC

Com base na análise do desenho técnico e nos exemplos examinados e com o auxílio de um professor, você pode escrever o programa CNC para a usinagem da peça CNC3022.

No estudo realizado, pudemos ver que os programas CNC são constituídos de grupos de funções de deslocamento de acordo com o código G e coordenadas cartesianas dos movimentos. Com a relação dos códigos G, é possível ler as instruções e compreender o que será feito em cada linha do programa CNC. A máquina CNC vai efetuar uma linha do código G de cada vez, e a próxima linha somente será iniciada quando os sensores de controle mandarem o sinal de retorno para o CNC.

■ Síntese

Neste capítulo, você conheceu o princípio de funcionamento do CNC e as duas formas de programação do CNC: manual e assistida por computador. Você também identificou os tipos de informação importantes para o funcionamento do CNC: coordenadas numéricas, funções de deslocamento, funções relativas a ferramentas e funções de máquinas. Também viu que o que comanda a máquina é um arquivo chamado *código G*, que pode ser gerado fora da máquina e depois transferido com a ajuda de um computador. Por fim, você analisou alguns exemplos de programação do CNC de acordo com o código ISO 6983.

■ Questões para revisão

1. Explique, de uma forma resumida, como funciona o CNC.

2. Explique as diferenças entre a programação manual e a programação assistida.

3. Explique o que é o zero-peça.

4. Faça a associação dos principais tipos de deslocamento previstos com os respectivos códigos G, de acordo com a norma ISO 6983:

   (1) G00
   (2) G01
   (3) G02
   (4) G03

   (   ) Interpolação circular sentido horário.
   (   ) Interpolação linear com avanço rápido.
   (   ) Interpolação circular sentido anti-horário.
   (   ) Interpolação linear com avanço programado.

5. Descreva a função dos códigos G40, G41 e G42.

6. Avalie as seguintes afirmações sobre o CNC:

   I. O CNC deve receber entrada de dados tecnológicos do processo de fabricação e as condições dos movimentos para executar o processo na sequência programada sem a intervenção do operador.

   II. É possível programar trajetórias retas e curvas para o deslocamento das ferramentas no CNC, devendo-se utilizar os códigos G00, G01, G02 e G03. Para as trajetórias curvas, é necessário especificar o raio da trajetória.

   III. Os movimentos de aproximação e afastamento das ferramentas são realizados na máxima velocidade da máquina, com o auxílio do comando G01. Na programação da usinagem em linha reta, programa-se G00 com a velocidade de avanço no endereço F.

   Assinale a alternativa correta:

   a. Apenas a afirmativa I está correta.
   b. Apenas a afirmativa III está correta.
   c. Apenas as afirmativas I e II estão corretas.
   d. Apenas as afirmativas I e III estão corretas.
   e. Todas as afirmativas estão corretas.

7. Indique se as seguintes considerações sobre o CNC são verdadeiras (V) ou falsas (F):

( ) O CNC é um equipamento eletrônico utilizado para controle de uma máquina.

( ) Uma das principais vantagens do CNC é a troca manual de ferramentas de corte pelo operador da máquina.

( ) A máquina com CNC tem condições de fazer a usinagem de peças com perfis complexos a partir dos movimentos programados.

( ) O maior custo das máquinas com CNC comparado ao custo das máquinas convencionais é devido, em grande parte, aos componentes mecânicos, que devem ser de maior precisão e menores folgas de montagem.

( ) O CNC pode ser programado diretamente na máquina. Esse processo é mais rápido que a programação com CAD/CAM para peças de geometria complexa.

( ) Uma das vantagens do CNC é a execução das operações de usinagem de forma automática, sem a intervenção do operador.

■ Questões para reflexão

1. As máquinas com CNC executam o corte da peça nas mesmas condições de usinagem de uma máquina convencional. Então, por que o CNC é geralmente mais rápido para a produção de peças?

2. O CNC funciona em circuito fechado, sem a intervenção do operador. Então, por que é necessário um operador para a máquina com CNC?

■ Para saber mais

Documentos *on-line* e *sites*

FLUKE BRANDS. Disponível em: <http://www.fluke.com/>. Acesso em: 18 abr. 2016.

OPERATRIX. Disponível em: <http://www.operatrix.com.br/>. Acesso em: 18 abr. 2016.

ROMI. Disponível em: <http://www.romi.com.br>. Acesso em: 18 abr. 2016.

SIEMENS. **Manual de programação Sinumerik840Dsl/828D**. Alemanha, 2010. Disponível em: <https://cache.industry.siemens.com/dl/files/635/28705635/att_75730/v1/PG_0310_ptb_pt-BR.pdf>. Acesso em: 18 abr. 2016.

Livro

GROOVER, M. **Automação industrial e sistemas de manufatura**. São Paulo: Pearson Prentice Hall, 2011.

Normas

ABNT – Associação Brasileira de Normas Técnicas. **NBR 13125**: centros de usinagem – ensaios geométricos – método de ensaio. Rio de Janeiro, 1994.

ISO – International Organization for Standardization. **ISO 6983-1**: Numerical Control of Machines – Program Format and Definition of Address Words. Geneva, 1982.

_____. **ISO 14649**: Industrial Automation Systems and Integration – Physical Device Control – Data Model for Computerized Numerical Controllers. Geneva, 2003.

12 Planejamento de processos e análise de custos de usinagem

Conteúdos do capítulo:
- *Planejamento dos processos de fabricação.*
- *Parâmetros de usinagem necessários ao planejamento de processos.*
- *Princípios de análise de custos e suas aplicações.*

Após o estudo deste capítulo, você será capaz de:
1. compreender os tipos de planejamento de processos;
2. relacionar os parâmetros de usinagem importantes no planejamento;
3. fazer o planejamento de processos de peças usinadas;
4. compreender os conceitos de análise de custos e suas aplicações.

Como pudemos ver ao longo deste livro, os processos de usinagem requerem informação precisa e detalhada para cada etapa da fabricação. É fundamental saber quais serão a máquina e a ferramenta utilizadas, as condições adequadas de usinagem, a sequência de operações, o tipo de lubrificação, entre outros detalhes. O processo será feito com maior eficiência quanto melhor for o detalhamento das operações. Isso deve ser realizado antes da execução da usinagem e caracteriza o que chamamos de *planejamento de processos*.

Neste capítulo, veremos como o planejamento de processos é estruturado. Além disso, analisaremos as informações relevantes para a usinagem que podem ser previstas nessa etapa de planejamento. Faremos, ainda, a associação dos parâmetros de usinagem com a análise de custos, tendo em vista a aplicação de métodos para conferir maior eficiência ao processo.

12.1 Planejamento de processos

O planejamento de processos pode ser entendido como a organização lógica da sequência de fabricação e o detalhamento das operações necessárias para transformar um desenho de engenharia em um produto final. Consiste, basicamente, nas quatro etapas a seguir, de acordo com Groover (2011):

1. estabelecer a sequência de operações;
2. determinar as máquinas, as ferramentas e demais recursos necessários;
3. definir os parâmetros e as condições do processo;
4. prever os tempos de fabricação.

A fabricação de peças e componentes na indústria mecânica é composta por uma série de atividades. Veja, na Figura 12.1, uma ilustração simplificada de um sistema de produção de componentes e conjuntos mecânicos.

Figura 12.1– Sistema de produção na indústria mecânica

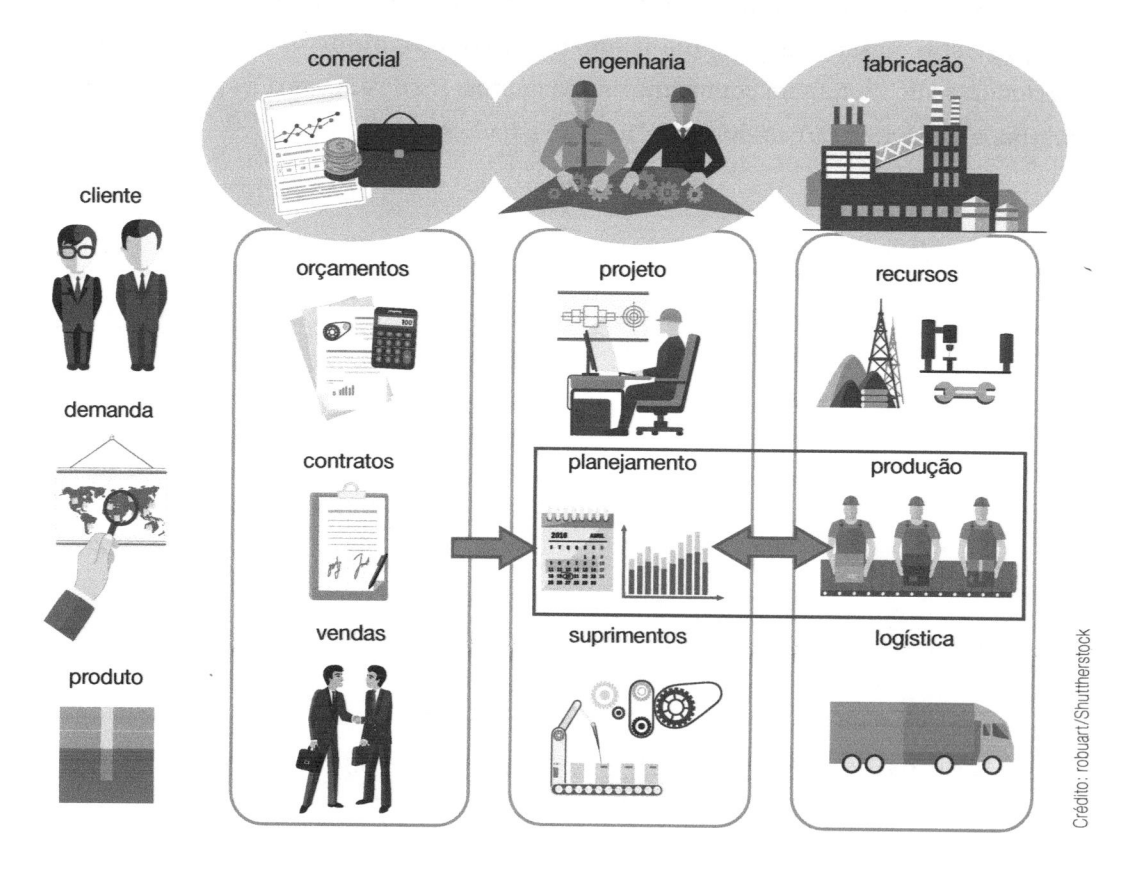

Crédito: robuart/Shutthersock

Nesse sistema de produção, podemos observar que o cliente procura por produtos e soluções para atender às suas demandas. O departamento comercial da empresa recebe os clientes, oferece os produtos da empresa, realiza orçamentos, escreve contratos e efetua a venda. Quando a venda é efetiva, são enviadas ordens para a engenharia.

A engenharia, por sua vez, executa um projeto, durante o qual o engenheiro faz o levantamento das necessidades dos clientes e as transforma em requisitos funcionais. Isso quer dizer que um produto é projetado para executar determinadas funções. Em seguida, a partir desse mesmo produto, é feito um desenho técnico, que contém todas as informações de formas geométricas e dimensões que permitam a fabricação das peças de maneira a atender aos requisitos funcionais estabelecidos no projeto. Então, são previstos os suprimentos necessários para a fabricação.

O planejamento de processos determina como um produto deve ser fabricado, sendo um elemento-chave no processo de manufatura (Groover, 2011). Nele são utilizadas como base as informações de projeto e as informações sobre os recursos disponíveis na fábrica. Além disso, são geradas informações para o planejamento da produção e para a execução da produção. Portanto, o planejamento de processos se constitui em uma ligação crucial entre a engenharia e a fabricação.

Sendo uma função de engenharia, o planejamento de processos reúne todas as informações necessárias para transformar o desenho do produto em um produto acabado dentro de determinada fábrica. Cada empresa tem necessidades diferentes de documentação de processo, conforme a realidade de sua fábrica, tanto em termos de equipamento quanto em termos de pessoal.

Entretanto, apesar da diversidade de planos de processo existente, podemos identificar pelo menos dois tipos de informações comuns: o plano de fabricação e os detalhamentos.

O **plano de fabricação** estabelece a sequência de operações executadas no ambiente fabril, que especifica a rota pela qual a peça que está sendo fabricada deverá passar. Os **detalhamentos** são documentos auxiliares anexados ao plano de fabricação, como instruções de operação, plano de qualidade, listas de ferramentas e croqui de preparação de máquina.

Naturalmente, deve existir um nível ótimo de detalhamento para cada plano de fabricação. Não pode ser muito detalhado, a ponto de burocratizar a produção, mas também não pode ser insuficiente, de modo que venha a omitir algum detalhe importante.

Quanto melhor o planejamento, melhor será o aproveitamento de tempo no chão de fábrica e menor será a perda de tempo em busca de informações e tomada de decisões. Isso logicamente influencia, de maneira indireta, o custo de fabricação.

Agora, veja um exemplo ilustrativo no Quadro 12.1, que contém o plano de fabricação de um certo componente mecânico. Repare que esse documento estabelece a sequência das operações e os tempos de cada operação.

Quadro 12.1 – Plano de fabricação

LOGO DA EMPRESA	PLANO DE FABRICAÇÃO			
	Des.: CNC-005003		**Rev. C**	**Qt. 10**
	Responsável: AAA		DATA	**22/07/14**
Op.	**Máquina**	**Descrição da operação**	**Tempo (min)**	
010	SERRA	Cortar material com Ø50,8 mm × 104mm	5	
020	TORNO	Usinar conforme desenho e detalhamento	20	
030	BANCADA	Identificar e lubrificar as peças	5	

Quando o fluxo de trabalho é bem programado, é possível prever os gargalos e redirecionar as operações para manter o sincronismo da produção. Muitas vezes, a prioridade de determinada peça pode mudar durante a produção. Isso altera a rotina e causa turbulência no fluxo do trabalho. O uso de planilhas em computadores pode facilitar o gerenciamento desse fluxo.

Em cada operação, o detalhamento das atividades estabelece um passo a passo para a execução da peça. Esse procedimento pode ser mais detalhado em peças complexas e menos detalhado em peças simples. Veja, no Quadro 12.2, o detalhamento de execução de uma peça a ser fabricada em um torno mecânico.

Quadro 12.2 – Detalhamento das operações

LOGO DA EMPRESA	DETALHAMENTO DE OPERAÇÕES		
	Des.: CNC-005003	Rev. **C**	**Op. 020**
	Responsável: AAA	DATA	**22/07/14**

Op.	Ferramenta	Descrição da operação	N* (rpm)	f** (mm/rot)
020 A	BRO1001	Fazer furo de centro profundidade de 2,5 mm na face da peça	2200	Manual
020 B	TOR5022	Desbastar diâmetro externo. Deixar com Ø46 mm	1250	0,25
020 C	TOR2012	Fazer acabamento no diâmetro externo. Deixar com Ø44 ±0,05 mm	1600	0,125

* N = número de rotações por minuto.

** f = avanço.

Observe que, com esse detalhamento de operações, o operador poderá regular a máquina com os parâmetros planejados para fabricar a peça. Quando a operação é de controle manual, o operador tem a responsabilidade de regular as condições de execução. Quando a operação é em máquina com controle numérico computadorizado (CNC), o programa deve conter todos os parâmetros para a execução da peça.

12.2 As questões do planejamento de processos

O planejamento de processos consiste em responder detalhadamente a algumas questões, levando-se em consideração se a peça vai ser usinada no CNC ou em máquinas manuais. Todas essas questões têm de ser respondidas quase simultaneamente, pois as respostas são dependentes umas das outras.

12.2.1 Questão 1 – Qual é a sequência de máquinas?

A primeira questão refere-se à sequência de máquinas e tem uma resposta que vai depender do tamanho do lote de peças, das máquinas disponíveis na empresa, dos gargalos de produção e do menor tempo de produção. É preciso considerar como o trabalho é feito regularmente na empresa. Se necessário, deve-se consultar os operadores mais experientes.

Na Figura 12.2, você pode ver diferentes furadeiras. Em uma situação específica, seria necessário considerar, portanto, qual é a melhor furadeira para a fabricação de determinada peça?

Figura 12.2 – Furadeiras diferentes para produção

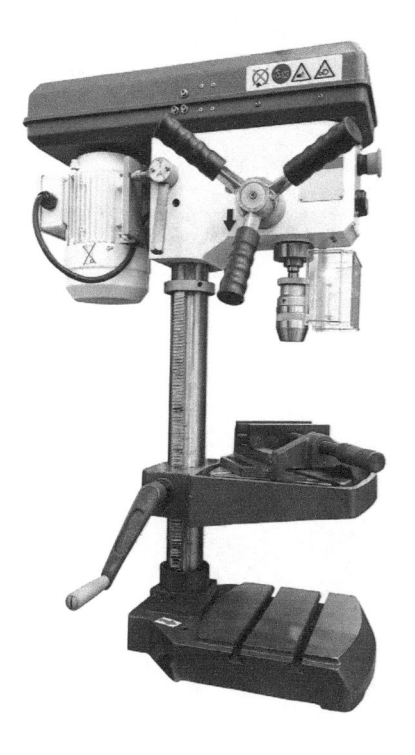

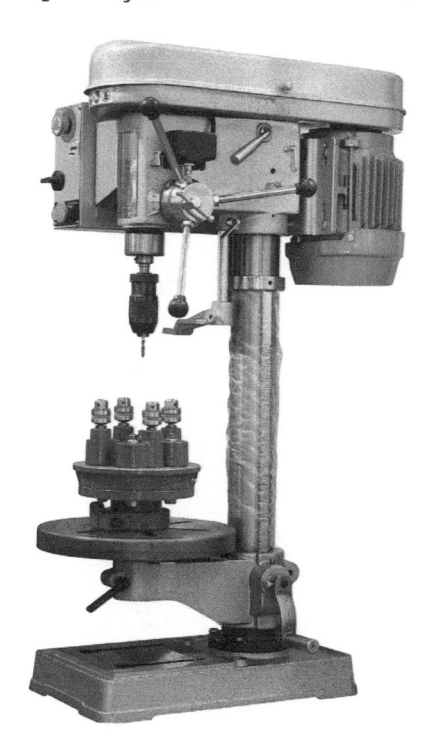

Deve-se verificar se a máquina pode suportar o tamanho da peça e se tem a potência necessária para fazer a furação, bem como se está disponível para produção e se é ou não um gargalo da fábrica.

12.2.2 Questão 2 – Como a peça será fixada para a operação?

A segunda questão merece algumas considerações. Aqui, é preciso refletir se a máquina permite a fixação direta ou se será necessário algum dispositivo especial para a fixação da peça na posição correta de trabalho. Na Figura 12.3, há diferentes sistemas de fixação de peças. Em uma situação específica, seria necessário considerar, portanto, qual é o melhor sistema de fixação para fabricação de determinada peça.

Figura 12.3 – Sistemas de fixação de peças

É importante considerar quais são as peças semelhantes que já foram produzidas. Se for necessário, deve-se projetar e construir dispositivos especiais de fixação.

12.2.3 Questão 3 – Quais são as ferramentas necessárias?

Sobre a resposta à terceira questão, vale saber que o uso de ferramentas especiais somente é justificado pelo aumento da produção ou da garantia da qualidade de uma peça fabricada. Na Figura 12.4, podemos ver dois cabeçotes de fresar diferentes. Em uma situação específica, seria necessário considerar, portanto, qual é a ferramenta mais adequada para determinada peça.

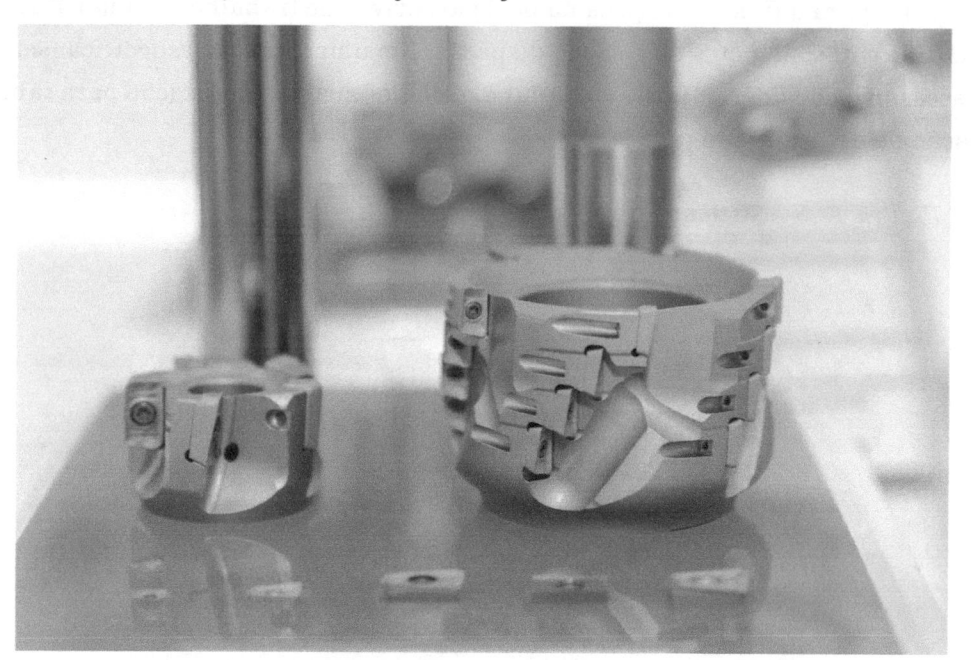

Figura 12.4 – Diferentes cabeçotes de fresar

É necessário verificar se a sequência de produção pode utilizar as ferramentas padronizadas e dispositivos comuns. Deve-se escolher, sempre que possível, essas ferramentas e dispositivos, pois os operadores estão acostumados a trabalhar nessas condições.

12.2.4 Questão 4 – O processo deve deixar material para acabamento?

Em algumas operações de desbaste, por exemplo, o fresamento, é preciso deixar uma camada de material além da medida da peça para acabamento posterior. É o que ilustra a Figura 12.5.

Figura 12.5 – Operações de fresamento em desbaste e acabamento

Fonte: Sandvik Coromant, 2016f.

Em algumas vezes, o sobremetal não é previsto no projeto, porque o projetista está pensando na funcionalidade da peça, mas não no seu processo de fabricação. Deve-se verificar se serão necessárias operações de desbaste, acabamento e operações especiais pós-acabamento, bem como conferir se todas as operações podem ser executadas internamente na empresa ou se será necessário terceirizar parte do serviço.

12.2.5 Questão 5 – A peça deve manter uma superfície de referência?

Para a quinta questão, deve-se pensar que as operações de montagem, muitas vezes, são relativas a uma superfície de referência, produzida na usinagem, para garantir a qualidade do componente montado. Assim, é necessário verificar se, na montagem ou nas operações posteriores, a peça vai precisar de uma superfície de referência, como ilustrado na Figura 12.6.

Figura 12.6 – Superfície de referência para usinagem

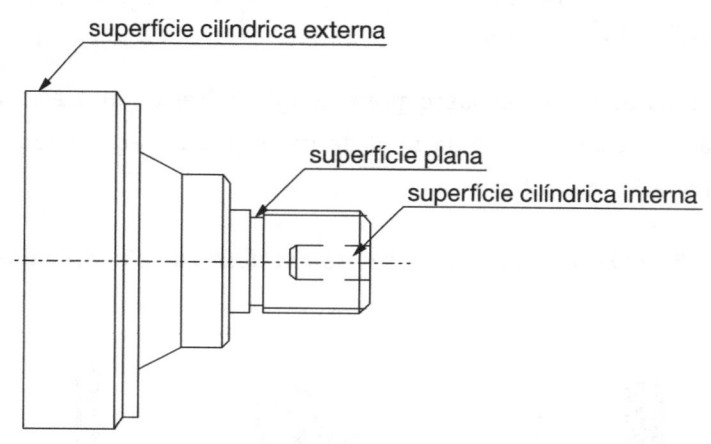

Por exemplo, se a superfície cilíndrica externa for uma superfície de referência, primeiro se planeja sua execução. As outras superfícies da peça serão construídas utilizando-se a superfície de referência para garantir a montagem no conjunto mecânico.

12.2.6 Questão 6 – Qual é o ponto de referência para a máquina CNC?

Nas operações feitas em máquinas com CNC, a sexta pergunta é fundamental para determinar a orientação da peça na máquina, a necessidade de dispositivos de fixação e a necessidade de sobremetal para usinagem. Veja, na Figura 12.7, um exemplo de ponto de referência para uma peça a ser fabricada por torneamento.

Figura 12.7 – Ponto de referência para usinagem com CNC

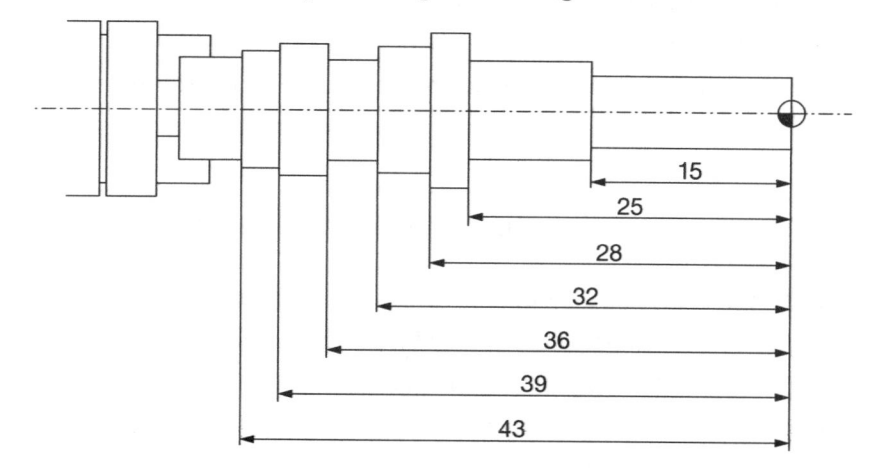

12.2.7 Questão 7 – A sequência pode ser feita em menor número de operações?

Quanto à sétima questão, deve-se considerar que, algumas vezes, duas ou mais operações podem ser feitas em um único posto de trabalho. A movimentação de uma peça não agrega valor ao produto; o que agrega valor são os processos de fabricação. Assim, é preciso verificar se a peça está sendo produzida com o mínimo de movimentações e com o mínimo de operações.

Dessa forma, evitam-se operações de acabamento em que as operações de desbaste podem resultar em condições satisfatórias na usinagem da peça.

12.2.8 Questão 8 – Qual é o tempo previsto para fabricação?

O tempo de fabricação pode ser previsto a partir do tempo de corte na usinagem, mais os tempos de preparação da máquina e movimentação de peças. É possível, assim, fazer uma estimativa do tempo total em cada operação e somar essas parcelas para o tempo total de fabricação. Deve-se verificar se esse tempo é adequado para que a peça seja inserida no fluxo de trabalho na produção. Se for necessário, reavalia-se o planejamento e propõe-se um plano alternativo.

É necessário perceber que essas questões podem receber respostas mais satisfatórias à medida que se acumula experiência no planejamento de processos. Aqui, deve ser considerada uma dica fundamental: conversar com os operadores da produção. Eles têm experiência na fabricação de peças e, quanto mais o planejamento de processos representar a ideia dos operadores, melhor será a aceitação desse plano na produção.

12.3 Condições econômicas de fabricação

A velocidade de corte tem grande influência no desgaste das ferramentas de usinagem. Quanto maior for a velocidade, mais acentuado será o desgaste e mais frequente deverá ser a troca da ferramenta. Se o avanço for muito pequeno quando comparado ao raio de ponta da ferramenta, o desgaste também será acentuado. A profundidade de corte tem menor influência no desgaste das ferramentas de corte.

Assim, para otimizar o processo de usinagem, de forma geral, é preciso aumentar primeiro a profundidade de corte, depois o avanço e, por último, a velocidade de corte do processo.

Podemos concordar que a utilização de velocidades de corte mais baixas deve resultar em menor consumo de potência e maior tempo de vida útil da ferramenta, o que vai levar aos menores custos de produção. Porém, a utilização de velocidades mais altas também reduz o tempo de corte, o que é favorável à produção.

Por fim, neste ponto, você deve estar se perguntando: será que existe uma velocidade ótima para execução do processo de usinagem? A resposta está relacionada à demanda da produção. Quando se deseja atender aos menores tempos de processo, é possível analisar item por item da usinagem e relacionar seus tempos. Veja, no Gráfico 12.1, uma ilustração desse tipo de análise.

Gráfico 12.1 – Velocidade de corte para tempo mínimo

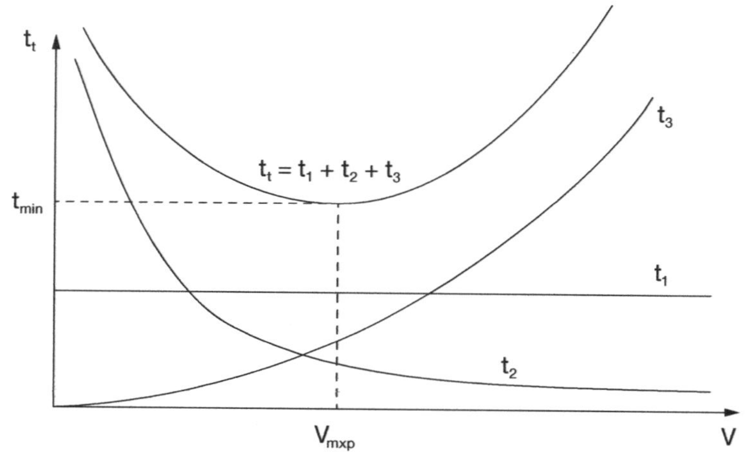

Fonte: Machado et al., 2009, p. 310.

O tempo t_1 é o tempo relativo à preparação da máquina e independe da velocidade de corte. O tempo t_2 é relativo ao tempo de corte, que é reduzido com o aumento da velocidade de corte. Já o tempo t_3 é aquele gasto com trocas de ferramentas. Somando-se t_1, t_2 e t_3, obtém-se o tempo total da usinagem. Vai existir uma velocidade de corte V_{mxp}, chamada de *velocidade de máxima produção*, que corresponde ao tempo mínimo t_{min} de usinagem de um lote de peças.

Agora, veja, no Gráfico 12.2, um exemplo que ilustra a variação dos custos de usinagem em relação à variação da velocidade de corte.

Gráfico 12.2 – Velocidade de corte para custo mínimo

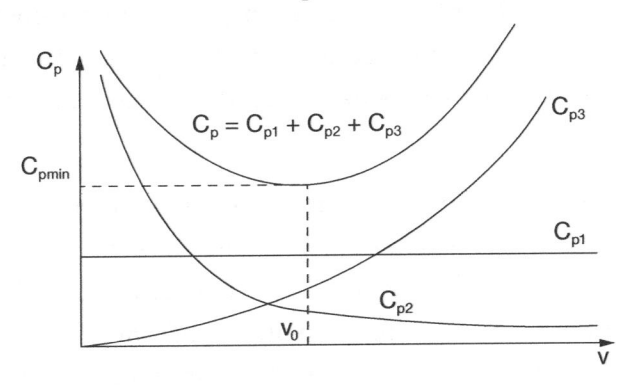

Fonte: Machado et al., 2009, p. 315.

O custo C_{p1} é relativo à matéria-prima do lote de peças e independe da velocidade de corte. O custo C_{p2} é relativo à operação da máquina, que é reduzido com o aumento da velocidade de corte. Enquanto isso, o custo C_{p3} é o custo gasto com ferramentas. Somando-se C_{p1}, C_{p2} e C_{p3}, obtém-se o custo total da usinagem. Vai existir uma velocidade de corte V_0, chamada de *velocidade de mínimo custo*, que corresponde ao custo mínimo C_{pmin} de usinagem de um lote de peças.

Por fim, o Gráfico 12.3 traz uma ilustração do intervalo de máxima eficiência.

Gráfico 12.3 – Velocidade de corte para máxima eficiência

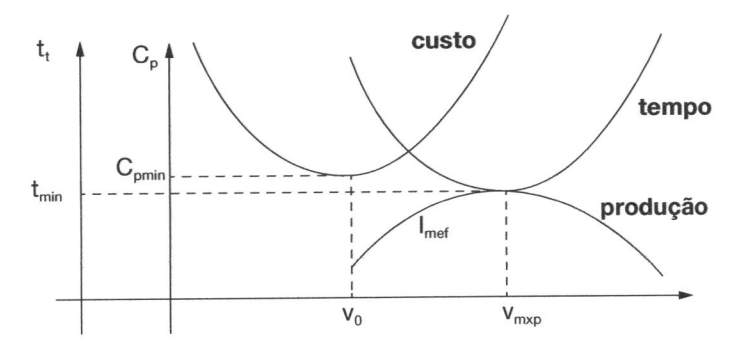

Fonte: Machado et al., 2009, p. 316.

Quando se somam as informações dos gráficos da velocidade de corte para o menor tempo e para o menor custo, obtém-se como resultado o gráfico da produção, conforme podemos ver no Gráfico 12.3. O intervalo de máxima eficiência I_{mef} é a região do gráfico da produção compreendida entre a velocidade de corte para custo mínimo (V_0) e a velocidade de corte para tempo mínimo (V_{mxp}).

Podemos concluir que é justamente desse tipo de análise que surge a recomendação para a velocidade de corte dos fabricantes de ferramentas. Quando o fabricante de ferramenta estabelece uma faixa de velocidades de corte para cada operação de usinagem, podemos presumir que a menor velocidade de corte vai corresponder ao custo mínimo, ao passo que a maior velocidade de corte vai representar o tempo mínimo. Assim, é possível planejar o valor que vai ser utilizado no processo com base na necessidade de produção: custo mínimo ou tempo mínimo.

Estudo de caso

A seguir, vamos apresentar dois exemplos de planejamento de processos, em peças distintas. A primeira peça é feita de modo automático, em um torno CNC. Basicamente, todas as operações são programadas na máquina. O operador deve apenas montar a peça e as ferramentas conforme indicado no plano de fabricação. Veja os detalhes no Quadro 12.3 e repare que o plano de fabricação e o detalhamento foram agrupados em um único documento.

Quadro 12.3 – Exemplo de plano de fabricação para usinagem CNC

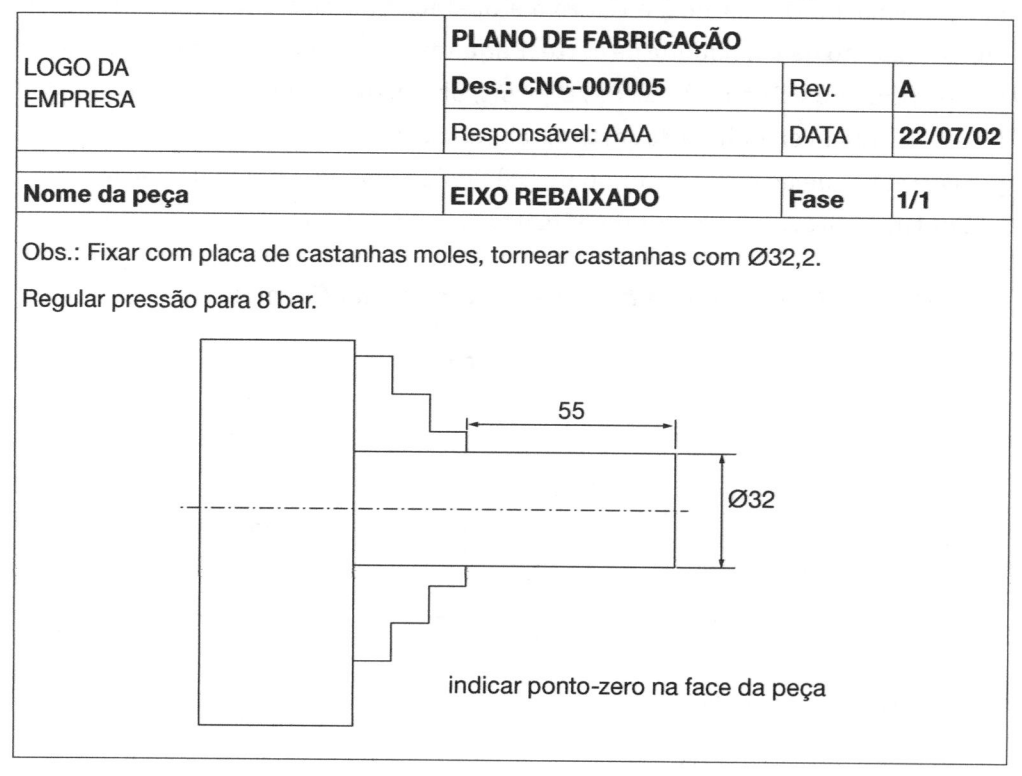

LOGO DA EMPRESA	PLANO DE FABRICAÇÃO		
	Des.: CNC-007005	Rev.	A
	Responsável: AAA	DATA	22/07/02
Nome da peça	EIXO REBAIXADO	Fase	1/1

Obs.: Fixar com placa de castanhas moles, tornear castanhas com Ø32,2.

Regular pressão para 8 bar.

[desenho técnico da peça com cotas 55 e Ø32, indicar ponto-zero na face da peça]

(continua)

(Quadro 12.3 – conclusão)

Op.	Descrição da operação	Ferramenta	V_c*	f**	a_p***
10	Faceamento	PCLNL 120408	200	0,25	2,5
20	Desbaste do diâm. 32 mm	PDJNL 120412	220	0,3	3
30	Desbaste do diâm. 12 mm	PDJNL 120404	240	0,12	2
40	Desbaste do canal	151.2 – 500	180	0,12	–
50	Acabamento do canal	151.2 – 500	200	0,08	–
60	Corte da peça	151.2 – 250	180	0,1	–
MÁQUINA	TORNO GU800		PROGRAMA	5005.nc	Pág. 1/1

* Vc = velocidade de corte.

** f = avanço.

*** ap = profundidade.

Como segundo exemplo, considere a fabricação da peça descrita no Quadro 12.4. Veja que uma das formas mais simples e eficientes para registrar a sequência de operações é por meio de fotos.

Quadro 12.4 – Exemplo de plano de fabricação para usinagem manual

LOGO DA EMPRESA	Desenho: CANT065012 Material: Metalon, aço SAE1008 Dimensões: Tubo #2,5 × 50 × 60 mm
Instruções de fabricação	Ilustração da operação
Cortar o material com arco de serra manual. Comprimento: 52 mm. Obs.: Traçar o comprimento da peça em esquadro para orientação do corte com serra.	*(foto – Crédito: Claudimir Rebeyka)*
Separar as duas peças.	*(foto – Crédito: Claudimir Rebeyka)*

(continua)

(Quadro 12.4 – conclusão)

Ajustar medidas de largura e comprimento. Deixar com 45 mm × 50 mm. Tolerância: ±0,1 mm. Ajustar esquadro.	
Fazer o corte em 90 graus, conforme desenho. Traçar posição dos furos. Marcar com punção. Furar 2× Ø6 mm – furadeira de bancada. Regular a máquina com 800 rpm. Remover cantos vivos e rebarbas.	

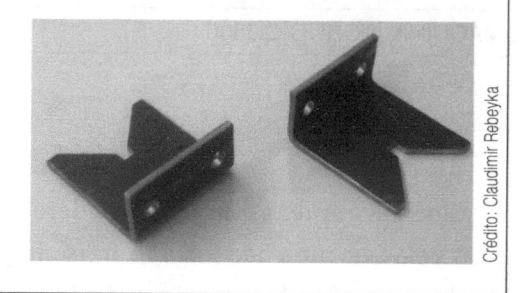

O planejamento de processos é uma atividade muito importante na produção de peças por usinagem. Com essa atividade, é possível fazer a previsão de todos os recursos necessários para a fabricação de uma peça ou de um lote de peças de maneira eficiente e econômica.

Não deve existir uma forma padronizada para essa atividade, uma vez que o planejamento de processos de usinagem é fruto da combinação entre a demanda de trabalhos e a experiência dos profissionais envolvidos com a produção. As formas de controle e registro da produção devem ser adequadas à realidade da empresa. Quanto mais claras forem as instruções de fabricação, menos erros de produção haverá.

■ Síntese

Neste capítulo, você conheceu os tipos de planejamento de processos para usinagem e pôde perceber que os processos de usinagem ocorrem com a aplicação de máquinas, ferramentas e dispositivos e que esses recursos devem ser previstos antes da execução do trabalho. Você viu, ainda, alguns exemplos de fichas de planos de fabricação, além de estudar os princípios para análise das condições econômicas e definição do intervalo de máxima eficiência de usinagem.

Questões para revisão

1. Quais são as quatro etapas do planejamento de processos?
2. Considere as afirmações a seguir a respeito dos tipos de planejamento:
   I. A sequência de operações estabelece a ordem lógica para a realização das operações de fabricação.
   II. O planejamento do fluxo de trabalho visa manter os operários trabalhando em gargalos com regimes de turbulência.
   III. O detalhamento das operações fornece as informações específicas para a execução da peça passo a passo.

   Assinale a alternativa correta:
   a. Apenas a afirmativa I está correta.
   b. Apenas a afirmativa III está correta.
   c. Apenas as afirmativas I e II estão corretas.
   d. Apenas as afirmativas I e III estão corretas.
   e. Todas as afirmativas estão corretas.

3. Indique se as seguintes considerações sobre o planejamento de processos são verdadeiras (V) ou falsas (F):
   ( ) O cálculo do tempo de corte pode ser feito com o auxílio das equações cinemáticas dos processos de fabricação e da análise das restrições geométricas dos movimentos e das condições de corte.
   ( ) No planejamento de processos, devem ser previstas as ferramentas a serem utilizadas. Também deve ser feita uma lista de ferramentas para montagem antes da execução da peça.
   ( ) A escolha dos dispositivos de fixação e das condições de aperto das peças nas máquinas deve ser feita diretamente no momento da execução do processo de fabricação.
   ( ) O tempo de fabricação é determinado no planejamento. As operações de fabricação devem ser ajustadas para atender ao tempo previsto no planejamento.
   ( ) Nunca se deve mudar uma sequência planejada.

4. Considere as afirmações a seguir:

   I. No planejamento de processos, devem ser previstas todas as operações a serem executadas, inclusive operações de transporte e armazenamento, quando forem necessárias.

   II. Os parâmetros de usinagem são determinados previamente no planejamento de processos e podem ser ajustados na máquina em função da condição dinâmica do processo.

   III. As operações de ajuste e montagem não fazem parte do planejamento de processos de um produto.

   Assinale a alternativa correta:

   a. Apenas a afirmativa I está correta.
   b. Apenas a afirmativa III está correta.
   c. Apenas as afirmativas I e II estão corretas.
   d. Apenas as afirmativas I e III estão corretas.
   e. Todas as afirmativas estão corretas.

5. Explique o que é o intervalo de máxima eficiência de usinagem.

■ Questões para reflexão

1. Ao aumentar a velocidade de corte, aumenta-se também o desgaste da ferramenta. Como se deve fazer para encontrar um equilíbrio entre a vantagem na produção mais rápida e os maiores custos proporcionais com ferramentas de corte?

2. As operações de descarga de matéria-prima e carregamento de peças usinadas devem compor o custo de fabricação? Justifique sua resposta.

■ Para saber mais

Livro

SLACK, N.; CHAMBERS, S.; JOHNSTON, R; **Administração da produção**. 3 ed. São Paulo: Atlas, 2009.

[para concluir...]

Chegamos ao final de uma jornada de estudos sobre os princípios dos processos de fabricação por usinagem. Por meio de vários exemplos, pudemos analisar o funcionamento de processos, máquinas e ferramentas utilizadas na indústria da manufatura.

Os conhecimentos apresentados desta obra refletem a experiência acumulada em anos de trabalho, estudo e ensino na área da fabricação mecânica. Os exercícios foram elaborados com base em dúvidas formuladas por estudantes, operadores de produção, técnicos e engenheiros mecânicos em situações reais de trabalho. Aliás, podemos afirmar que foram justamente essas dúvidas e o prazer do aprendizado que nos motivaram a organizar todas essas informações em um texto didático e de leitura agradável, buscando despertar o interesse do leitor sobre a tecnologia mecânica.

Vale ressaltar que não consideramos que esta seja uma obra conclusiva, pois o conteúdo dos processos de fabricação é por demais extenso. Além disso, como você deve ter percebido ao longo dessa jornada, o estudo e o ensino nunca devem terminar. Queremos justamente incentivar a expansão de horizontes, de modo que mais pessoas adquiram, discutam e formulem novos conhecimentos que venham a contribuir com o desenvolvimento da área. Esperamos que este livro tenha colaborado para isso.

Obrigado pela sua companhia!

[referências]

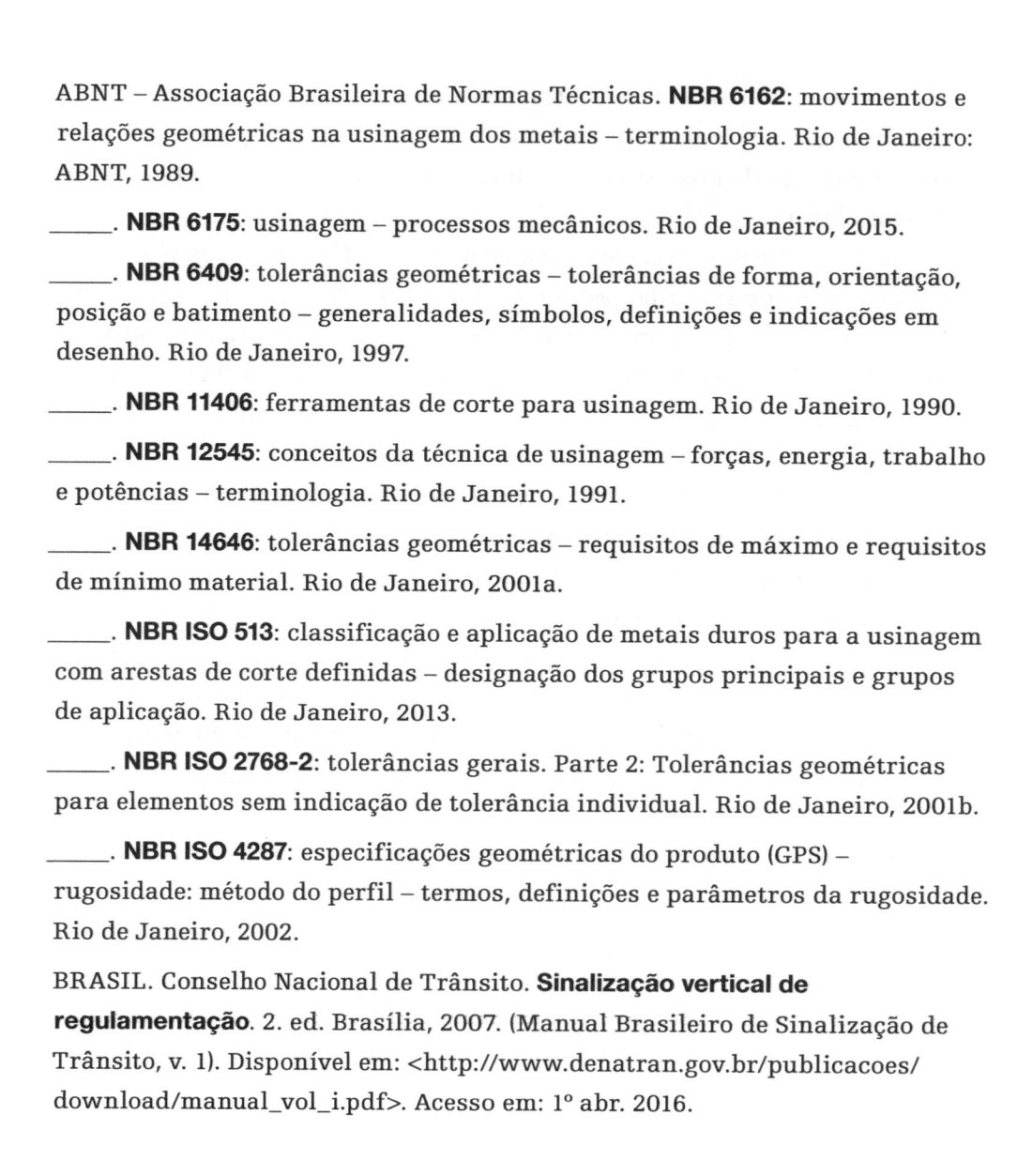

ABNT – Associação Brasileira de Normas Técnicas. **NBR 6162**: movimentos e relações geométricas na usinagem dos metais – terminologia. Rio de Janeiro: ABNT, 1989.

_____. **NBR 6175**: usinagem – processos mecânicos. Rio de Janeiro, 2015.

_____. **NBR 6409**: tolerâncias geométricas – tolerâncias de forma, orientação, posição e batimento – generalidades, símbolos, definições e indicações em desenho. Rio de Janeiro, 1997.

_____. **NBR 11406**: ferramentas de corte para usinagem. Rio de Janeiro, 1990.

_____. **NBR 12545**: conceitos da técnica de usinagem – forças, energia, trabalho e potências – terminologia. Rio de Janeiro, 1991.

_____. **NBR 14646**: tolerâncias geométricas – requisitos de máximo e requisitos de mínimo material. Rio de Janeiro, 2001a.

_____. **NBR ISO 513**: classificação e aplicação de metais duros para a usinagem com arestas de corte definidas – designação dos grupos principais e grupos de aplicação. Rio de Janeiro, 2013.

_____. **NBR ISO 2768-2**: tolerâncias gerais. Parte 2: Tolerâncias geométricas para elementos sem indicação de tolerância individual. Rio de Janeiro, 2001b.

_____. **NBR ISO 4287**: especificações geométricas do produto (GPS) – rugosidade: método do perfil – termos, definições e parâmetros da rugosidade. Rio de Janeiro, 2002.

BRASIL. Conselho Nacional de Trânsito. **Sinalização vertical de regulamentação**. 2. ed. Brasília, 2007. (Manual Brasileiro de Sinalização de Trânsito, v. 1). Disponível em: <http://www.denatran.gov.br/publicacoes/download/manual_vol_i.pdf>. Acesso em: 1º abr. 2016.

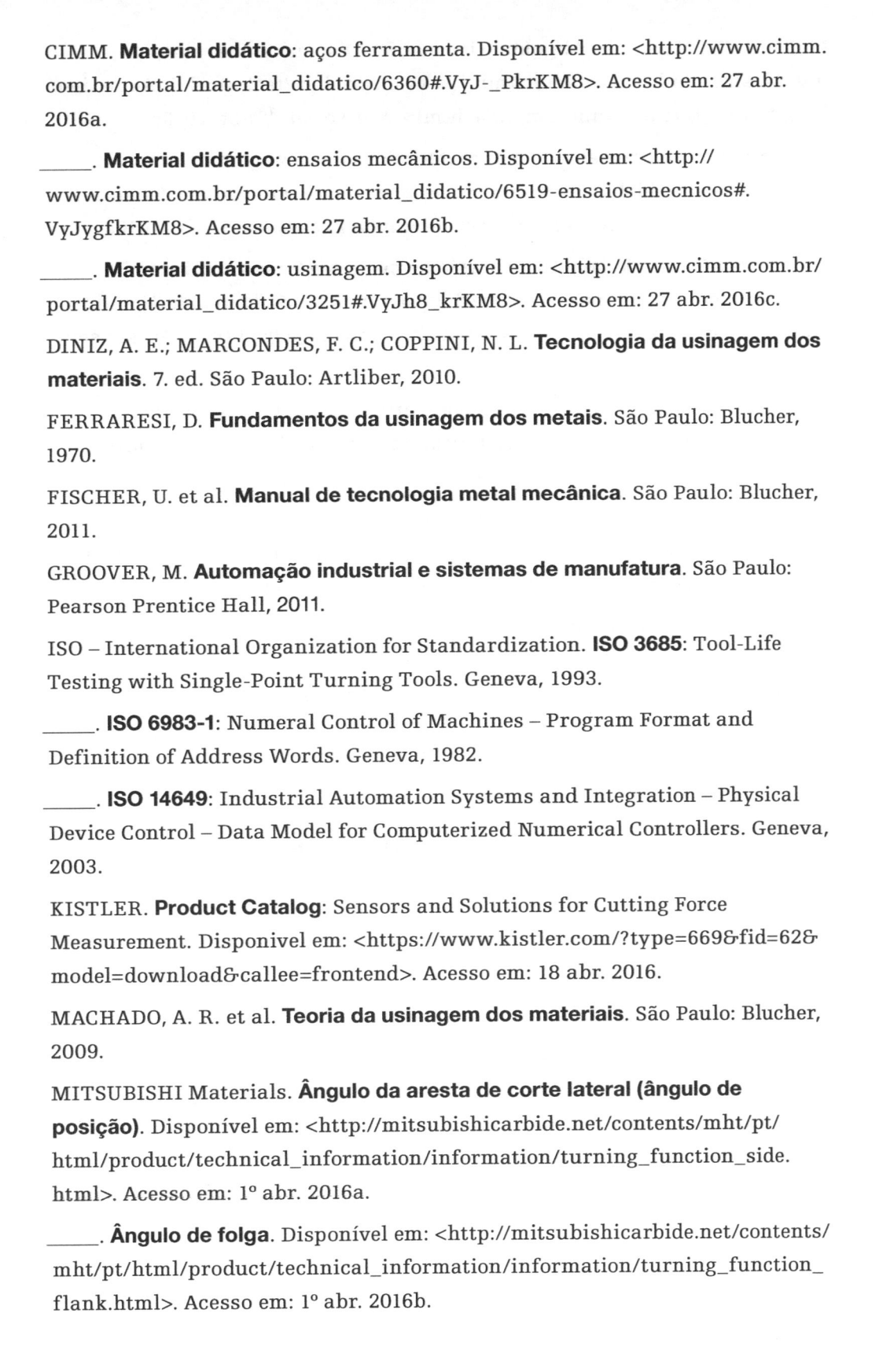

CIMM. **Material didático**: aços ferramenta. Disponível em: <http://www.cimm.com.br/portal/material_didatico/6360#.VyJ-_PkrKM8>. Acesso em: 27 abr. 2016a.

_____. **Material didático**: ensaios mecânicos. Disponível em: <http://www.cimm.com.br/portal/material_didatico/6519-ensaios-mecnicos#.VyJygfkrKM8>. Acesso em: 27 abr. 2016b.

_____. **Material didático**: usinagem. Disponível em: <http://www.cimm.com.br/portal/material_didatico/3251#.VyJh8_krKM8>. Acesso em: 27 abr. 2016c.

DINIZ, A. E.; MARCONDES, F. C.; COPPINI, N. L. **Tecnologia da usinagem dos materiais**. 7. ed. São Paulo: Artliber, 2010.

FERRARESI, D. **Fundamentos da usinagem dos metais**. São Paulo: Blucher, 1970.

FISCHER, U. et al. **Manual de tecnologia metal mecânica**. São Paulo: Blucher, 2011.

GROOVER, M. **Automação industrial e sistemas de manufatura**. São Paulo: Pearson Prentice Hall, 2011.

ISO – International Organization for Standardization. **ISO 3685**: Tool-Life Testing with Single-Point Turning Tools. Geneva, 1993.

_____. **ISO 6983-1**: Numeral Control of Machines – Program Format and Definition of Address Words. Geneva, 1982.

_____. **ISO 14649**: Industrial Automation Systems and Integration – Physical Device Control – Data Model for Computerized Numerical Controllers. Geneva, 2003.

KISTLER. **Product Catalog**: Sensors and Solutions for Cutting Force Measurement. Disponivel em: <https://www.kistler.com/?type=669&fid=62&model=download&callee=frontend>. Acesso em: 18 abr. 2016.

MACHADO, A. R. et al. **Teoria da usinagem dos materiais**. São Paulo: Blucher, 2009.

MITSUBISHI Materials. **Ângulo da aresta de corte lateral (ângulo de posição)**. Disponível em: <http://mitsubishicarbide.net/contents/mht/pt/html/product/technical_information/information/turning_function_side.html>. Acesso em: 1º abr. 2016a.

_____. **Ângulo de folga**. Disponível em: <http://mitsubishicarbide.net/contents/mht/pt/html/product/technical_information/information/turning_function_flank.html>. Acesso em: 1º abr. 2016b.

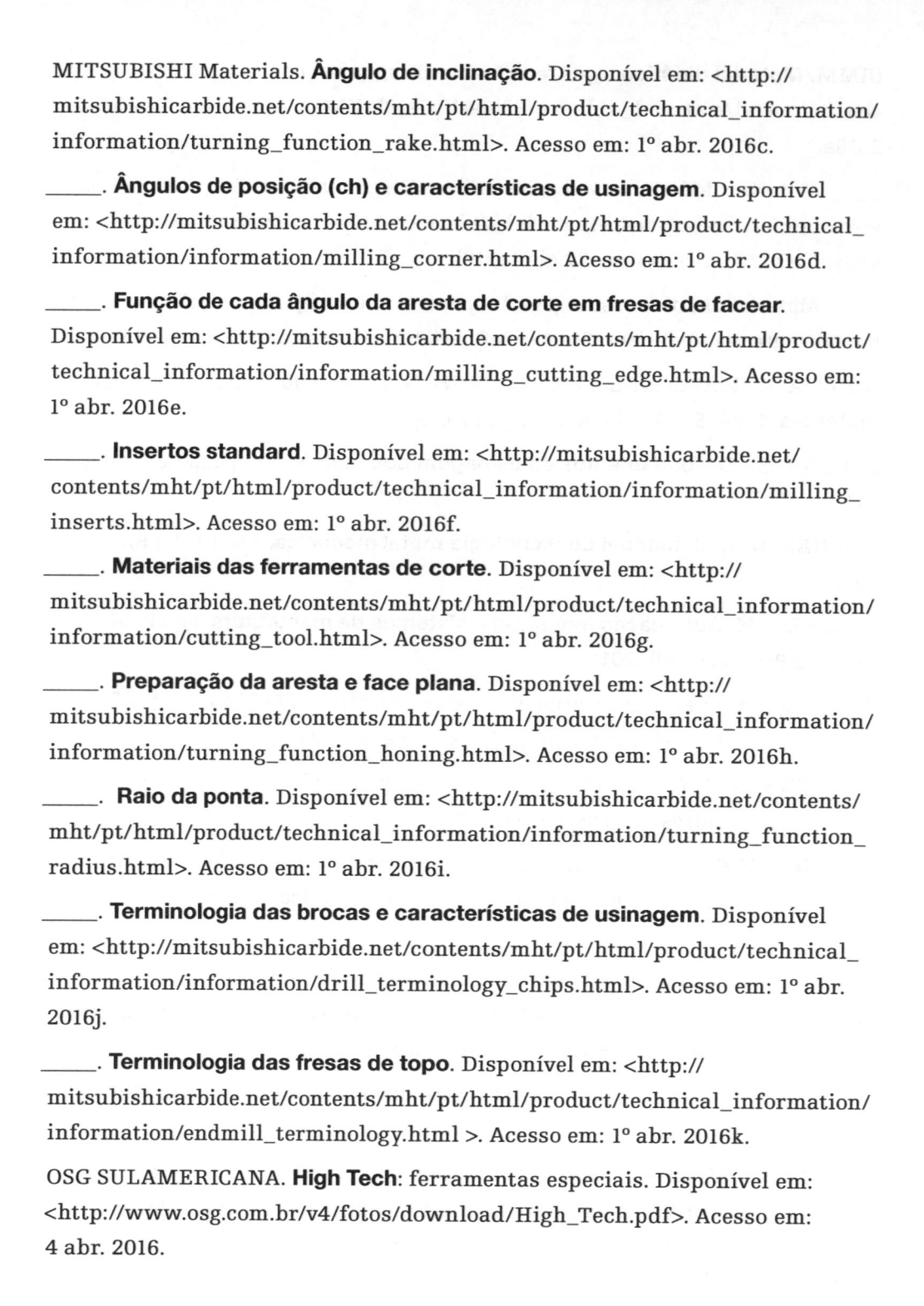

MITSUBISHI Materials. **Ângulo de inclinação**. Disponível em: <http://mitsubishicarbide.net/contents/mht/pt/html/product/technical_information/information/turning_function_rake.html>. Acesso em: 1º abr. 2016c.

_____. **Ângulos de posição (ch) e características de usinagem**. Disponível em: <http://mitsubishicarbide.net/contents/mht/pt/html/product/technical_information/information/milling_corner.html>. Acesso em: 1º abr. 2016d.

_____. **Função de cada ângulo da aresta de corte em fresas de facear**. Disponível em: <http://mitsubishicarbide.net/contents/mht/pt/html/product/technical_information/information/milling_cutting_edge.html>. Acesso em: 1º abr. 2016e.

_____. **Insertos standard**. Disponível em: <http://mitsubishicarbide.net/contents/mht/pt/html/product/technical_information/information/milling_inserts.html>. Acesso em: 1º abr. 2016f.

_____. **Materiais das ferramentas de corte**. Disponível em: <http://mitsubishicarbide.net/contents/mht/pt/html/product/technical_information/information/cutting_tool.html>. Acesso em: 1º abr. 2016g.

_____. **Preparação da aresta e face plana**. Disponível em: <http://mitsubishicarbide.net/contents/mht/pt/html/product/technical_information/information/turning_function_honing.html>. Acesso em: 1º abr. 2016h.

_____. **Raio da ponta**. Disponível em: <http://mitsubishicarbide.net/contents/mht/pt/html/product/technical_information/information/turning_function_radius.html>. Acesso em: 1º abr. 2016i.

_____. **Terminologia das brocas e características de usinagem**. Disponível em: <http://mitsubishicarbide.net/contents/mht/pt/html/product/technical_information/information/drill_terminology_chips.html>. Acesso em: 1º abr. 2016j.

_____. **Terminologia das fresas de topo**. Disponível em: <http://mitsubishicarbide.net/contents/mht/pt/html/product/technical_information/information/endmill_terminology.html >. Acesso em: 1º abr. 2016k.

OSG SULAMERICANA. **High Tech**: ferramentas especiais. Disponível em: <http://www.osg.com.br/v4/fotos/download/High_Tech.pdf>. Acesso em: 4 abr. 2016.

RENISHAW. **NC4 Non-Contact Tool Setter**. Disponível em: <http://www.renishaw.com/media/img/gen/be4ba512fd864f5a917ffa048daa6e98.jpg> Acesso em: 4 abr. 2016.

ROMI. **Linha Centur.** Disponível em: <http://www.romi.com/produtos/linha-centur/>. Acesso em: 16 jun. 2016.

SANDVIK COROMANT. **Características gerais do CoroTap**: um programa completo de rosqueamento com macho. Disponível em: <http://www.sandvik.coromant.com/pt-pt/products/corotap_overview/pages/default.aspx>. Acesso em: 4 abr. 2016a.

_____. **Controle de cavacos.** Disponível em: <http://www.sandvik.coromant.com/pt-pt/knowledge/drilling/getting_started/chip_control?Country=br>. Acesso em: 4 abr. 2016b.

_____. **Cortes e canais**: problemas e soluções. Disponível em: <http://www.sandvik.coromant.com/pt-pt/knowledge/parting_grooving/troubleshooting->. Acesso em: 27 abr. 2016c.

_____. **Cutting Tool Materials**. Disponível em: <https://tu-academy.csod.com/content/tu-academy/publications/91/Files/h_cutting_tool_materials.pdf>. Acesso em: 4 abr. 2016d.

_____. **Desgaste nas arestas de corte**. Disponível em: <http://www.sandvik.coromant.com/pt-pt/knowledge/materials/cutting_tool_materials/wear_on_cutting_edges/pages/default.aspx>. Acesso em 4 abr. 2016e.

_____. **Fresamento de perfis**. Disponível em: <http://www.sandvik.coromant.com/pt-pt/knowledge/milling/application_overview/profile_milling>. Acesso em: 4 abr. 2016f.

_____. **Manual técnico de usinagem**. Suécia: Sandviken, 2005.

_____. **Rosqueamento**. Disponível em: <http://www.sandvik.coromant.com/pt-pt/knowledge/threading/pages/default.aspx>. Acesso em: 4 abr. 2016g.

_____. **The Cutting Edge**. Disponível em: <https://tu-academy.csod.com/content/tu-academy/publications/91/Files/h_the_cutting_edge.pdf>. Acesso em: 4 abr. 2016h.

_____. **Usinabilidade**: definição. Disponível em: < http://www.sandvik.coromant.com/pt-pt/knowledge/materials/workpiece_materials/machinability_definition/pages/default.aspx>. Acesso em: 4 abr. 2016i.

SANDVIK COROMANT. **Vibrações**. Disponível em: <http://www.sandvik.coromant.com/pt-pt/knowledge/milling/getting_started/general_guidelines/vibration>. Acesso em: 4 abr. 2016j.

_____. **Torneamento geral**. Disponível em: <http://www.sandivik.coromant.com/pt-pt/knowledge/general_turning>. Acesso em: 4 abr. 2016k.

SIEMENS. **Manual de programação Sinumerik 840D sl/828D**. Alemanha, 2010. Disponível em: <https://cache.industry.siemens.com/dl/files/635/28705635/att_75730/v1/PG_0310_ptb_pt-BR.pdf>. Acesso em: 4 abr. 2016.

SKF. **Manual técnico SKF**. São Paulo, 1987.

SLACK, N.; CHAMBERS, S.; JOHNSTON, R. **Administração da produção**. 3. ed. São Paulo: Atlas, 2009.

TRENT, E. M.; WRIGHT, P. K. **Metal Cutting**. Boston: Butterworth-Heinemann, 2000.

[respostas]

Capítulo 1

■ Questões para revisão

1. O princípio de cunha facilita o corte de materiais na medida em que reduz a força necessária para a separação das partes. No caso da usinagem, a parte removida do material da peça é chamada de *cavaco*. A remoção de cavacos é o princípio fundamental da usinagem.

2. Basicamente, são dois tipos de movimentos: movimento de corte e movimento de avanço. O movimento de corte é responsável pela remoção de um cavaco da peça, e o movimento de avanço move a ferramenta na direção da usinagem.

3. V, V, F, V.

4. V, F, V, F.

5.
   a. Falso – O principal objetivo dos processos de usinagem é promover o corte do material da peça.
   b. Verdadeiro.
   c. Falso – Existem operações de usinagem feitas com ferramentas manuais, sem a necessidade de máquinas.
   d. Falso – Em geral, as operações de usinagem custam caro em função do uso de máquinas e ferramentas.
   e. Falso – Esta é uma das vantagens dos processos de usinagem.

■ Questões para reflexão

1. Não. De acordo com a norma ABNT NBR 6175, de 2015, a usinagem é definida como uma operação que gera cavaco. Ainda que o cavaco seja minúsculo, como nas operações de super acabamento, ele é fundamental na definição da usinagem.

2. A utilização de materiais brutos com maiores dimensões pode ser justificada, principalmente, por três abordagens:

- O material bruto pode apresentar variações geométricas e dimensionais, que são ajustadas por meio dos processos de usinagem.

- Os processos primários podem gerar uma casca endurecida nas peças-brutas, que é removida por usinagem.

- É mais fácil e barato produzir uma gama limitada de matérias-primas. A mudança na geometria final do componente é realizada por usinagem.

Capítulo 2

■ Questões para revisão

1. Levando em conta a quantidade de material a ser removido, podemos entender que as operações de desbaste removem o máximo de material possível, procurando reduzir o tempo de usinagem. Já as operações de acabamento removem o mínimo de material possível, aumentando a qualidade da superfície produzida.

2. Nesses três processos de usinagem, o movimento de corte é circular e o movimento de avanço é linear.

3. Sim. Em geral, as ferramentas de torno são monocortantes. Para operações de furação no torno, geralmente, as brocas, os alargadores e os machos de roscar têm mais de uma aresta de corte.

4. V, V, F, V.

5. F, F, V, F.

6. c

■ Questões para reflexão

1. Não, porque no ambiente industrial são utilizadas brocas de diâmetros diversificados. Brocas pequenas devem girar mais rápido do que brocas grandes. A furadeira manual, geralmente, oferece pouca liberdade para regulagem da rotação. Além disso, brocas de grande diâmetro requerem máquinas mais robustas para manter o alinhamento durante a furação.

2. A fresa de topo de quatro cortes é mais robusta e oferece melhor acabamento. Portanto, ao substituí-la por uma de dois cortes, pode ocorrer a redução do grau de acabamento da superfície usinada. As operações de desbaste são executadas geralmente com fresas de dois cortes em virtude da baixa exigência no grau de acabamento superficial e do fato de as fresas de topo de dois cortes comportarem mais cavaco na superfície de saída da ferramenta.

3. A redução do tempo total de fabricação.

Capítulo 3

■ Questões para revisão

1. São o movimento de corte, que resulta na remoção de um cavaco e o movimento de avanço, que resulta no deslocamento da ferramenta na direção de corte. A associação do movimento de avanço e do movimento de corte é que resulta na usinagem.

2. São os movimento de aproximação e afastamento da ferramenta e o movimento de ajuste da ferramenta para usinagem.

3. De acordo com SKF (1987)*, para brocas de aço rápido com diâmetro 8 mm < Ø < 20 mm, a equação empírica do avanço é:

    $f = (0,0125 \times Ø + 0,1) \times M$ (Equação 4)

    * SKF. **Manual técnico SKF**. São Paulo, 1987.

4. Para calcular esta velocidade, utilize a Equação 2:

    $N = \dfrac{1\,000\, v_c}{Ø\pi}$

    N = 663 rpm

    Encontre o avanço por dente no Gráfico 3.2:

    $f_n = 0,07$

    Z = 3   (três cortes)

Depois calcule:

$V_f = f_n \times Z \times N$ (Equação 6)

$V_f = 139,3$ mm/min

Assim, obtemos a resposta da alternativa c.

5. V, F, V, V.

6. a

■ Questões para reflexão ─────────────────────────

1. Sim, pois o avanço de corte nas operações de fresamento é estabelecido em mm/dente. Logo, se for maior o número de cortes (dentes), será maior a velocidade de avanço e, portanto, menor o tempo de corte.

2. Porque o fabricante de ferramentas estabelece a faixa de velocidades com base em testes empíricos. Não há garantia de que as mesmas condições do teste serão aplicadas na prática. Por isso, recomenda-se uma faixa na qual a ferramenta vai efetuar a usinagem com segurança. Cabe ao operador fazer o ajuste, dependendo das condições específicas de usinagem.

Capítulo 4

■ Questões para revisão─────────────────────────

1.

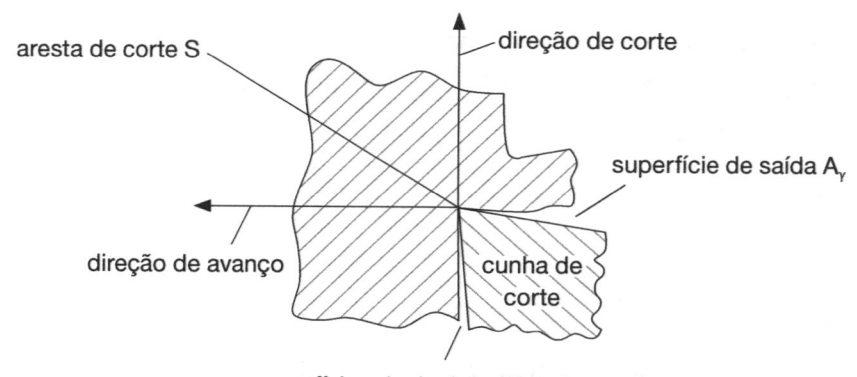

2. Porque, se for grande demais, fragiliza a cunha de corte; se for pequeno demais, pode resultar em interferência da superfície de folga no material

da peça durante a usinagem. Dizemos que o ângulo de folga deve ser grande apenas o suficiente para que a superfície principal de folga não encoste na superfície da peça durante a usinagem.

3. V, F, V, V.

4. F, F, V, V.

5. Raio de ponta; quebra-cavacos.

■ Questões para reflexão ────────────────────────

1. A ponta de corte fica muito frágil. Podem ocorrer, principalmente, dois efeitos: a ponta pode quebrar em decorrência do esforço de usinagem ou pode desgastar prematuramente.

2. Para aumentar a área de contato da aresta de corte durante a furação. Quando o ângulo de ponta da broca é muito agudo, o furo em chapas acaba com desvio geométrico.

3. Brocas canhão têm duas principais vantagens sobre as brocas helicoidais: são construídas com o corpo em aço ligado e a ponta em metal duro e têm sistema de refrigeração interna. Isso permite à broca canhão trabalhar com alta velocidade de corte e alta pressão de fluido de corte, o que facilita a expulsão do cavaco de dentro do furo, ao contrário das brocas helicoidais.

Capítulo 5

■ Questões para revisão ────────────────────────

1. Recalque, deslizamento, ruptura e escorregamento.

2. A geração de calor promove a redução da resistência ao corte, facilitando a usinagem. Além disso, quando se aplicam fluidos de corte para refrigeração em operações de corte que geram calor, promove-se o choque térmico, favorecendo a quebra do cavaco.

3. Os cavacos descontínuos não enroscam na peça nem na ferramenta e são lançados para longe da aresta de corte durante a usinagem. Além disso, ocupam menor volume quando comparados aos cavacos contínuos.

4. Furação profunda de aço carbono com broca helicoidal.

5. V, V, V, V, V, V, V, V.

6. d

■ Questões para reflexão

1. Não, pois a estrutura do ferro fundido cinzento favorece a formação de cavacos de ruptura, que não são condizentes com a formação da aresta postiça de corte.

2. O ângulo de saída negativo força a curvatura do cavaco, porque aumenta o gradiente de tensão entre as superfícies interna e externa do cavaco. No efeito prático, o ângulo de saída negativo favorece a quebra do cavaco.

Capítulo 6

■ Questões para revisão

1. Dureza e tenacidade.

2. Porque o HSS, ou aço rápido, é um material de alta tenacidade, propriedade fundamental para os processos de furação.

3. Carboneto de tungstênio (WC) e ligante, geralmente o cobalto (Co). Outras partículas muito duras podem ser empregadas na fabricação do metal duro, tais como carboneto de titânio (TiC), carboneto de tântalo (TaC) e carboneto de nióbio (NbC).

4. Ocorre pelo processo de sinterização. Uma mistura de pós é prensada e depois submetida a um forno de sinterização. A mistura é fundida parcialmente, formando o metal duro.

5. Conforme aumenta o tamanho do grão, aumenta a tenacidade. Conforme reduz o tamanho do grão, aumenta a dureza.

6. PVD; CVD.

7. Aumentar a resistência ao desgaste térmico.

8. F, V, V, F, V, V.

9. V, F, V, F.

■ Questões para reflexão

1. Isso vai depender do material que vai ser usinado e da operação de usinagem. Em geral, peças de materiais endurecidos exigem ferramentas mais duras. Cortes com mais tendência à vibração exigem ferramentas mais tenazes.

2. Porque o material é tão duro que passa a apresentar modo de falha por fratura frágil. Isso quer dizer pequenas variações no processo podem resultar em quebra da ferramenta, por isso a necessidade de máquinas com pouca ou nenhuma vibração.

Capítulo 7

■ Questões para revisão

1. Para saber se as ferramentas planejadas e as máquinas disponíveis poderão suportar a execução da usinagem.

2. Esse coeficiente representa a qualidade do material em oferecer resistência ao corte. Ele relaciona a força necessária para remover um cavaco com área de 1 mm². Portanto, sua unidade é dada em N/mm² e seu valor pode ser encontrado nas tabelas de propriedades de materiais para usinagem.

3. Dinamômetro de placa e dinamômetro de torção.

4. Para o cálculo da força de corte de furação, utilizamos a Equação 3:

    $F_{fur} = 561$ N

    Para o cálculo da potência de corte na furação, que utilizamos a Equação 4:

    $P_{fur} = 0{,}34$ kW

    Assim, obtemos a resposta da alternativa "c".

5. Para o cálculo da força de corte de torneamento, utilizamos a Equação 9:

    $F_{tor} = 2\,750$ N

    Para o cálculo da potência de corte no torneamento, utilizamos a Equação 10:

    $P_{tor} = 5{,}4$ kW

    Assim, obtemos a resposta da alternativa "a".

6. V, F, V, F, V.

■ Questões para reflexão

1. Sim, sobretudo nas baixas velocidades, o principal efeito do fluido é lubrificar o corte. Com o deslizamento do cavaco, observa-se a redução da força de corte e da potência consumida.

2. Porque cada conjunto máquina-peça-ferramenta vai resultar em um rendimento próprio. Não há como o fabricante de ferramentas garantir todas as condições ideais para a execução da usinagem. Por isso, o valor é estimado. Para melhorar a estimativa, é possível fazer uma medição direta na máquina e comparar o valor calculado com o valor medido.

Capítulo 8

■ Questões para revisão

1. Desgaste de cratera, desgaste de flanco e desgaste de entalhe.
2. Abrasão, adesão, difusão e oxidação.
3. Reduzindo a velocidade de corte, aplicando fluidos lubrificantes e aumentando a dureza da ferramenta.
4. V, F, V, V, F, V.
5. c
6. e

■ Questões para reflexão

1. Não. Nas condições normais de usinagem, o aumento da temperatura acentua o desgaste das ferramentas de corte.
2. Basta contar o tempo de corte ou o número de peças produzidas por uma aresta da ferramenta. Se uma aresta produz mais peças ou usina durante mais tempo sob determinada condição, então a usinabilidade foi melhorada.

Capítulo 9

■ Questões para revisão

1. Desvios superficiais macrogeométricos e desvios superficiais microgeométricos.
2. Deve-se apoiar a ponta do rugosímetro na superfície desejada e acionar o comando do instrumento. A ponta de medição vai deslocar sobre a peça e determinar a rugosidade da superfície.

3. b

   As equações de cálculo estão apresentadas na Figura 9.10.

4. c

   As equações de cálculo estão apresentadas na Figura 9.11.

5. V, V, F, V, F, V, F, V, V, V.

■ Questões para reflexão

1. Sim, pois o parâmetro R_a trata da média das rugosidades, ao passo que o parâmetro R_t trata da máxima diferença entre os picos de rugosidade.

2. Porque a furação de peças de aço carbono com brocas helicoidais de aço rápido consome grande potência e é classificada como operação de desbaste. O resultado, geralmente, é um furo de baixa qualidade em termos da rugosidade superficial. Para melhorar a rugosidade, recomenda-se as operações de alargamento.

Capítulo 10

■ Questões para revisão

1. V, V, V, F, F.

2. É uma mistura homogênea e uniforme de óleo e água. A proporção pode variar de 1:10 a 1:100, ou seja, 1 litro de óleo para cada 10 litros de água ou 1 litro de óleo para cada 100 litros de água.

3. Porque os óleos integrais não são misturados com água. Ao contrário, soluções e emulsões são misturas à base de água e, se a proporção não for mantida adequadamente, o resultado será a corrosão.

4. A sigla MQL significa *mínima quantidade de lubrificante*. Sua aplicação exige máquinas preparadas para conter os cavacos, que são removidos em altas velocidades, e resulta em altos níveis de ruídos decorrentes da aplicação de ar comprimido.

5. V, V, F, F.

6. d

■ Questões para reflexão

1. Não. Alguns materiais de fabricação são muito duros e devem ser usinados em altas velocidades de corte, portanto, exigem um sistema para retirar o calor do processo, de modo a preservar as ferramentas e as peças usinadas.

2. A água utilizada nos processos industriais deve ser recuperada, no sentido de restabelecer suas propriedades originais. Somente após essa ação pode ser devolvida à natureza.

Capítulo 11

■ Questões para revisão

1. O CNC recebe e compila informações e depois as transmite em forma de comando. Uma máquina recebe esses comandos e executa as operações na sequência programada.

2. Na programação manual, o código G para programação CNC é escrito diretamente pelo programador. Na programação assistida, o código G é gerado de forma automática pelo computador, por meio de uma interface gráfica de programação.

3. É a origem do sistema de coordenadas associado à peça. Esse ponto é escolhido pelo programador e vai representar o ponto de referência para as posições de elementos geométricos na peça.

4.
   (1) G00   (3) Interpolação circular sentido horário.
   (2) G01   (1) Interpolação linear com avanço rápido.
   (3) G02   (4) Interpolação circular sentido anti-horário.
   (4) G03   (2) Interpolação linear com avanço programado.

5.
   G40 – Cancela a compensação do raio de corte.

   G41 – Faz a compensação do raio da ferramenta à esquerda da trajetória programada.

   G42 – Faz a compensação do raio da ferramenta à direita da trajetória programada.

6. c

7. V, F, V, V, F, V.

■ Questões para reflexão

1. Porque os movimentos de aproximação e afastamento são controlados por motores de acionamento. Nas máquinas convencionais, esses movimentos são efetuados pelo operador. Além disso, a troca de ferramentas no CNC é automatizada e muito mais rápida do que a troca de ferramentas feita manualmente pelo operador da máquina convencional.

2. Porque a função de supervisionar a máquina, geralmente, é feita por um operador. Tarefas como ajuste de ferramentas, manutenção preventiva da máquina, limpeza e controle de qualidade, em geral, são feitas pelo operador.

Capítulo 12

■ Questões para revisão

1. 1) Estabelecer a sequência de operações; 2) determinar as máquinas, as ferramentas e demais recursos necessários; 3) definir os parâmetros de fabricação; 4) prever o tempo necessário para fabricação.

2. d

3. V, V, F, F, F.

4. c

5. É a região do gráfico de velocidade de corte para máxima eficiência, compreendida entre a velocidade de corte para custo mínimo e a velocidade de corte para tempo mínimo de produção.

■ Questões para reflexão

1. Por meio da aplicação do intervalo de máxima eficiência para velocidade de corte. Para cada caso específico, é necessário fazer uma projeção do aumento da velocidade, com cálculo do tempo e estimativa do desgaste com base na experiência do controlador do processo. Em seguida, deve-se fazer as contas para confirmar ou não a viabilidade.

2. Sim, pois serão parte do custo variável da produção. Se forem produzidas mais peças, haverá mais tempo na descarga de matéria-prima e também mais tempo consumido no carregamento das peças usinadas.

[sobre o autor]

Claudimir José Rebeyka trabalhou por 15 anos na indústria mecânica, sempre na área de processos de fabricação, desde o chão de fábrica até o setor de engenharia. Tem graduação em Física pela Universidade Federal do Paraná – UFPR (1996) e mestrado em Engenharia Mecânica e de Materiais pela Universidade Tecnológica Federal do Paraná – UTFPR (2005). Atualmente, é doutorando no Programa de Pós-Graduação em Engenharia Mecânica (PG-Mec) da UFPR, na área de Engenharia de Fabricação. Faz parte do Grupo de Pesquisa Núcleo de Desenvolvimento e Transferência de Tecnologia em Projeto e Fabricação de Matrizes para Conformação. Trabalha como professor do curso de Engenharia Mecânica da UFPR e também da Universidade Positivo – UP. Na área de ensino, atua principalmente com os seguintes temas: processos de fabricação, programação CNC, física geral e experimental.

[anexo*]

Figura A – Distribuição de temperaturas nos processos de usinagem

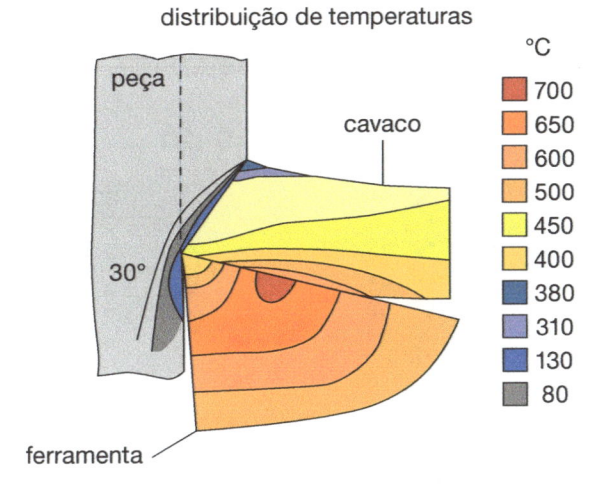

distribuição de temperaturas

°C
- 700
- 650
- 600
- 500
- 450
- 400
- 380
- 310
- 130
- 80

peça / cavaco / ferramenta / 30°

Fonte: CIMM, 2016c.

* As fontes aqui citadas estão listadas na Seção "Referências".

Figura B – Cavacos de cores diferentes

Figura C – Distribuição do calor na zona de corte

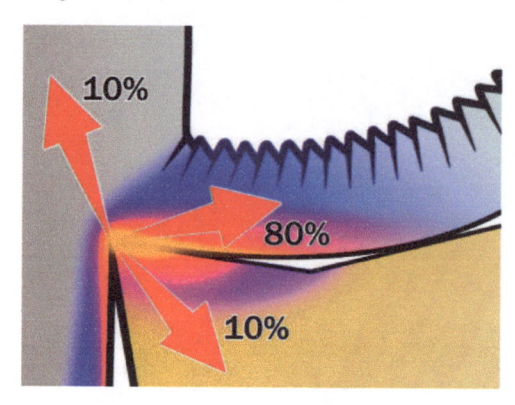

Fonte: Sandvik Coromant, 2016g.

Figura D – Materiais utilizados na fabricação do metal duro

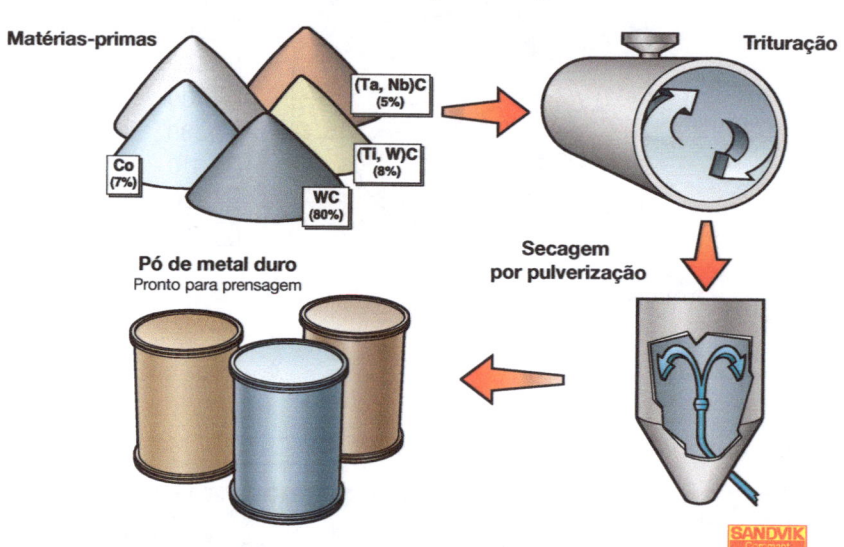

Figura E – Coberturas do metal duro

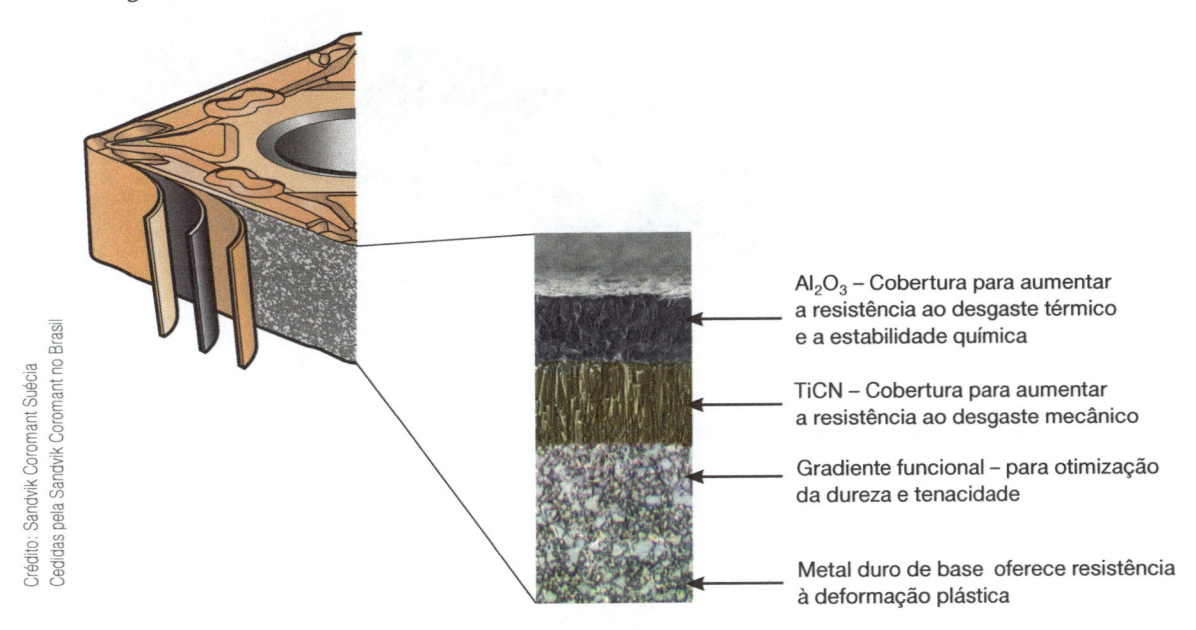

- Al$_2$O$_3$ – Cobertura para aumentar a resistência ao desgaste térmico e a estabilidade química
- TiCN – Cobertura para aumentar a resistência ao desgaste mecânico
- Gradiente funcional – para otimização da dureza e tenacidade
- Metal duro de base oferece resistência à deformação plástica

Figura F – Métodos para cobertura do metal duro

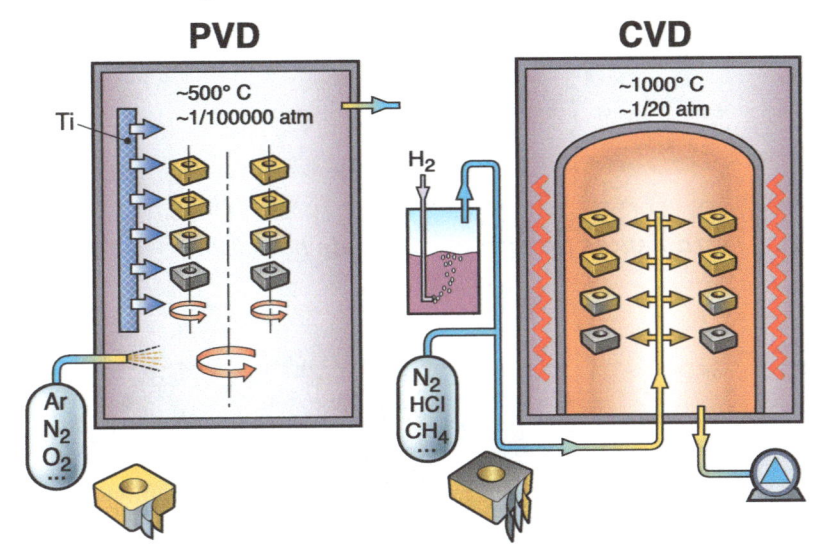

PVD
~500° C
~1/100000 atm
Ti
Ar N$_2$ O$_2$ ...

CVD
~1000° C
~1/20 atm
H$_2$
N$_2$ HCl CH$_4$ ...

Figura G – Ferramentas de cermet

Figura H – Ferramentas de cerâmica

Figura I – Ferramentas de nitreto cúbico de boro (CBN)

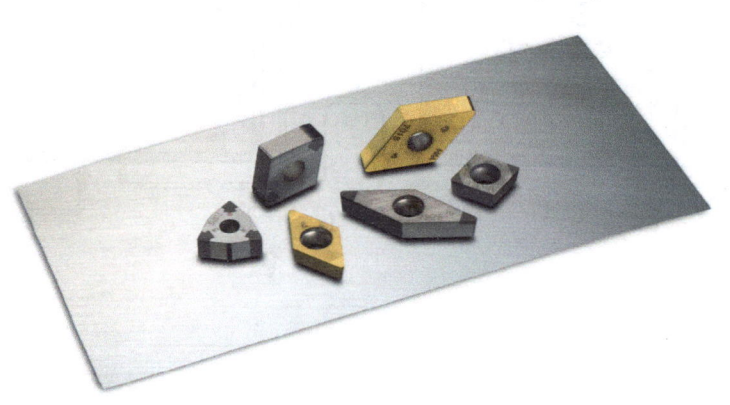

Figura J – Ferramentas com diamante policristalino

Figura K – Distribuição de temperaturas na usinagem de diferentes materiais

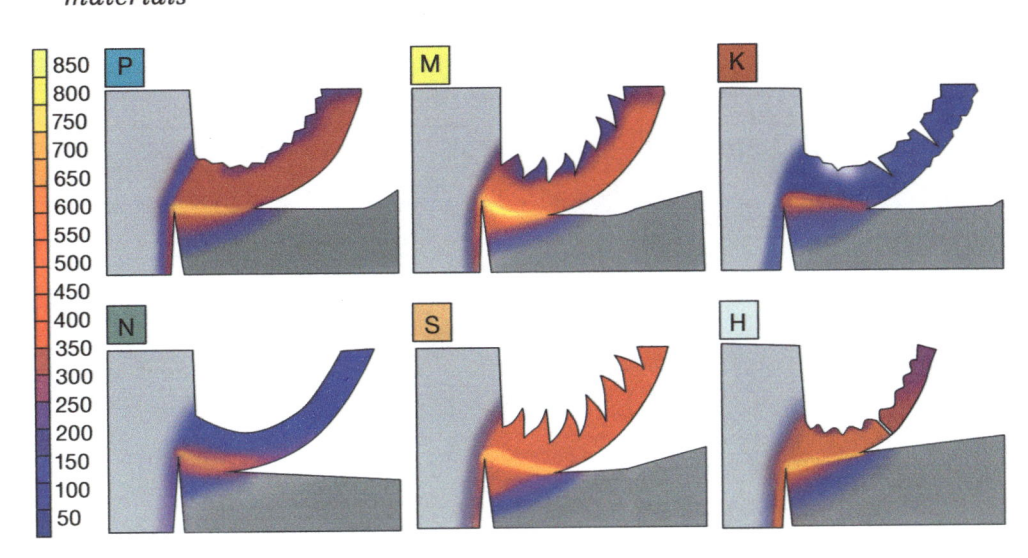

Fonte: Sandvik Coromant, 2016h.

Impressão:
Outubro/2016